Infants Personality & Etiquette Education

유아인성예절지도

주영애 지음

SJ 신정

머리말

우리나라는 예로부터 東邦禮儀之國으로 일컬어지면서, 삶에 있어서 올곧은 정신문화와 질서, 예를 존중하는 문화와 전통을 이어온 국가이다. 이러한 문화전통이 오랜 세월 동안 우리 모두의 인성에 바탕이 되어 왔음을 부인할 수는 없다. 그러나 급변하는 사회 속에서 소중하게 여겨왔던 정신문화가 흔들리고, 세대에서 세대로 자연스럽게 이어져온 '人性'교육과 '삶의 價値'도 물질을 중심으로 변질되기 시작했다. 시대 변화의 물결은 어느 한 분야의 노력으로 전환하거나, 쉽게 변경시킬 수는 없다. 그렇지만 적어도 이 시대를 살아갈 올바른 인재를 양성해야 하는 교육자들에게는 편의주의와 물질문화의 홍수 속에 잊혀져 가는 '인간성'을 회복하고, 공동체 삶의 질서를 지키며, 배려와 소통을 전제로 협동하는 삶을 지향하는 '가치교육'에 관심을 집중해야한다. 더욱이 이기심과 시기, 분열 등이 난무하는 오늘날 우리 교육자들에게는 '올곧은 인간 교육', '바람직한 인성교육'의 가치를 책임져야 하는 절박함이 밀려온다.

百年之大計의 礎石은 올곧은 유아의 인성교육에서부터 시작해야 한다. 현재 우리 사회에서는 '인성교육'에 대한 관심과 요구가 어느 시기보다도 높다. 인성교육을 연구하고, 현장에서 적용하여 올바른 유아인성교육에 힘쓰는 많은 분들이 있다. 그럼에도 불구하고, 인성교육과 관련한 전문서적의 발간은 미진하다. 이러한 상황을 고려하여 유아인성교육을 위한 기본 전문서를 발간하기로 하였다. 이 책은 '유아예절교육'과 '인성교육'을 접목하여, 통합적인 차원에서 유아인성예절지도의 이론과 실제를 중심으로 집필되었다.

'유아인성'과 '유아예절'을 접목하여 지도서를 발간하게 된 까닭은 유아를 위한 인성교육에서 그 핵심적인 가치와 내용을 보면, 우리의 문화와 禮를 제외하고는 논할 수가 없기 때문이다. 그리고 인성교육법에서 제시한 인성의 핵심덕목과 가치로 제시된 바와 더불어 각 연구 자료를 볼 때도 인성과 예절을 분리하여 지도하기보다는 통합하여 지도하는 방안이 필요하다고 판단되었다. 또한 본 저자는 생활문화연구자로서 대학에 재직하면서 예절교육을 지속적으로 연구하고 지도해 왔으며, 1999년부터 유아예절교육원 [작은손바른손]의 '유아예절연구소'를 중심으로 현장에서 교사와 원장교육을 했던 경험을 종합하여 용기를 내어 집필하게 되었다.

따라서 이 책이 교육현장에서 유아교육을 담당하고 있는 교사와 유아인성예절지도 전문가로 활동하기를 희망하는 분들을 위한 전문서적으로 활용되길 바라며, 나아가 유아교사를 준비하고 있는 학생들에게도 유아인성예절지도를 위한 지침서로 응용되길 기대한다.

이 책은 유아인성예절지도서로 1부와 2부로 나누어져 있다. 1부에서는 유아인성예절지도의 이론적인 이해를 돕고자 총론에 해당하는 내용으로 인성의 개념과 유아인성의 중요성, 유아인성예절의 목적, 수기와 치인을 중심으로 한 핵심덕목, 실천원리, 교수방법과 지도사례 등에 대하여 수록하였다. 2부에서는 유아인성예절지도의 실제를 9개의 장으로 나누어 다루었다. 구체적으로는 인성예절에 대한 이해, 몸가짐 · 마음가짐과 유아인성예절, 인사와 유아인성예절, 언어생활과 유아인성예절, 효행과 유아인성예절, 한복입기와 유아인성예절, 밥상머리교육과 유아인성예절, 세시풍속과 유아인성예절, 전통 茶와 유아인성예절 등이다. 이 내용은 기본 이론적인 부분과 더불어 실제 유아교육현장에 적용할 수 있는 동요와 동화, 프로그램 등을 수록하여 활용도를 높였다.

유아인성예절지도를 위한 연구자로서, 교육자로서 사명감과 책임감을 갖고, 집필하였으며, 그동안 수행되어온 선행연구자들의 옥고와 자료를 충실히 인용하고자 노력하였다. 앞으로도 이 책을 기초로 유아인성예절지도를 위하여 지속적으로 프로그램을 개발하고자 한다. 집필 과정 중에 악보 정리를 수고해 준 작곡가 김태윤 조카와 사진자료 수록을 허락해 주신「성신여대 박광훈 복식 박물관」, 박물관 자료를 정리해 준 원미연 선생, 그림자료를 준비해 주신 김경미 선생님께 감사드린다. 그리고 책 발간의 뜻을 널리 이해하시고, 출간을 허락해 주신 신정출판사 최용구 사장님 이하, 좋은 책으로 엮어 주신 편집부 직원 여러분께 감사말씀을 드린다.

2017년 3월

저자 梅江 朱英愛

차례

PART 02 유아인성예절 지도의 실제

PART 01

유아인성예절에 대한 이해

1부 에서는 유아인성예절에 관한 이론적인 기초내용을 다룬다. 인성의 개념과 유아인성의 중요성, 유아인성예절의 목적을 알아보고, 유아인성예절의 핵심 덕목을 개인적 덕목과 대인관계를 위한 공동체적 덕목으로 나누어 살펴본다. 또한 실천원리를 모방의 원리, 조기교육의 원리, 실천적 습관화의 원리로 구분하여 알아보고, 인성예절지도를 위해 적용할 수 있는 교수 방법 등을 살펴본다.

| CHAPTER **01** |

유아인성예절의 개념

1. 인성과 유아인성의 중요성
2. 유아인성예절

1. 인성과 유아인성의 중요성

교육은 농경사회에서 산업사회로, 정보화 사회에서 창조사회로 급변하는 과정에서 항상 사회적 요구를 민감하게 수용하면서도 미래 비전을 제시해 줄 수 있도록 다양한 방법을 모색해 왔다. 인재 양성 교육은 5년, 10년 앞을 내다보는 교육이 되어서는 안 된다. 100년 이상 앞선 사회를 내다보며 이루어져야 한다. 인성교육은 시대를 막론하고 강조되어 왔지만, 급변하는 이 시대에 가치 있고 행복한 개인의 삶과 안정적인 사회발전을 위하여 더욱 절실히 요청되고 있다.

21세기 교육은 창의성과 인성교육이 핵심이 되고 있다. 글로벌 인재의 핵심역량으로 창의성은 매우 중요하지만, 창의적 능력만으로는 국가와 사회에 기여하는 인재 양성은 불완전하고 불안하다. 국가 경쟁력의 핵심이 되고 사회에 바람직한 영향을 미치는 인재로 성장해 나아가기 위해서는 인격적인 성숙과 올바른 인성이 그 기초가 되어야 한다.

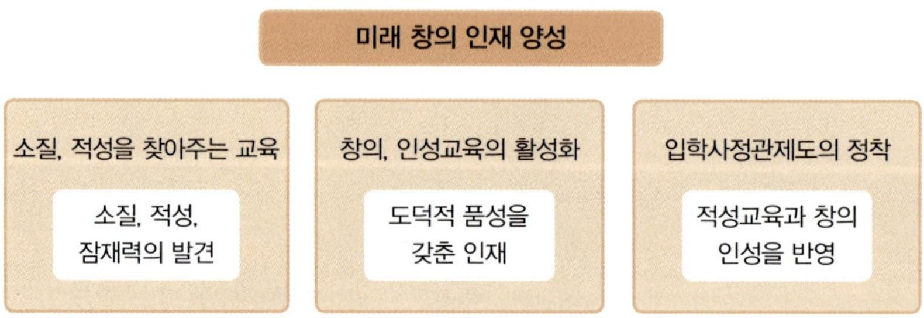

그림 1-1 | 향후 교육 정책 방향

출처: 교육과학기술부(2011). 유치원 기본과정 내실화를 위한 인성교육프로그램, 6 참조.

유아는 미래의 희망이자, 우리 사회를 이끌어 갈 동량으로 사회에 적응하며 올곧게 살아갈 수 있는 능력, 기본적인 인성, 자질 등을 함양할 수 있도록 교육되어야 한다. 유아교육은 시대를 초월하여 부모와 교사들의 중요한 관심사이다. 급변하는 환경 속에서 무엇을 어떻게 교육하는 것이 미래를 위한 현명한 준비가 되는 것일까? 그것을 법고창신(法古創新)의 정신으로 살펴보고자 한다.

1) 유아인성에 대한 논의의 의미

유아시기의 교육은 지식교육이 아니라, 인성교육이다. 많은 발달심리학자들이 언급해 왔듯이 2세~4세, 5세~8세의 유아들은 선악을 비롯하여 옳은 것과 그른 것의 개념을 인지하고 그것을 바탕으로 배운 행동을 생활 속에서 터득하고 성장해 나간다. 사회성과 도덕성 발달의 근원이 시작되는 것이다. 이 시기에 적절한 교육적 강화가 이루어지지 않는다면, 인생 전체도 사상누각에 불과한 결과를 가져올 수 있다. 굳건한 뿌리가 있을 때 어떤 어려움과 좌절 속에서도 흔들리지 않는 동량으로 우뚝 설 수 있기 때문이다.

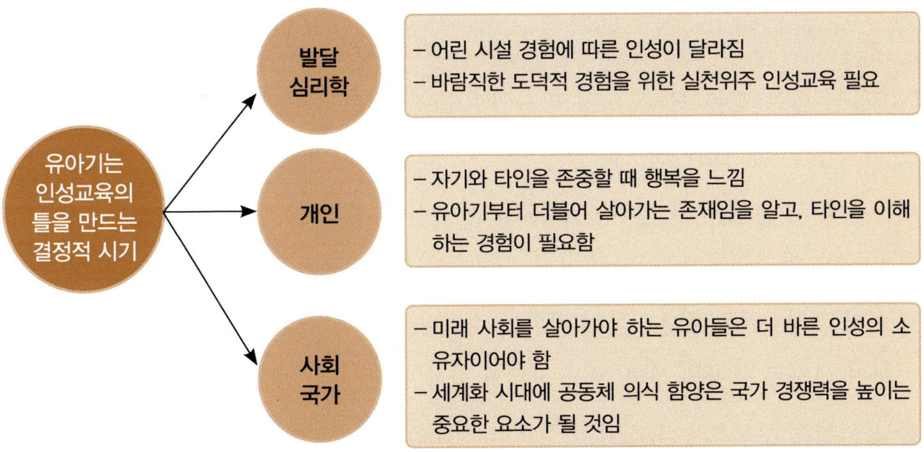

그림 1-2 | 유아기 인성교육의 중요성

출처: 교육과학기술부(2011). 유치원 기본과정 내실화를 위한 인성교육프로그램, 8 참조.

사회적으로 성공한 사람들에게 나타나는 공통적인 특징은 타인과 어울릴 수 있는 능력, 좌절을 극복하는 자세, 자기의 감정을 조절할 수 있는 능력이 다른 사람들보다 우수하다는 점이다. 즉 한 개인의 올바른 인성과 삶의 자세가 그 어떤 지식이나 기술보다도 앞서야 하며, 기본이 되어야 인생도 가치 있고 멋지게 펼쳐질 수 있다는 것을 말해 준다.

유아기는 인성교육의 기틀을 만드는 결정적인 시기이다. 유아기부터 더불어 살아가는 존재임을 깨닫고 타인을 이해하는 경험을 충실히 하여 미래를 준비해 나아가는 바른 인성교육을 받는 것은 매우 중요하다. 결국 유아기의 올바른 성장은 개인의 삶에서도 중요하며, 나아가 우리 사회와 국가, 미래를 위한 초석이 된다.

전통사회에서 이루어졌던 유아의 교육은 유아인성교육을 위한 기초가 될 수 있다. 교육은 그 사회가 처한 다양한 정치경제 사회뿐만 아니라, 역사적 맥락까지지도 이해하고 그 내용을 함께 고려해야 함이 마땅하며, 또한 유아인성교육에서 지향하는 핵심적인 덕목은 전통사회에서의 교육 방향과 관련되어 있기 때문이다.

2) 현재 당면하고 있는 교육적 과제

오늘날 많은 젊은이들은 고용의 불안정으로 인해 결혼을 기피함은 물론이고 자녀를 낳지 않는 무자녀가정으로 남아 있기를 원하고, 자녀를 낳아도 하나 정도만 낳으려는 뜻을 갖는 경우가 많다. 유아교육의 현실도 과거와는 크게 달라졌다. 좋은 부모가 되는데 걸림돌은 '경제력'이라고 여기고 있다. 좋은 부모가 되는 덕목이 '경제력'이라고 생각하는 젊은이들이 많다는 것이다.

한편 대가족 생활을 하며 여러 형제와 함께 성장해 온 과거 사람들과는 달리 요즈음 유아들은 부모로부터 지나칠 정도의 지대한 관심과 보호를 받으며 성장한다. 생활이 여유로운 가정에서 성장하는 유아들은 이른바 '골드키즈'로 불리며, 물질적 풍요로움은 물론이고, 부모의 독점적인 애정과 사랑으로 최고의 대우를 받으며 성장한다. 그뿐 아니라, 부모들은 가족 내에서 형제 없이 최고의 대우를 받고 성장하는 자녀들에게 자칫 부족할지 모르는 사회성 발달을 위해서 질 좋고 특성화된 유아교육기관에 보내 더 좋은 교육기회를 제공하려고 한다. 물론 맞벌이로 인해, 부득이 어린 자녀를 보육기관으로 일찍 보내는 경우도 있다. 이유는 다양하겠지만, 가장 염려스러운 것은 어린시기에 유아들은 부모부재를 많이 경험하게 된다는 점이다.

부모가 없어서가 아니라, 여러 가지 환경적 여건에 의해서 유아들은 하루 동안의 많은 시간을 부모가 곁에 없이 보내게 된다. 부모들은 일-가정 양립의 어려움을 겪는다. 부모는 부모대로 유아는 유아대로 불만족스러운 삶을 겪게 된다. 이러한 문제해결을 위해 육아정책연구소(2016)에서는 육아선진화포럼이 개최되었다. 포럼에서는 30대 부모가 자녀양육에서 가장 큰 걸림돌로 꼽고 있는 것은 '시간 부족'이라는 점을 지적하였다. 30대 부모의 자녀는 대부분 유아시기이다. 세대별로 자녀양육에서의 어려운 점은 일부 차이가 있지만, 유아시기의 자녀를 키우고 있는 부모가 겪는 가장 큰 어려움은 '양육시간'의 문제이며, 따라서 이 시기에 매우 중요한 인성교육 역시 부모들이 당면한 가장 큰 문제점이라고 볼 수 있다. 그러므로 이러한 당면 문제를 해결하기 위해 부모와 교사, 인성교육전문가들의 특별한 관심과 노력이 절실하다.

표 1-1 | 20~30대 한국인의 자녀양육관 특징

	20대	30대
부모의 연령대 별 특징	양육지출 규모가 상대적으로 적고, 부모 역할에 성취감이 높은 시기	사교육 시작으로 비용 지출 증가, 국가 책임을 크게 인식하는 시기
	가정과 직장에서 양육으로 인한 적응이 필요한 시기	양육지식과 부모 역할에 전문적인 도움을 필요로 하는 시기
바람직한 부모상 및 부모교육	좋은 부모 덕목은 경제력	부모된 준비 시작은 예비부모
	좋은 부모가 되는 걸림돌은 주변간섭	걸림돌은 시간부족

부모역할 의식	여성 역할은 일보다 양육에 동의 함	
자녀관과 양육신념	양육하며 부모로서 성장 일과 양육 병행의 어려움	자녀와 보내는 여가가 양육 기쁨
양육방식	자녀와 놀이하면서 대화	자녀와 놀이하면서 대화
	대화주제는 자녀의 생활태도	
	자녀와 보내는 최소 시간 인식 긴 편	
양육실제	부모로서 역할 충분하다고 인식	가구소득 대비 양육비가 가장 높음
	충분한 경제적지원을 제공한다고 인식	양육비 부담을 가장 크게 인식
	낮은 가구소득 대비 양육비	양육지식의 부족을 걱정
	양육비 부담을 가장 낮게 인식	
	내구재비용이 가장 지출이 큰 항목	
양육문화	인터넷 통한 정보 습득	인터넷 통한 정보 습득
	높은 고가의 육아용품 구매의향	
생애주기별 자녀양육	출산 전, 부부관계, 일가정 양립 가정 내 역할 분담에 관심	
	교육 및 학습지원에 관심	
양육지원 정책	가장 필요한 육아지원정책 육아휴직	양육의 국가 책임을 가장 크게 인식
	자녀출산 위해 가족친화적 직장문화 요구	자녀출산 위해 사교육비 경감과 공보육 교육 요구
	가정양육수당보다 영아 보육료지원 선호	보육료 교육비, 가정양육수당에 가장 만족

출처: 문무경(2016). 한국인 부모됨 인식과 자녀양육관. 육아정책연구소 2016년 제2차 육아선진화 포럼, 13 참조 정리.

표 1-2 | 40~50대 한국인의 자녀양육관 특징

	40대	50대
부모의 연령대별 특징	사교육 본격화로 지출증가 경제적인 한계를 느끼는 시기	자녀와의 소통을 원하며 자녀로부터 얻는 지지를 통해 부모로서 기쁨을 느끼는 시기
	자녀가 사춘기에 접어들면서 부모의 역할과 태도에 어려움 인식	희생적인 부모역할에 대한 가치관이 가장 강한 세대

바람직한 부모상 및 부모교육	부모됨 준비 시작은 학생시기	좋은 부모 덕목은 자녀와의 소통
	걸림돌은 권위적 태도	걸림돌은 세대차이
부모역할 의식		여성역할은 일보다 양육
자녀관과 양육신념		양육하며 참고만 산다고 인식
		자녀의 학업 및 직업 성취에 어려움
		보수적 양육태도 (엄격한 부모, 자녀의 순종)
양육방식	자녀와 식사하면서 대화	자녀와 식사하면서 대화
	자녀와 보내야 하는 최소 시간이 가장 짧은 편	대화 주제는 자녀의 진로, 미래
양육실제	부모역할의 충분정도 가장 낮게 인식	
	충분한 경제적 지원을 제공하지 못한다고 인식	
	경제적 지원의 부족을 걱정	
	사교육비가 가장 지출 큰 항목	
	내구재비용이 가장 지출이 큰 항목	
양육문화	가족을 통한 정보 습득	가족을 통한 정보 습득
		낮은 고가의 육아용품 구매 의향
생애주기별 자녀양육		
양육지원 정책	양육의 국가 책임을 가장 낮게 인식	가장 필요한 육아지원정책은 탄력근무제
	자녀출산 위해 사교육비 경감과 공보육교육요구	방과 후와 양육친화 인프라 상승
		낮은 보육료교육비, 가정양육수당에 만족 비율

출처: 문무경(2016). 한국인 부모됨 인식과 자녀양육관. 육아정책연구소 2016년 제2차 육아선진화 포럼, 13 참조 정리.

표 1-3 | 세대별 한국인의 자녀양육관 공통 특징

구분	내용
바람직한 부모상	좋은 부모가 되는 걸림돌은 경제력
	부모 됨 준비시작의 적정 시기는 예비부모 시기
자녀관과 양육신념	양육의 가장 큰 즐거움은 자녀의 성장을 지켜보는 성취감
	양육의 가장 큰 어려움은 양육비용
양육방식 및 실제	자녀와의 대화주제는 일상생활 및 하루 지낸 이야기
	부모역할이 불충분하다고 느끼는 원인은 경제적 지원의 부족
	자녀양육에 지출 큰 항목 1순위 46.3% 사교육비
양육문화	양육정보는 주변 지인으로부터 습득
생애주기별 자녀양육	자녀 연령에 따라 관심사가 변화하고, 자녀 성인기에는 가족유대관계에 관심 상승
	자녀 영유아기에는 가정 내 역할 분담과 일가정 양립을 고민
	자녀 청소년기에는 자녀와의 갈등 해결방법과 가족 내 의사소통 방식 개선방안에 대한 부모교육 요구 상승
양육지원정책	가장 필요한 육아지원정책 1순위는 보육료, 교육비 지원
	가장 효율적인 양육지원 시기는 영유아기

출처: 문무경(2016). 한국인 부모됨 인식과 자녀양육관. 육아정책연구소 2016년 제2차 육아선진화 포럼, 12 참조 정리.

3) 유아에게 필요한 기본교육

유아를 위한 가장 기본적이며 중요한 교육은 두말할 것 없이 부모의 따뜻한 사랑과 훈육이다. 부모의 애정이 자녀의 인성실천에 핵심(박인선, 2016)이라는 점은 익히 확인된 바다. 그러나 대부분 부모들은 맞벌이를 하고 있고, 과거 가족 내에서 자녀양육을 도와 주었던 조부모들도 각기 활동을 하거나, 손자녀 양육을 할 수 없는 경우도 많아, 유아 성장을 위한 첫 교육환경이자 기본환경인 '가정교육의 장(場)'이 제공되지 못하는 경우가 많아졌다.

조부모들이 손자녀 양육에 참여하는 경우도, 조부모의 입장에서 보면 여러 가지 문제를 내포하고 있다. 실제로 맞벌이 가정의 손자녀 양육을 지원하는 조부모의 비자발적 동기 요인은 손자녀를 돌보면서도 자신의 역할에 대한 보람을 느끼다가도, 자녀들과 갈등을 겪기도 하고, 건강의 위협을 느껴서 부정적인 정서를 경험하기도 한다는 것이다.[01] 따라서 사회로부터의 소외, 손자녀 양육부담, 건강문제, 성인자녀와의 갈등 등(오진아, 2007) 손자녀를 돌보는 조모의 주관적 양육스트레스는 신체, 심리, 관계, 경제적 측면에서 다양하게 표출된다. 이러한 조부모의 심리 상태는 조부모 자신 뿐 만 아니라 손자녀에게도 부정적인 영향을 미치게 될 수 있다. 조부모의 입장에서 이와 같은 부정적인 경험 요인들이 존재함에도 불구하고 왜 손자녀 양육에 참여하는가? 선행연구들[02]에서는 조부모들은 자녀를 돕기 위한 이타적인 행위로서 손자녀 양육을 시작하고 양육 지원 과정에서 지원교환을 경험하게 된다(Silverstein & Giarrusso, 2010). 일상생활에서 신체적, 심리적, 사회적 측면의 다양한 어려움에 노출되어 있지만 손자녀 양육에 따른 만족감이나 보상감은 조부모의 삶의 질에 오히려 긍정적(김은정, 2011)이며 심리사회적 건강에 주는 혜택이 있다(Grundy et al., 2012). 또한, 조부모의 입장에서 가족 자원이 증가한다는 것은 매우 중요하다. 손자녀 양육은 손자녀 및 조부모의 관계에 긍정적 영향을 미쳐서(김은정, 2012b) 가족관계성이 증가하게 되는 것이다(김현정, 2015).

이렇듯 조부모의 관점에서도 부모의 관점에서도 자녀 양육이란 현실에서는 매우 큰 어려움이 되고 있다. 부모들은 자연히 '어린이집'이나 '유치원'에 의존하게 되고, 원장뿐 아니라 유치원교사, 보육교사, 그외의 유아교육기관 종사자들은 '가정교육'에서 담당해야 할 부분까지 세심하게 신경 쓰면서, 유아들에게 돌봄 서비스를 제공해야 한다. 반드시 부모만이 가장 좋은 교육환경을 제공하는 것은 아니다. 부모역할

---

01 선행연구에서는 양가적 심리적 경험(김미혜 · 김혜선, 2004; 김문정, 2007; 이현수, 2007; 김윤주 · 방미란, 2011; 김은정 · 정순둘, 2011; 원미라 외, 2012)을 하게 된다고 분석하고 있다. 극단적으로는 조부모들이 아동을 학대하고 방임할 가능성을 증가시키기도 한다(김혜선, 2004; 박홍주 · 정향미, 2010)는 것이다.

02 선행연구(최혜지, 2004; 한경혜 등, 2008; 조윤주, 2009; 이재림, 2013; Silverstein & Giarrusso, 2010; Dunifon & Bajracharya, 2012; Lou et al., 2013)에서는 비교적 일관된 답으로 이타주의와 사회적 교환이론의 호혜성 원칙이 작동한나고 분석하고 있다.

을 원활하게 하지 못할 가능성이 있는 환경[03]에 놓이게 된다면, 유아들에게는 더더욱 문제가 될 수도 있다. 그러나 가정에서의 부모교육이 중요하고, 원활하게 이루어져야 함을 강조하는 입장에서 본다면, 제반 환경의 문제가 없이 가정에서 충분히 교육적 역할을 담당할 것으로 기대되는 일반 가정에서 조차도 부모부재를 심각하게 겪고 있다는 것이 문제인 것이다.

사랑과 훈육이라는 부모의 가정교육 속에서 지향해야 하는 가치는 다름 아닌 올곧은 '인성함양'이 그 핵심이 되어야 한다. 그리고 이 교육은 가정과 교육기관, 사회가 공동으로 책임감을 갖고 이끌어 가야만 한다. 전통사회에서의 자녀 양육환경은 대가족생활이 기본이었고, 다자녀 가정으로 주로 어머니나 할머니가 가사를 하면서 자녀를 돌보았는데, 맏이가 아래 동생들을 돌보아주기도 하고, 육아를 도와주는 분들이 함께 생활하기도 했다. 그러나 오늘날은 전통사회에서의 자녀양육 환경과는 매우 달라졌다. 뜻을 모은 사람들이 공동육아[04]를 위한 노력에 동참하고 있지만, 보편화되고 있지는 못하다.

이렇듯 가정의 존립문제, 출산의 기피, 자녀출산 후 육아의 문제 등이 해결안을 찾지 못하고 표류하고 있는 현실에서 자녀의 인성교육, 유아의 인성교육은 과연 어떻게 되어야 할 것인지에 대한 문제는 더욱 어려워지고 있다. 가정에서 자연스럽게 이루어졌던 자녀들의 인성교육도 법규를 제정하여 지도하기에 이르렀다.

인성교육이 매우 중요하며, 변화하는 가정과 학교, 사회, 환경을 무시한 채 누구도 책임지려 하지 않는 인성교육을 더 이상 방치하는 것은 안 된다는 사회적인 공감대가 형성된 것이다. 2015년 7월부터 시행된 '인성교육진흥법'에서는 인성함양을 위

---

03 부모의 별거, 이혼, 사별, 빈곤, 질병 등 가정 내외적인 환경의 어려움 등을 포함할 수 있다.

04 우리사회에 공동육아가 소개된 것은 1994년이나, 70년대 말부터 빈민탁아운동을 해 온 대학생집단이 중심이 되어 만든 '해송 어린이 걱정 모임'과 '공동육아연구회'를 모체로 하고 있다. 이후 1996년 (사)공동육아연구원이 발족되었고, 2001년 10월 (사)공동육아와 공동체교육으로 개칭하여, 내 아이를 맡기고, 남의 아이를 보호해 주는 것을 넘어서 우리 아이들을 함께 키우자는 뜻을 실현해 가는 것이다(http://www.gongdong.or.kr 참조).

한 핵심덕목을 예(禮), 효(孝), 정직, 책임, 존중, 배려, 소통, 협동을 제시하고 있다. 법 제정에서 다양한 이견이 있었지만, 이 법규는 유아는 물론 성장하는 청소년들을 위해 가정과 학교, 사회가 담당해야할 책임을 제시한 선언적인 의미도 담겨있다. 올바른 인성을 갖춘 국민을 육성하기 위한 사회적인 노력이다. 인성교육의 강화라는 교육의 일대 전환이 시작되었다고 볼 수 있다.

고도의 지식 기반 경제 시대, 제4차 산업혁명의 시대로 일컬어지는 오늘날 그 발전과 활용의 원천은 '인간'에게 달려 있으며, 어떠한 '인간'이 그 중심이 되어야 하는가에 따라 새로운 시대가 추구해 나아가야 하는 가치와 지향점이 달라질 수 있다는 점에 주목한 것이다. 범 국민적, 국가적으로 인성교육에 대한 관심과 요구의 증가를 간과해서는 안 되며, 인간발달의 가장 초기인 '유아시기'의 인성에 더욱 집중적인 노력이 필요하다.

인성교육진흥법의 목적과 정의

제1조(목적) 이 법은 「대한민국헌법」에 따른 인간으로서의 존엄과 가치를 보장하고 교육기본법에 따른 교육이념을 바탕으로 건전하고 올바른 인성(人性)을 갖춘 국민을 육성하여 국가사회의 발전에 이바지함을 목적으로 한다.

제2조(정의) 이 법에서 사용하는 용어의 뜻은 다음과 같다.

1. "인성교육"이란 자신의 내면을 바르고 건전하게 가꾸고 타인 · 공동체 · 자연과 더불어 살아가는 데 필요한 인간다운 성품과 역량을 기르는 것을 목적으로 하는 교육을 말한다.
2. "핵심 가치 · 덕목"이란 인성교육의 목표가 되는 것으로 예(禮), 효(孝), 정직, 책임, 존중, 배려, 소통, 협동 등의 마음가짐이나 사람됨과 관련되는 핵심적인 가치 또는 덕목을 말한다.
3. "핵심 역량"이란 핵심 가치 · 덕목을 적극적이고 능동적으로 실천 또는 실행하는 데 필요한 지식과 공감 · 소통하는 의사소통능력이나 갈등해결능력 등이 통합된 능력을 말한다.

출처: 법제처(2015). 인성교육진흥법(www.moleg.go.kr).

4) 인성의 개념 이해

(1) 인성의 개념

인성은 인간이 갖추어야 할 본성으로 개개인 마다의 특성을 지니고 있다. 인간의 개별적인 특성으로 인성에 대해 모두 포괄하는 정의를 내리기는 매우 어렵다. 학문적으로 인성은 심리학이나 윤리학을 중심으로 연구되어 왔다. 심리학에서는 성격이나 개성을 중심으로 인간의 건전한 성격에 관한 연구를 진행하고 있으며, 윤리학에서는 인격, 기질로 한 개인에게 있어서 실천적인 선택과 행동에 관련된 도덕적 특성을 덕목이나 인격을 중심으로 연구하고 있다(지희진, 2013).

인성이란 인격(character), 성격(personality), 도덕(morality), 인긴본성, 인간 본연의 인간다운 품성 등으로 다양하게 해석해 볼 수 있다. 그러나 우리말에 'personality'는 '인성'과 '성격'을 모두 포괄하는 개념으로 이해된다. 인성의 사전적인 의미는 '사람의 성품'이다. 성품은 성격과 품격을 말한다. 성격은 정신적인 바탕 혹은 본디부터 지니고 있는 독특한 바탕으로 정의되며, 품격은 물건이 좋고 나쁨의 정도, 혹은 품위, 기품이라고 정의할 수 있다(민중실용국어사전, 2010). 한편 한국학교교육연구원(2015)에서는 인성이란 다른 사람들과 구별되는 개인적인 독특한 심리적 양식으로서 타인의 언행에 대해 배려하는 공감능력과 소통하는 태도로 사회적 상호작용에 대해 책임성 있게 실천하는 역량이라고 정의하였다.

학자에 따라서 개성, 기질, 성격 등 개인의 심리적 특성을 강조하기도 하고, 사회

인간의 품성	
[성격] 마음의 바탕 – 개인의 톡특한 특성	[품격] 사람 된 모습 – 인간성이 좋고, 나쁨
개인의 톡특한 특성을 바탕으로 길러지는 사람 힘	

나 시대의 신념, 문화, 가치가 반영된 인간성, 사람됨, 도덕성 등을 보다 강조하기도 한다(천세영, 2012).

인성을 도덕적 인성, 사회적 인성, 감성적 인성으로 구분(전도근 외, 2016)하는 바에 따르면, 도덕적 인성은 준법정신, 질서의식, 책임감 등이고, 사회적 인성은 공감, 공동체의식, 소통, 대화능력, 예절, 효 등이다. 감성적 인성은 윤리의식, 긍정적 사고, 자율성, 자존감, 자신감 등을 말한다. 한편 인성교육개론(최원호, 2015)에서는 인성의 의미를 개인적, 심리적, 사회적 의미 3가지로 구분하여 제시하였다. 인성이란 개인적으로는 '가치교육'으로, 심리적으로는 '마음교육'으로, 그리고 사회적으로는 '사회교육'으로 의미를 지닌다.

인성의 의미(최원호, 2005)		
개인적 의미	자신의 정체성에 큰 영향을 미치며, 성공적인 삶의 원동력	최소한의 인간다움으로 올바른 가치를 판단할 수 있는 능력을 갖추도록 하는 '가치교육'
심리적 의미	사람의 마음 속 가장 깊은 곳에 접근하는 의미	知 · 情 · 義를 조화롭게 발달시키는 '마음교육'
사회적 의미	개인의 인성과 심리적 인성이 합쳐질 때 습득되는 것(사회 속 공공질서 추구, 애국심 등)	가정과 교육기관이 공동으로 책임지는 '사회교육'

인성과 비슷한 용어로 사용되는 단어의 사전적 의미를 살펴보면 다음과 같다.

용어	인성과 유사한 용어의 사전적 의미
인격	기질과 성질을 포함하는 형이상학적 개념으로 인간에게 일관되게 나타나는 성격 및 경향과 그에 따른 독자적인 행동경향이며 사람으로 갖추어야 할 조건으로 인간의 가치를 말한다.
성격	개인이 가지고 있는 고유의 성질이나 품성이다.
성품	태어날 때부터 가지고 있는 성질이다. 사람의 본성에 가까운 타고난 됨됨이를 말하며 본성이라고도 한다.

품성	품성과 성질을 아우르는 말로 개인이 가지고 있는 사람됨이다. 후천적 훈련에 의해 형성된 됨됨이를 말하는 것으로 훈련이나 교육을 통해서 좋은 품성을 갖도록 하는 것이 가능하다.
인간성	인간의 본질, 인간다움이 나타날 때를 말하며, 인간성의 기준은 사회의 가치관과 변화에 따라 다양하다.

(2) 인성의 성질과 핵심역량

	차원	역량	핵심덕목	주요내용
인성의 3가지 차원과 핵심역량	도덕성	• 핵심가치 인식 • 책임 있는 의사결정	• 정직 • 책임	다양한 윤리적 상황에서 중요한 핵심 가치가 무엇인지를 인식하고, 판단하는 능력과 책임 있는 의사결정을 하는 능력
	사회성	• 사회적 인식 • 대인관계	• 공감 • 소통	다양한 상황과 장소에서 타인의 생각, 감정, 관점을 이해 · 파악하고, 타인과 긍정적인 관계를 형성 · 유지하고 소통하는 능력
	감성	• 자기인식 • 자기관리	• 긍정 • 자율	자신의 강점, 약점, 흥미, 능력 등을 파악하여, 개인적 목표를 설정하고 목표달성을 위해 자신의 생각과 행동을 조절 · 실행하는 행위

출처: 천세영(2012). 인성교육 비전 수립 및 실천방안 연구. 교육과학기술부. p.53.

	요인	내용
인성의 결정요인	생물학적 요인	유전이나 선천적인 특성을 말한다. 유전적 요인에는 신체구조, 체질, 능력, 외모, 정신, 지능, 신체적 결함이나 장애 등이 있다. 신체적 특징 이외의 다른 요인들도 인성에 작용을 하지만, 신장 체중 신체적 외모 등은 인성에 직접 영향을 미치기도 한다.
	자연환경 요인	인성에 영향을 주는 환경요인으로는 기후, 지형, 기온, 식생의 분포, 동물의 분포 등이 있다. 사람은 이와 같은 다양한 자연환경에 따른 삶의 양식에 적응해 나아가게 되며, 인성도 이에 영향을 받게 된다.
	개인의 고유경험	개인이 겪는 가정적 환경요인으로 부모의 학력, 사회경제적 지위, 사랑, 가치의 경험, 부모의 양육태도 등에 영향을 받아 인성이 형성된다. 또한 개인이 겪는 서로 다른 사회적 환경인 또래 집단이나 학교생활, 군대생활 등을 통해 얻게 되는 경험과 소속경험, 신분에 따른 경험, 정서적인 경험 등에 영향을 받게 된다.

인성의 결정요인	문화적 경험요인	자연환경이나 역사와 전통에 따라 독특한 문화가 형성되며, 사람들은 자신이 속한 사회의 영향을 받기 때문에 문화적 요인에 따라 각기 다른 인성을 배우고 습득한다.
	육아방식	부모의 생물학적인 요인, 자연환경, 문화, 부모의 인성이나 가치관, 자녀의 성에 따라 육아방식의 차이가 나타나고, 부모의 육아방식은 유아의 성격형성이나 인성에 중요한 영향을 미친다.
	교육	교육은 공식적인 학교에 다니기 전까지 습득한 인성을 바꾸는 데 중요한 역할 수행하는데, 좋은 인성은 더욱 공고히 하고 잘못된 인성은 바로 잡을 수 있는 방법이다. 교육은 중요한 인성의 결정요인이 된다.

출처: 전도근 외(2016). 청소년들을 위한 인성교육지도방법론.

5) 인성교육

인성자체는 가치중립적이나, 인성교육은 가치지향적이다. 인성교육은 교육을 통하여 인간의 본성이 잘 발현될 수 있도록 하는 것이며, 인간의 전면적 조화적 발전을 추구하며 초교과적 통합교과적인 접근을 요하는 교육이다(강선보 외, 2008).

인성교육이란 도덕성, 사회성, 정서를 포함한 바람직한 인간으로서의 성품을 기르는 교육(교육부, 1996)이며, 덕성 함양을 바탕으로 교양과 능력을 겸비한 인간으로 기르는 교육(한국교육개발원, 1994)이라 할 수 있다. 좋은 인성을 발달시킨다는 교육은 도덕적 앎(moral knowing), 도덕적 감성(moral feeling), 도덕적 행동(moral actor)을 할 수 있는 바른 인성(good character)를 함양하는 교육을 의미한다. 이 세 가지의 영역은 별개로 작용하는 것이 아니다. 밀접한 상호관련성을 갖고 기능을 하는 것이다. 인성교육진흥법(2015)에서는 "인성교육이란 자신의 내면을 바르고 건전하게 가꾸고 타인, 공동체, 자연과 더불어 살아가는 데 필요한 인간다운 성품과 역량을 기르는 것을 목적으로 하는 교육"이라고 명시하고 있다. 즉 인성교육은 결국 인간다운 면모와 자질을 갖추도록 가치교육과 인격교육을 통하여, 올바른 시민을 양성하는 것으로 귀결될 수 있다. 그리고 인성의 8가지 핵심 가치와 덕목을 적극적이고 능동적으로 실천 또는 실행하는 데 필요한 지식과 공감, 소통하는 의사소통능력이나 갈등

해결 등이 통합된 능력인 핵심역량으로 제시되었다.

한편 인성교육의 출발점을 수기(修己)로부터 시작되어야 하며, 가치 지향적이어야 하고, 공동체의 비전을 제시할 수 있도록 공동체에 대한 정체성을 형성할 수 있는 가치를 내포한 인성교육이어야 한다(곽미숙, 2015)는 것을 강조한 연구에서는 인성을 교육한다는 것을 인간의 본성을 깨달아 알고 자신의 성품을 바르게 실천할 수 있도록 상황과 조건을 만들어 주는 것이며 지속성과 반복성을 통해 자신의 것으로 내면화시킬 수 있어야 한다고 제시한 바 있다. 인성교육 내면화의 중요성을 강조한 것이다.

지금까지 우리나라에서 이루어진 인성교육은 주로 도덕적 지식과 사고를 강조하는 방향으로 이루어져 도덕적 행동에 까지 도달하는 통합형 인간을 기르는 데 부족하였으며, 도덕적 행위를 실천하는 핵심역량을 기르지 못하였다는 지적을 받고 있다. 인성교육 프로그램이 학교교육을 통해 실시되고, 인위적으로 구성한 인성 덕목 위주의 교육 프로그램 형태로 제공됨으로써 삶과 자연스럽게 연결되어 근본적으로 유아의 인성을 형성하고 변화시키는 교육으로 발현되지 못한 부분이 있다.

한편 교육과학기술부(2012)에서 유아인성교육을 위한 교사용 부모상담가이드북에 제시한 인성이란 "개인의 심리적, 행위적 성향이며 성품을 가리키는 말로 인간다운 삶을 위하여 성취하고 도달해야 하는 인간의 자질과 품격이다"라고 정의하고, "미래 사회는 협동적 창의성을 발휘하는 인간상이 요구되며, 따라서 인성은 필수적으로 갖추어야 할 핵심역량이다"라고 밝히고 있다. 특히 유아기는 인성의 기초를 형성하는 결정적인 시기이므로 인성교육을 '마음 씨앗 가꾸기'(김영옥, 2012)라고 하며, 그래서 인성교육을 위한 부모의 역할은 매우 중요하다고 하였다.

유아발달을 고려하여 이루어져야 할 인성교육이 어떻게 이루어져야 할 것인가를 보기 위해서는 교육과학기술부(2012)에서 제시한 유아의 발달특성과 관련 인성요소를 참고해 볼 수 있다.

유아기는 모든 발달의 기초가 다져지는 시기이다. 특히 사회정서, 인지발달 등 두

뇌가 가장 활성화되는 시기이다. 이러한 시기에 인성교육을 할 때보다 교육의 효과성이 극대화될 수 있다. 유아의 연령별 발달과 인성, 사회성 발달과 인성, 인지발달과 인성 등을 종합적으로 살피고, 바른 인성예절을 실현해 나아가도록 돕는 것이 중요하다. 청소년시기 이전에 경험했던 훈계 말씀이 가장 도움(이영미, 1989; 이길표 · 주영애, 1995; 이영미, 1995)이 되므로, 유아의 교육은 그 어느 교육시기보다 중요하게 이루어져야 한다. 유아의 인성교육은 유아교사뿐만 아니라, 부모, 조부모들이 함께 공감하고 책임져야 할 중요한 과제다.

표 1-4 | 인성교육의 정의

연구주제	개념 정의
손승남 (1999)	인간이 타고난 본성을 바람직한 방향으로 변화시키려고 노력하는 것이며 인간을 인간답게 기르는 교육
한국교육학회 (2001)	기존의 인지적으로 편중된 교육상황에서는 별로 다루지 않는 정의적 측면 및 인간의 본성과 관련한 것으로 학습자로 하여금 건강한 전인적인 민주 시민으로 성장하고 생태적인 본성을 실현함으로써 보다 풍부하고 자유로운 삶을 살 수 있도록 하기 위한 교육적 경험을 제공해 주는 것
교육과학기술부 (2009)	21세기 글로벌 인재 양성에 필요한 인성을 길러주기 위하여 기존의 가치교육이나 가치 전수가 아닌 창의성과 인성을 유기적으로 연결 또는 통합하는 교육으로서 주로 인간관계와 관련된 덕목과 도덕적인 판단에 필요한 능력이라고 정의
정창우 (2010)	인간다운 면모와 자질을 갖추기 위한 교육이고, 자기 중심성에서 벗어나 타인 및 공동체와 바람직한 관계를 형성할 수 있도록 하는 일련의 가치교육, 시민성 교육의 공통분모에 해당하는 교육
한국교육학회 (2010)	인간관계와 관련된 덕목과 도덕적 판단에 필요한 능력을 교육하는 것
교육과학기술부 (2012)	인지적 영여과 정서적 영역, 도덕성, 사회성, 감성차원의 조화를 이루며 정직과 책임, 공감과 소통, 긍정과 자율과 같은 핵심 요소를 중심으로 이루어지는 교육
인성교육진흥법 (2015)	자신의 내면을 바르고 건전하게 가꾸고 타인 · 공동체 · 자연과 더불어 살아가는 데 필요한 인간다운 성품과 역량을 기르는 것을 목적으로 하는 교육

출처: 천세영(2012). 인성교육비전수립 및 실천방안연구(교육과학기술부); 이은희(2016). 유아인성교육중심 노인-유아세대통합프로그램의 효과, 동의대학교 대학원 석사학위논문; 인성교육진흥법(2015) 등 참조 정리.

표 1-5 | 유아의 연령별 정서발달과 인성

연령	발달특성	관련인성요소
만 3 세	분노가 일어나면 땅바닥을 뒹굴기도 한다.	예절, 질서, 절제, 소통 등
	질투가 심해진다.	자존감, 이해, 존중 등
	자기주장이 강해진다.	자아개념, 소통, 배려 등
	말이나 웃음으로 기쁨을 표현한다.	자존감, 소통, 공감 등
	자기 통제를 하기 시작한다.	책임, 절제, 인내, 자존감 등
만 4 세	표정, 태도, 동작 등이 풍부해진다.	소통, 정서이해, 절제 등
	자신이 성인을 통제할 수 있는지 시험한다.	소통, 책임 등
	자신감이 증가한다.	자존감, 자아개념 등
	성인의 도움 없이 스스로 하고자 한다.	책임, 자존감 등
	인내심이 적어 오래 기다리기 힘들다.	인내, 질서, 절제 등
	화내는 대신 다른 방법으로 불만을 해소할 수 있다.	절제, 인내, 긍정적 사고 등
	성취에 대한 기쁨을 느낀다.	자존감, 책임, 자아개념 등
만 5 세	새로운 시도에 대한 흥미가 높다.	자존감, 책임 등
	성취나 경쟁적 욕구가 충족된 일에 만족한다.	자존감, 협동, 배려, 질서 등
	도덕의 규칙과 행동에 많이 익숙해진다.	질서, 양심, 도덕, 책임, 절제, 정직 등
	다른 사람의 정서를 해석하고 예측할 수 있다.	공감, 소통, 이해, 배려, 협동 등

출처: 교육과학기술부(2012). 유아인성교육을 위한 학부모 상담가이드북, 17 참조.

표 1-6 | 유아의 연령별 사회성발달과 인성

연령	발달특성	관련인성요소
만 3 세	다른 사람들의 호감을 얻고자 노력한다.	소통, 공감, 자아개념 등
	남을 위할 줄 알게 된다.	배려, 나눔, 협동, 동정, 공감 등
	친구와 활발히 놀기 시작한다.	협동, 소통 등
	친구와 놀잇감을 나누어 가질 수 있다.	배려, 나눔, 공감, 공평, 절제 등
	친구와 함께 놀이하나 자기 뜻대로 하려고 하여 싸움이 일어난다.	소통, 절제 협동, 질서, 공평 등

만 4 세	스스로 자신의 일을 한다.	책임, 절제, 인내, 자존감 등
	친구와의 관계가 깊어진다.	배려, 소통, 공감, 이해 등
	친구와 싸울 때도 있지만 공동의 목적을 가지고 놀기 시작한다.	배려, 소통, 질서, 책임, 이해 등
	친구의 불행에 동정을 나타낸다.	배려, 공감, 이해, 존중 등
	친구들과 역할을 분담하고 조직적으로 놀이를 한다.	협동, 배려, 나눔, 질서, 책임 등
	필요한 규칙은 스스로 따른다.	질서, 책임, 자아개념, 양심 등
만 5 세	집단 활동에 대한 즐거움이 증가한다.	협동, 배려, 질서, 책임, 공평 등
	양심이 발달하여 나쁜 것은 피하고 좋은 것을 추구하려고 한다.	양심, 정직, 질서, 공평, 정의 등
	규칙준수에 대한 의미를 배운다.	양심, 정직, 질서, 공평, 정의 등
	대인관계가 차츰 확대된다.	배려, 나눔, 협동, 공감, 이해 등
	협동놀이가 증가하여 협동심과 책임감을 느낀다.	협동, 책임 등
	성역할을 배우고 문화적 관습을 익힌다.	질서, 책임, 절제 등

출처: 교육과학기술부(2012). 유아인성교육을 위한 학부모 상담가이드북, 19 참조.

표 1-7 | 유아의 연령별 인지발달과 인성

연령	발달특성	관련인성요소
만 3 세	다른 사람의 사적인 문제에 관한 관심이 많아진다.	존중, 이해 등
	이유와 목적을 알기 위해 끊임없이 질문을 되풀이한다.	양심, 정직, 공평, 존중 등
	상상놀이가 나타난다.	공감, 소통 등
	생각이 머릿속에 있으면 보거나 만지지 않아도 무엇인가에 대해 생각할 수 있음을 안다.	공감, 이해 등
만 4 세	원인과 결과를 때로 혼동한다.	질서, 이해 등
	직관적으로 생각하고 행동한다.	배려, 존중 등
	차분히 이야기하고 세밀하게 설명할 수 있다.	협동, 배려, 절제 등
	가능한 것과 불가능한 것의 구분이 많아진다.	양심, 도덕, 질서, 이해 등
	믿음과 소망에 따라 행동이 달라지는 것을 안다.	책임, 절제, 인내, 자아개념 등
	친숙한 상황에서 다른 사람의 생각에 대해 생각할 수 있다.	공감, 이해, 배려 등

만 5세	다른 사람은 나와 생각이 다를 수 있음을 이해한다.	존중, 배려, 공감, 이해 등
	직관적으로 생각하고 행동한다.	배려, 존중 등
	궁금한 것에 대해 적극적으로 해결하려는 탐구력이 증가한다.	자아개념, 책임 등
	점차 논리적이 되어 간다.	질서, 공평, 정의 등
	사회문화적 배경이나 동기, 능력 등에 의해 성취도가 영향을 받는다.	자아존중감, 책임, 절제 등

출처: 교육과학기술부(2012). 유아인성교육을 위한 학부모 상담가이드북, 21 참조.

유아를 위한 인성교육의 목적은 자신에 대한 이해, 타인에 대한 배려와 존중, 더불어 살기 위한 능력 배양에 있다(교육과학기술부, 2011).

유아 인성교육 방향은 다음과 같다(우영효, 2010; 박혜린, 2013).

① 모든 영유아를 대상으로 해야 한다.

② 전인교육을 기초로 해야 한다.

③ 삶의 모든 영역에서 이루어져야 한다.

④ 유아 자신을 존중해야 한다.

⑤ 가정과 연계한 교육이 되어야 한다.

⑥ 민주주의 원리 원칙을 내면화해야 한다.

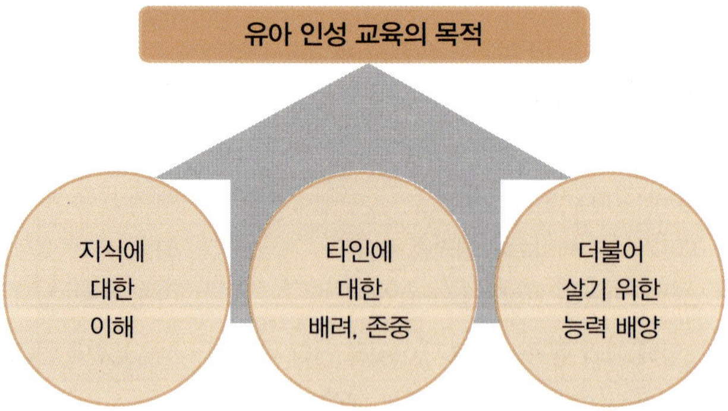

그림 1-3 | 유아인성교육의 목적

출처: 교육과학기술부(2011). 유치원 기본과정 내실화를 위한 인성교육프로그램, 19 참조.

표 1-8 | 유아인성교육의 내용

학자	영역별 분류	내용
Lickona(1991)	도덕성	양심, 책임감, 존중
	사회성	감정이입
	감성	자기통제, 자존감
이원영 외(1992)	도덕성	정직, 질서, 양보, 예절, 책임감, 타인존중
	사회성	협력
	감성	긍정적 사고, 인내
김영옥, 장명림, 유희정(2009)	도덕성	도덕적 기초
	사회성	사회적 지식, 감정이입, 의사소통
	감성	정서인식, 정서조절, 정서표현, 자아개념
교육과학기술부(2012a)	도덕성	정직, 책임
	사회성	공감, 소통
	감성	긍정, 자율
교육과학기술부(2012b)	도덕성	정직, 책임, 윤리
	사회성	배려, 봉사, 공감
	감성	자기이해, 자기조절

출처: 교육과학기술부(2011); 정선영(2015). 음악활동을 통한 유아인성교육프로그램 개발 및 적용. 경성대학교 박사학위논문 참조, 정리.

2. 유아인성예절

1) 문화교육의 토대 위에 있는 유아인성예절

교육은 광의로 보면 한 사회가 새로운 구성원을 육성하는 활동이다. 따라서 그 사회의 구성원에게 필요한 지식과 기능과 가치관과 태도 등을 길러 주는 일련의 활동이 필요하다. 따라서 이와 같은 교육에는 '문화'의 전달이라는 과정이 그 기저에 있다.

인류학자인 Mead는 '문화가 한 세대에서 다음 세대로 전달되는 양상을 흥미 있게 관찰하였으며, 세대 간 교육과 함께 새대 내 교육에도 관심을 기울였다. Kimbal도 문화전달이론의 발전에 기여한 인물인데, 그는 교육의 일차적 기능을 문화 전달이라고 보았으며, 교육인류학을 문화전달의 조건과 과정을 연구하는 학문이라고 보았다(문미옥 외, 2001). 교육과정은 인간의 사회적 상호작용에 의해 이루어지는 학습과정이라 할 수 있다. 이런 의미에서 보면, 교육과 문화는 밀접한 관계를 갖고 있음을 알 수 있다. 즉 교육은 문화전승이며, 인간의 학습은 본질적으로 문화적인 것이다. 따라서 교육은 곧 '문화와의 만남'(문미옥 외, 2000)이라고 할 수 있다. 그러므로 유아인성예절교육에는 우리 문화와 예절에서 그 기본가치와 본질을 찾을 수 있다. 유아인성교육의 목적은 위에서 제시한 바와 같이 예로부터 이어져온 예절교육이 지향하는 관점과 맥락을 같이 한다.

예절의 본질은 성(誠) · 경(敬) · 애(愛)로 볼 수 있는데, 성(誠)은 자기 자신의 수신(修身)에 해당하는 것으로 스스로의 몸과 마음을 바르게 다스리는 것에 초점을 둔다. 이는 예절이 대내대자적(對內對自的)으로 작용하는 자기 수양을 의미한다. 인간은 삶의 전 과정에서 나는 누구이며, 나는 어떠한 몸가짐과 마음가짐을 가져야 할 것인가? 어떠한 가치와 지향성을 갖고 살아야 할 것인가에 대한 깊은 성찰을 바탕으로 성장해야 한다. 자신에게 부끄럽지 않은 삶을 살도록 항상 힘써야 한다. 그리고 경(敬)과 애(愛)는 치인(治人)으로 사회생활에 필요한 예절로 타인과 관계를 맺을 때에 상대를 공경하고, 더불어 사람들에게 널리 사랑을 베풀며 사는 것을 말한다, '공경한다'는 것은 모든 대상에 대해서 존경심을 갖고 행하는 행위이다. 생명에 대한 경외심을 갖는 것이 기본적인 인격의 바탕이듯이, 공경의 대상은 나이나 성별, 인종, 지식, 재산, 외모, 장애유무 등에 따라 절대로 달라질 수는 없다. 인간이면 당연히 인간 그 자체로서 존중받아야 한다. 어른은 대접받아야 하고, 어린이라면 쉽게 대해도 된다고 생각해서는 안 된다. 모든 사람들은 모두 존중받고 서로 공경해야 한다. 이렇듯 치인(治人)은 예절을 행할 때 상대방을 높이고, 편안하게 대해야 하는 것으로 대외대타적(對外對他的)으로 활용될 때에 제대로 그 기능을 발휘하게 된다. 예(禮)의 시작은 성(誠)이며, 경(敬)과 애(愛)로 완성에 이른다고 볼 수 있다. 즉 인성교육목적이 지향하는 바는 인간 삶에 기본이 되는 예절이 지향하는 근본 뜻과 일맥상통하고 있음을 알 수 있다.

자녀를 사회의 일원으로 올바르게 성장시키기 위해서 가장 우선적으로 교육해야 하는 것은 '예절(禮節)'이며, 이 예절은 사람됨의 기본이다. 예절이란 일정한 생활문화권에서 오랜 생활습관을 통해 하나의 공통된 생활방법으로 정립되어 관습적으로 행해지는 사회계약적인 생활규범이다. 관습적으로 이루어지고 있는 사회계약적인 예절은 사람이 인간으로서의 자기관리와 사회인으로서 원만하게 생활해 나갈 수 있도록 갖추어야 하는 당위적인 것이며, 바람직한 인관관계를 맺기 위한 필수적인 불문율이다.

2) 유아인성예절의 목적과 지도 범주

유아의 전통예절에서도 강조하는 바를 재고하여 유아의 인성예절교육의 근원으로 삼을 필요가 있다. 옛 선인들이 살았던 방식으로 수백 년 전처럼 살아가도록 가르치는 것이 아니다. 유아에게 가르쳐야 할 예절은 과거의 것을 답습하도록 하는 것이 아니라, 변화한 현 시대 상황을 고려하여, 그에 맞도록 자기를 관리하고 수양하며, 타인과의 관계 맺음이 원활하도록 재창조와 계승으로 이루어져야 한다.

인성예절은 자신의 도덕적인 내면화를 전제한다. 인성예절은 "마음가짐을 겸손하게 하고, 상대방을 존중하며, 사랑과 따뜻한 마음이 행동에 자연스럽게 나타나도록 하여, 인품과 교양이 있는 몸가짐, 바르고 고운 말씨, 부드럽고 민첩하며 세련된 행동을 통해 더불어 사는 것"(주영애 · 박상희, 2001)을 실현하는 것이다. 즉 예로부터 강조해 왔던 겸손, 존중, 배려, 인품, 언행 등의 올곧음을 목표로 지속적으로 실천 계도해야 하는 것이 바로 유아를 위한 전통예절교육의 목표임과 동시에 유아인성예절교육의 목표가 되어야 한다.

▣ 《논어(論語)》[05]의 안연편 ▣

예가 아닌 것은 보지 말고, 듣지 말고, 말하지도 말고, 행하지도 말라.

비례물시(非禮勿視), 비례물청(非禮勿聽), 비례물언(非禮勿言), 비례물동(非禮勿動)

▣ 《예기(禮記)》[06] ▣

사람이 예가 있으면 편안하고 예가 없으면 위태롭다. 그렇기 때문에 예는 배우지 않을 수 없는 것이다. 무릇 예라는 것은 자기를 낮추고 남을 높이는 것을 원칙으로 한다.

▣ 《예기(禮記)》 관의(冠義) ▣

사람이 사람다운 까닭은 禮와 義가 있기 때문이다. 예와 의의 시작은 얼굴과 몸가짐을 바르게 하며, 낯빛을 부드럽게 하며, 말을 이치에 어긋남이 없이 공손하게 하는 데에 있다. 얼굴과 몸가짐이 바르게 되고 낯빛이 부드러워지며, 말이 공손해진 다음에 예와 의가 갖추어진다.

▣ 《예기(禮記)》 곡례(曲禮) ▣

예는 절도를 뛰어넘지 않으며, 남을 공격하거나 업신여기지도 않으며 허물없이 가까이 지내는 것도 좋아하지 않는다.

---

05 《논어(論語)》는 BC 450년경에 만들어진 책으로, 공자의 언행록이다. 공자를 중심으로 그의 제자들과 제후와의 문답 등을 기록했다. '논어'는 어록이라는 뜻이다. 공자와 그 제자들의 말과 행동이 약 500개에 이르는 문장으로 묘사되어 있다. 〈학이편(學而篇)〉에서 〈요왈편(堯日篇)〉까지 20편으로 이루어져 있다.

06 《예기(禮記)》는 오경(五經) 중의 하나로, 예경(禮經)이라 하지 않고 '예기'라고 한 것은 예(禮)에 대한 기록 또는 주석(註釋)의 뜻을 나타내고 있다. 중국(中國)의 삼례(예기, 주례, 의례) 중 하나이며, 왕조(王朝)의 제도, 상복(喪服), 동작(動作)의 규칙, 예(禮)의 해설, 예악의 이론 등을 담고 있다. 《예기》에서는 그 주제인 곡례 · 단궁 · 왕제 · 월령 · 예운 · 학기 · 악기 · 대학 · 중용 등을 다룸에 있어서 도덕적인 면을 매우 중요하게 보았다. 1190년 성리학파의 주희(朱熹)는 《예기》 중의 대학 · 중용 2편을 각각 별개의 책으로 편찬하여 유교 경전인 《논어》 · 《맹자》와 더불어 4서에 포함시켰다. 4서는 보통 중국에서 유교 입문서로 사용되고 있다.

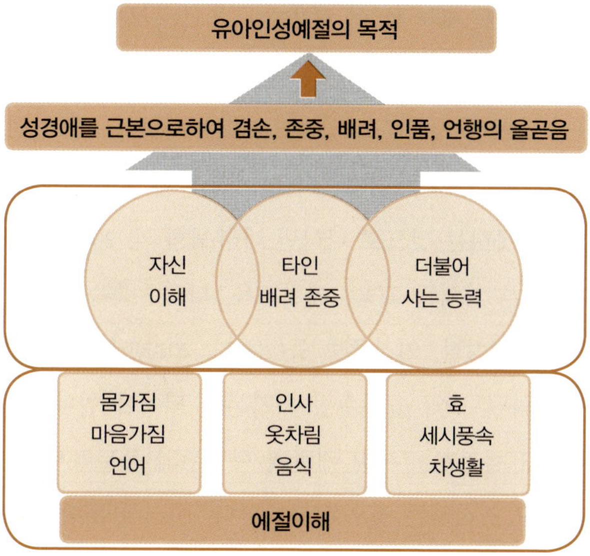

그림 1-4 | 유아인성예절의 목적과 지도범주

표 1-9 | 유아인성예절 지도범주와 세부목표

범주	유아인성예절지도 영역	인성 덕목 함양과 세부목표
자신의 이해	예절의 이해	예, 책임, 자기이해, 자기조절, 정직, 공감
	몸가짐과 마음가짐	
	언어생활	
타인에 대한 배려와 존중	인사하기	예, 나눔, 배려, 존중, 소통, 질서
	옷차림	
	밥상머리교육과 음식예절	
더불어 사는 능력	효	예, 효, 나눔, 배려, 존중, 공감, 협동
	세시풍속	
	차생활	

저출산 시대에 한국 어머니들의 아동발달에 대한 인식과 자녀사교육의 실제 연구(우남희 외, 2010)에 의하면, 자녀교육에 있어서 기본생활습관교육과 인성교육을 중

요하게 생각하고 있었다. 또 다른 연구(김명진, 2011; 박혜린, 2013, 현미숙, 2016)에서도 어머니들은 인성교육의 필요성을 가장 높게 인식하고 있었고, 인성교육을 강조하는 이유는 도덕성 결여를 지적하고 있다. 그러나 사교육보다 인성교육에 할애하는 시간이 많은 어머니는 25.3%로 인지 중심의 사교육에 많은 시간을 할애하여 인성교육에 관심을 가지지 못하는 것으로 나타난 바(우남희 외, 2010) 있다. 바람직한 인성교육을 위해서는 바른 가치관 교육, 예절교육, 타인존중을 희망하고, 인성의 주요 덕목으로는 정직, 예의범절, 인간존중 등(박혜린, 2013)이 제시되었다. 그리고 가정에서 일상생활지도와 부모의 솔선수범이 기본이 되어야 한다고 생각하고 있지만, '어떻게 해야 하는지 몰라서', '사회 전반의 학벌주의 풍토라서' 실제로 인성교육을 수행하기가 어렵다고 인식하는 것으로 나타났다. 이러한 문제인식과 인성교육의 중요성 실천을 위해서 부모의 가정 내 노력이 우선 전제되어야 함을 알 수 있다.

표 1-10 | 유아인성예절지도에서 부모의 역할

- 일상생활에서 유아들에게 가장 효과적으로 지도할 수 있는 사람은 부모이다.
- 사회학습이론에 근거해 볼 때 부모는 인성예절의 모범이 되어야 한다.
- 부모는 인성예절의 주체로서 부모-자녀와의 긍정적 관계를 마련해야 한다.
- 부모는 자녀가 성장하면서 맺게 되는 학교와 사회의 모든 인간관계에서 인성예절을 발현하는 데 영향을 미친다.
- 부모는 자녀와 많은 시간을 공유하면서 긍정적 관계에서 인성예절을 실천하도록 해야 한다.
- 부모는 자녀의 인성예절 함양을 위한 적극적인 노력을 기울여야 한다. 좋은 부모는 저절로 되는 것이 아니므로, 자녀 양육방식을 점검하고, 효과적인 지도능력도 개발해야 한다.
- 가정과 학교, 사회가 공동으로 유아의 인성예절에 관심을 갖고 함께 지도해야 한다는 것을 인식해야 한다.
- 인성예절의 핵심 가치와 실천방법 등에 대해 관심을 갖고, 가족과 친지간에, 부모들 간에도 서로 정보를 공유하고 도움을 주고받아야 한다.
- 내 아이를 키운다는 소극적인 자세가 아니라, 올바른 민주 시민을 양성한다는 대승적 관점을 갖는다.
- 부모로서의 역할, 자기이해, 절제 등 내면적인 성숙에 대해 항상 돌이켜 본다.

소혜왕후의 《내훈(內訓)》 모의장(母儀章)에는 자녀를 양육함에서 이러한 가르침이 있다. '사랑함만 있고 가르침이 없으면 자라서 곧 어질지 못하니, 제 뜻만 받아 주지 말고, 조금만 방종하거든 문득 조심케 하며, 저의 못됨을 덮두들기지 말아….'라고 하였다. 즉 아이의 허물은 어머니의 자녀 양육에 달려 있음을 경계한 것이다.

최근 연구(박인선, 2017)에 의하면, 대학생의 인성실천에 영향을 미치는 가장 강력한 요인은 학생이 지각하는 '자녀를 향한 부모의 애정 어린 양육태도'이며, 대학생이 인성을 중요하게 인식하게 하는 가장 큰 영향요인임과 동시에 인성을 실천하는 태도에도 긍정적인 영향을 미치는 것임을 밝혔다. 부모는 자녀양육을 위한 가장 큰 책임과 의무를 수행해야 하는 존재이며, 자녀에게 삶의 모델링이 되는 교육자이자 인생의 멘토이다. 따라서 대학생들에게 예비부모교육과 관련하여 자녀양육에 필요한 기본 인성교육으로 연계하여 지도하는 방법을 제안했다.

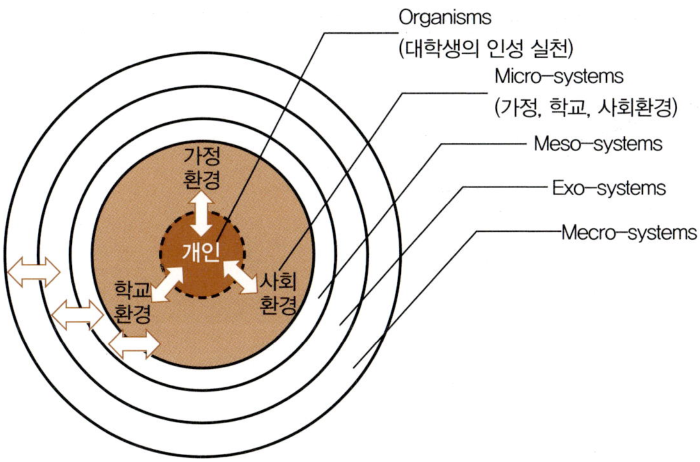

그림 1-5 | Bronfenbrenner의 생태체계 모형

출처: Bronfenbrenner, U. (1992). *The Ecology of Human Development*. Cambridge, MA: Harvard Univ. Press; 박인선(2017). 박사학위논문에서 발췌.

이러한 제안을 보면 인성예절은 대학생 당사자에게만 필요한 것이 아니라, 사회의 건전한 존속을 위해 세대 간에 이어가야 할 기본적인 인간교육이라는 점을 알 수 있다. 따라서 인생의 초기단계 있는 유아에게 인성예절을 지도하는 것은 부모의 책임이자, 후대를 위해서 간과해서는 안 되는 필요한 과정이다.

자신을 다스릴 줄 아는 지혜와 바른 몸가짐과 마음가짐, 가족과 형제를 비롯한 타인을 배려하는 태도, 함께 사는 사회를 지향하는 공생 공존의 자세, 우리 문화의 이해를 바탕으로 한 정체성 함양, 타문화에 대한 이해와 수용 등, 이 모든 것은 앞으로 유아인성예절에서 지향해 나가야 할 지도의 방향으로, 깨어있는 가르침으로 거듭나야 한다.

적용 Point

01 오늘날 유아인성예절의 중요성이 강조되는 까닭은 무엇인가요?

02 인성교육진흥법을 찾아, 원문 내용을 살펴보세요.

03 인성, 인성교육의 개념을 정리해 보세요.

04 유아인성예절교육을 위한 생태학적 접근의 필요성에 대하여 설명해 보세요.

05 유아인성예절교육과 문화교육이 접목되어야 하는 이유는 무엇일까요?

06 유아인성예절지도에서 부모의 역할, 교사의 역할, 유아인성예절지도전문가의 역할은 무엇일까요?

| CHAPTER **02** |

유아인성예절의 핵심 덕목

1. 개인적 덕목
2. 공동체적 덕목

1. 개인적 덕목

1) 자기이해

자기이해(self-understanding)는 자신의 지각, 감각, 정서, 인식, 사고의 작용을 통해서 자기의 주관적 현실과 객관적 현실의 식별을 명확히 하면서 ① 주체적 자기, ② 객체로서의 타자 ③ 객체로서의 자기 ④ 자기와 타자와의 상호관계를 파악하는 태도이다.

Lewis는 자기의 발달이 타인의 Schema[07]를 만들고, 낯가림을 일으키는 데 필요한 것이라고 생각하였다. 거기서 출생 후 2년 이내에 자기는 2개의 측면을 발달시키는데 그것은 실존적 자기(Existential self)와 범주적 자기(Categorical self)로 불렀다. 실존적 자기란 타인과 구별되는 것으로 자기라 정의되는 것이고, 유아가 하는 행위, 그 결과 간의 안정성, 규칙성, 수반성으로 부터 발달하는 것이다. 범주적 자기란 대상으로서의 자기를 말한다. 즉 외계에 대해서 유아가 자기 자신을 정의할 수 있는 범주를 가리킨다. 예컨대, 자기는 여자아이다, 자기는 작다, 자기는 할 수 없다 등과 같은 것이 그것이다(박아청, 2003).

건강한 인격의 요소인 자기 수용에 이르기 위해서는 자기이해가 필요하며, 의사소통에서는 상호 이해하는 인간관계를 가능하게 하는 태도를 말한다. 정확하게 인식하고, 이해하며, 객관적으로 자신을 바라볼 수 있는 능력이다. 자신의 감정 행동방식을 이해하고 긍정적으로 바라보는 자기이해력이 높을수록 자기존중감과 스스로의 문제해결 의욕이 강해진다.

07 각 개인의 과거의 경험에 의해서 형성된 개인의 인지구조를 의미한다. 개인이 어떤 문제(사람, 사물 또는 사건 등)에 대하여 개념화하고 판단하여 선택하는 데 영향을 미친다.

2) 자기조절

자기조절은 유아의 사회성 발달에 핵심 요인이 될 뿐 아니라(양옥승 · 이정란, 2003), 성공적인 삶을 위한 결정적 능력(박지현 · 송하나, 2011)이 되고 있다. 자기조절력이란 자신의 생각과 행동을 상황에 맞게 조절하는 능력이며, 다른 사람과의 관계를 형성하고 또한 특정한 성취를 위해 적절하게 자신의 행동이나 목표를 조절할 수 있는 능력을 말한다(지성애, 2016).

자기조절은 자아통제, 자기점검, 자기지시, 자기관리, 자기통제, 독립심 등의 용어와 함께 사용되는데, 자기조절과 자기통제가 가장 많이 사용된다(정선영, 2015). 교육과학기술부(2012)는 자기조절을 자기 스스로의 원칙에 따라 어떤 일을 행하거나 자신을 통제하여 일시적인 충동에 의하거나 즉각적인 만족을 절제하고 인내하는 성질 혹은 특성으로 정의하고, 하위내용을 자기존중, 정서조절과 스트레스 대처, 자기통제로 분류하였다.

유아의 자기조절력이란 영아기부터 서서히 나타나며 연령이 증가하면서 발달되고, 복잡해진다. 3세 이상이 되면 다양한 환경에 적응하기 위해 사회적인 상호작용을 통해서 자율적으로 자신의 생각이나 행동을 상황에 맞추어 조절하게 된다. 자기조절력이 높아지면, 더욱 독립적이고 목표 지향적이 되며, 행동과 정서를 스스로 잘 조절하여 유연하고 적절하게 기대되는 바람직한 행동을 할 수 있게 된다.

3) 책임

한 인간이 사회에 적응하면서 올곧은 개인으로 살아가기 위해서는 빼놓을 수 없는 중요한 덕목이 책임감이다. 책임(責任, responsibility)이라는 용어는 철학적, 사회학적, 법률적 용어로 많이 사용된다. 유아의 인성예절 핵심덕목으로 '책임'을 말할 때는 도덕적, 일반적으로 부여되는 임무 등을 의미한다. 도덕적 책임이란 사람이 스스로의 행위에 관하여 자타의 평가를 받고, 자책이든 비난이든 여러 형태의 도덕성 제재를 받아들이지 않으면 안 되는 것을 말한다. 책임은 사회의 윤리적 규범을 받아들이고, 행위가 자유로운 의지에 따른 결정이어야 하며, 행위결과가 당연히 예측되는 것임을 전제하는 것으로 윤리적 책임의 의미라 할 수 있다. 교육학적으로 보면, 자발적인 행위의 결과에 관해서 행위자에게 추궁되는 의식, 부담, 또는 제재, 강제나 구속에 의해서가 아니라, 자발적으로 행한 일의 의도와는 상관없이, 혹은 의도와는 달리 가져온 결과에 대하여 정신적 도덕적으로 혹은 법률에 의해서 죄의식 비난 제재 또는 손해를 감수하는 것이다.

책임감을 가르치는 일은 인간에 있어서 중요한 과제이다. 부모가 자녀에게 책임감을 가르치고 보호하는 것은 본능에 의해서 이루어지지 않는다. 유대관계 속에서 애정과 규율을 적절히 조화시키면서 그 가운데에 책임감을 가르쳐야 한다. Glasser(1965)는 책임감이란 '다른 사람들의 욕구충족의 능력을 박탈하지 않는 한도 내에서 자신의 욕구를 충족시킬 수 있는 능력'이라고 정의하고 있다. 책임감 훈련이 높은 유아는 낮은 유아보다 친사회적 행동이 높게 나타난다(황선희, 1998).

자신의 능력에 대한 자아자각이 높고 긍정적인 사람은 자신을 가능성의 존재로 인식하여 가치 있는 인간으로서 보람 있는 삶을 영위하고 모든 일에 적극적이며 다양한 방법으로 성취행동을 수행한다. 자신에 대한 가치수준이 높더라도 자신만을 위한 편파적인 책임감 훈련은 자기 지향적 행동을 나타나게 할 수 있다(황선희, 1998)는 점을 유의하여 지도해야 한다.

4) 정직

정직(正直)이란 사전적인 의미로 보면, 마음에 거짓이나 꾸밈이 없이 바르고 곧음(국립국어원, 2012)을 의미한다. 정직은 관점에 따라 절대적 도덕규범이나 개인, 집단과 집단 또는 국가와 국가 간의 관계에 있어서 상대방에 대한 신뢰라고 정의되기도

하며, 개인의 특성이기보다는 상황에 따라 달라지는 특성으로 간주되기도 한다. 한편 정범모(2004)는 정직성을 사실대로 말하고, 당위대로 하는 것으로 정의하였다.

맹자의 인의도덕론(仁義道德論)에서는 옳고 그름을 분별하는 마음, 부끄럽게 여기는 마음, 양보하는 마음 등의 세 가지 마음을 정직성의 기초로 보았다. 정직이란 인간이 선천적으로 갖추고 있는 것으로 이것을 드러내는 양심은 '생각지 않아도 아는 능력[양지(良志)]과 배우지 않아도 가능한 것[양능(良能)]으로 다루어졌다(장희선, 2012).

5) 공감

자신의 정서를 빠르게 지각하고 반응하는 사람은 자신의 감정에 적절하게 반응하며, 타인에게 자신의 정서를 잘 표현할 뿐만 아니라, 타인의 감정과 기분을 이해하고 공감할 수 있다고 한다(Mayer & Salovey, 1990). 공감은 다른 사람의 정서 상태를 이해하고 공유하는 능력으로 타인에 대한 공격을 억제할 뿐 아니라 타인을 돕고 정의로운 일을 행하도록 동기화한다. 또한 공감능력은 다른 사람의 감정을 이해하고 느끼는 데 도움을 주어 유아의 사회성 발달과 친사회적 행동에 긍정적인 영향을 미친다. 공감능력이 발달한 유아는 서로 수용하고 소통하며, 타인의 입장을 고려하게 된다. 따라서 공감능력은 친밀한 관계를 구축해 나아가는 데 촉진작용을 하며, 넓은 의미에서 공감능력은 대인관계를 형성하는 기본 바탕이 된다(최혜진 · 김선영, 2015). 타인이 슬퍼할 때 함께 슬퍼해 주고, 타인에 대한 걱정, 불안, 무서움을 함께 느낄 수 있고, 나아가 타인의 즐거움을 함께 즐거워하고 기뻐하는 등 공감활동을 경험하면서 유아들은 정서와 감정을 조절할 수 있는 능력을 키워 간다.

최근 연구(허정아 · 김정미, 2013)에서는 '마음 알아주기'의 교육을 위해서는 도덕 교육상 중요한 문제로 판단하고 옳고 그름과 같은 정의적 요소를 가르쳐야 한다고 하였다. 유아들이 도덕적 갈등 상황에서 옳고 그름의 합리적 판단을 내리기에 앞서 '마음 알아주기'를 사용하여 갈등 상황을 해결하는 모습을 보인다고 하였다.

또한 동요를 활용한 통합적 인성교육 활동에 제시된 동요 내용과 인성덕목을 바탕으로 한 확장활동을 통해 타인의 정서와 감정을 공감할 수 있는 능력이 향상된다는 연구(김성미 · 김현주, 2015) 결과를 보면, 유아들은 자연스럽게 동요를 부르며 자신과 타인의 감정과 행동을 조절하고 연계되는 인성교육활동을 경험함으로써 타인의 생각과 행동을 공감하게 된다.

2. 공동체적 덕목

1) 존중

존중한다는 것은 존경, 경의, 가치 있는 것에 대한 찬양에서 나오는 것이다. 교육과학기술부(2011)는 존중이란 사람이나 사물은 기본적으로 그들의 존재만으로 존중할 가치가 있음을 인식하고, 그 가치에 대하여 소중히 여기는 것이라고 정의하였다. 존중의 하위내용을 인간이 서로에게 갖추어야 할 자기에 대한 존중과 타인과 모든 사람들의 권리나 그 존엄성에 대한 존중, 사람과 밀접한 관계 속에서 존재하는 환경에 대한 존중, 생명에 대한 존중 등으로 구분하였다.

유아의 자신에 대한 존중감은 도덕적 생활을 위해 기본적으로 갖추어야 할 조건이며, 이와 같은 자신에 대한 존중은 타인에 대한 존중과 사회에 대한 존중으로 확장된다(구현진, 2004).

즉 유아의 자아존중감은 사회적 발달에 중요한 기초가 되는데, 부모가 화목을 바탕으로 자녀와 원만한 관계를 갖고, 특히 긍정적 언어 환경을 제공할 때, 유아는 성장과정에서 지속적으로 자아존중감 형성에 영향을 받게 된다. 자아존중감이 높은 유아는 스스로 사랑스러운 아이라고 느끼며 자발적으로 자기표현을 한다. 또한 항상 열의를 가지고 도전하여 성취감을 가지고 긍정적인 언어를 사용하며 감사하는 태도를 가진다. 반면, 자신이 기대하는 기준에 비추어 자아 평가 결과가 낮을 때 부정적인 자아 개념을 갖게 되고 심하면 무력감에 빠져들게 된다(윤선영 · 정혜숙, 2010).

2) 배려

배려는 자신보다는 타인의 어려움이나 필요에 대해서 반응해 주는 것을 말한다. 배려한다는 말의 한자로는 '배려(配慮)라 하여 도와주거나 보살펴 주려고 마음을 씀'을 의미한다. 배려에 대해 철학적 용어로 살펴보면, '타자에 대한 현 존재의 이해적 관계방식'을 의미한다. 타자를 돌보아주고 보살펴 주는 것이 현 존재의 심려이며, 타자에 대한 이러한 심려를 배려라고 한다. 배려는 공동 현 존재자들 사이의 관계 맺음의 방식이다.[08] 교육과학기술부(2011)는 배려란 타인의 필요와 요구에 민감한 반응이며, 공감하는 마음과 태도라고 정의하고, 배려에 대한 하위내용을 친구에 대한 배려, 가족에 대한 배려, 이웃에 대한 배려, 동식물에 대한 배려로 구분하고 있다.

최근에 와서 정의와 배려의 도덕성은 정의와 배려가 통합된 관점에서 자연스럽게 접근되어 왔다. 이러한 통합적 접근은 정의와 배려가 지니고 있는 특성을 인정하면서도 개별적인 요소들을 유기적으로 통합시킬 수 있으며, 정의와 배려가 통합된 성숙한 인격적 모델을 제시할 수 있다(이미식, 2000). 모든 인간은 정의 지향적 성격을 지닌 평등이나 배려 지향적 특성을 지닌 애착을 경험하며 성장하므로, 정의 지향적 도덕성과 배려 지향적 도덕성 개념을 서로 대립 개념이 아니라 각 도덕성의 가치를 보다 구체적으로 이해하고 통합하여 양성 체계적 관점으로 인간적인 도덕성을 탐구해야 한다(최미숙, 2006).

---

08 서울대학교 철학사상연구소 제공 네이버 철학용어사전 참조.

배려지향적 도덕성은 Gilligan[09]에 의해 제기된 것으로 인간관계를 중심으로 자아와 타인 모두에 대해 민감성을 가지고 책임감과 보살핌에 가치를 두고 소중히 여기는 도덕 판단의 지향성을 말한다. 성장과정에서 다른 사람들과의 공감, 애착, 친밀성의 경험에 의해 형성되는 도덕성이라고 할 수 있다(허정아 · 김정미, 2013). 앞의 연구에서는 정의와 원칙에 입각한 이성적이고 사려 깊은 판단과 더불어 타인의 복리에 대한 열정적인 관심과 따뜻한 배려야말로 이상적인 도덕성의 모습이라고 보고, 유아의 도덕교육도 이러한 통합적 관점으로 이루어져야 함을 주장한 바 있다. '친밀한 관계 맺기', '마음 알아주기', '책임감 있게 행동하기', '따뜻하게 돌봐주기' 등은 배려지향적 도덕성 함양에 유의미한 과정임을 제시하였다.

3) 소통

취학아동뿐 아니라 유아들까지도 폭력적인 언어를 사용하거나 타인을 이해 또는 배려하지 못하는 공감능력의 부족으로 인해 적절한 의사소통이 이루어지지 못하고 있다는 점은 사회적인 문제로 대두되었다(권정윤 · 황인주, 2013). 타인을 이해하고 배려하는 소통은 인성교육에서 중요하게 다루어져야 할 핵심적인 덕목이 되고 있다.

소통이란 '상호 공통적으로 나누어 갖는다'는 뜻으로 언어와 상징 및 행위 등이 어떤 의미를 지니고 서로에게 전달되며 해석되는 것이다. 소통 혹은 의사소통 등으로 명명되는데, 소통을 설명하는 이론이나 배경이 다양하지만, 공통적으로 지향하는 것은 대인관계 측면이다. 즉 소통은 대인관계의 형성과 유지 등과 관련이 있다는 것이

09 미국 심리학자인 Carol Gilligan(1936~)은 대표적인 도덕 발달 이론인 Kohlberg의 이론이 성차별적이라고 비판하면서 남성의 도덕성이 정의 지향적이라면, 여성의 도덕성은 대인 지향적이라고 주장하였다. 보살핌의 윤리는 전통 윤리학에서 경시되고 무시되며 평가절하되었던 여성적 경험에 기초한 윤리적 덕목들을 계발하고 긍정함으로써 여성주의 윤리학의 새로운 길을 제시하였다. Gilligan은 여성이 도덕적 성숙의 발달을 보이지 못하는 것은 여성이 열등한 존재여서가 아니라 기존의 윤리체계 자체가 가진 결함 때문임을 드러내는 것에서 출발한다. 이것은 여성의 도덕적 경험으로부터 도출되는 관계성과 보살핌에 대한 긍정을 통해 윤리적 함의를 찾고자 하는 것이다(이윤경, 2003).

다. 대인관계에서 의사소통이 효과적일 경우는 긍정적 관계가 유지되며, 그렇지 않았을 경우에는 부정적인 관계를 낳게 된다. 유아는 부모나 주위의 반응을 통해 '소통'을 학습하며, 또래를 만나 행위나 몸짓, 언어를 통해 의견이나 생각 등을 전달하게 된다. 유아의 소통능력은 언어능력, 사회적 유능성, 창의성, 정서지능 등과 관계(김희태, 2010)가 깊다.

유아의 의사소통 능력은 정서와 함께 또래 간의 상호작용을 매개하는 주요 요인(엄은나, 2006)이며, 언어기술은 유아의 정서를 이해하고 조절하는 데 중요한 수단이다. 언어가 유아의 정서에 영향을 주고 언어와 정서능력은 사회적 기술과 사회적 유능성에 상호작용하는 변인으로 작용하는 것(이용주, 2003; Eisenberg, Sadovsky & Spinard, 2005)이 밝혀지면서 의사소통능력은 다양한 갈등상황을 해결하고 사회에 적응하는 데 필요한 요소 중의 하나인 정서와 함께 중요성이 강조된다(권정윤 · 황인주, 2013).

4) 질서

질서란 사전적 의미를 보면, '사물들의 규칙적인 배치나 배열' 또는 '혼란 없이 순조롭게 이루어지게 하는 사물의 순서나 차례'로 정의[10]된다. 교육과학기술부(2011)는 질서란 민주주의 사회에서 책임감 있는 민주시민으로서 살아가기 위해 필요한 사회규범을 지키는 것으로 정의하고, 질서의 하위내용을 자기의 순서나 차례를 지켜야 하는 기초질서, 교통질서와 같이 국가의 법률이나 규칙을 지켜야 하는 법질서, 사회의 여러 요소와 집단이 조화롭게 균형을 이루는 사회질서 등의 내용으로 구분하였다.

최근 연구(김지영 · 이예숙, 2016)에 의하면 유아의 창의적 인성과 민주시민 의식 간

10 다음, 네이버(2014)의 어학사전 참조.

에는 유의미한 정적 상관관계가 있음이 밝혀졌다. 즉 민주시민의식의 하위요인인 타인존중, 책임의식, 협동의식, 준법정신은 유아의 창의적 인성과 관련이 높다는 점을 알 수 있다. 유아교육기관에서는 놀이의 규칙과 약속의 중요성을 인식하도록 하고, 공감하는 등의 활동을 통해서 인성덕목인 질서의식을 갖도록 하고 있다.

그리고 질서란 공공생활의 출발점이 됨과 동시에 사회유지의 기본개념이 되므로, 가족생활에서는 가족 간의 질서가 있다는 점도 이해해야 한다. 《소학(小學)》과 《동몽선습(童蒙先習)》에서는 질서의 근본은 자연 질서에서 찾을 수 있다고 보았고, 광의의 질서는 우주 자연의 질서이며, 협의의 질서는 인륜의 질서를 바로잡는 예의 규범으로서의 시작이 된다고 보았다. 따라서 가족 간의 질서는 형과 아우와의 관계, 일가친척과의 관계에 대한 질서이며, 사회생활에서는 연장자 대 연소자의 관계, 스승에 대한 관계 등을 말한다(박상희 · 주영애, 2001).

5) 나눔

나눔과 더불어 사는 삶을 지향하는 공동체 의식은 현대사회에서 필요한 가치이며, 강조되고 있는 삶의 태도이다. 나눔은 우리 모두 잘 살기 위해 갖추어야 할 공존의 능력을 의미하는 NQ(Network Quotient: 공존지수)를 높이는 가장 중요한 실천(김무곤, 2003)으로 여겨지고 있다.

나눔은 자신이 가지고 있는 어떤 것을 주는 것을 의미하는 말로 '나누다'의 명사형이다. 즉 독립된 둘 이상으로 가르다, 분배하다 등을 뜻한다. 나눔은 사회적 약자 및 소외계층을 단순히 돕는 차원을 넘어 사회를 변화시키는 복지차원의 개념으로도 이해된다. 자신이 갖고 있는 시간, 재능, 재산, 선의 등을 계획하에 지속적으로 나누는 행위를 말한다. 십시일반(十匙一飯)이라는 말이 있다. 밥 열 술이 한 그릇이 된다는 뜻으로 여러 사람이 조금씩 힘을 합하면 한 사람을 돕기 쉬움을 이르는 말이다. 즉 나눔의 미덕을 말하는 고사성어(故事成語)이다. 유치원 교육과정에서는 이미 나눔을 협력을 위해 필수적으로 갖추어야 할 태도로 보았다. 교육과학기술부(2011)는 나눔을 자기 스스로 우러난 마음에서 남을 돕기 위해 하는 일로, 대가를 바라지 않고 지속적으로 도와주는 것으로 정의하고, 그 하위내용을 '나눔의 의미 알기', '나눔 실천하기', '나눔 참여하기'로 분류하였다.

유아기부터 나눔의 가치를 심어 주어 친사회성을 길러 주고 더불어 살아가는 민주사회에서의 태도와 자질을 발전시킬 수 있다(정희영, 2015). 유아의 나눔 인식 수준이 높을수록 대인관계성향이 높게 나타난다. 특히 유아들이 갖는 나눔의 대상에 대한 인식은 사고-우호적 사회적 관계성향 및 과시-도취적 표현성향과 유의미한 관계가 있는 것으로 나타났다(송선화, 2011). 유아들에게 긍정적이고 바람직한 나눔 인식을 높일 수 있도록 다양한 경험과 대인관계 증진을 위한 환경제공이 필요하다.

6) 협동

협동(Cooperation)은 2명 이상의 사람이 어떠한 목표를 공유해 함께 힘을 합해 활동하는 것을 말한다. 유사어로 협력이 있다. 이는 힘을 합하여 서로 도움이라는 사전적(국립국어연구원, 1999) 의미를 갖고 있다. 두 가지 용어는 혼용되어 사용되기도 한다. 유아들은 교육활동 중 또래들과 함께 상호작용하는 과정에서 각자의 능력과 행동의 기여를 서로 존중하는 행위를 터득해 나간다. 유아교육사전(1997)에서는 협동을 공동목표에 도달하기 위하여 개인 간의 관계에서 생기는 행동이며 넓은 의미로 타인의 목표 달성을 원조해 주는 의미의 협력과 혼용된다고 설명하고 있다. 또한 협동학습은 공통의 목적을 성취하기 위해 학생들이 소집단으로 함께 학습하는 것이라고 정의하고 있다(지숙영, 2012).

교육과학기술부(2011)에서는 두 명 이상의 구성원이 공동의 목표를 설정하고 이를 달성하기 위해서 개인적인 책임을 다하고 서로 조언과 조력을 주고받는 것이라고 정의하였다. 협력의 하위 내용은 긍정적인 상호의존성, 즉 도움을 주고받고, 의견 정보 자료를 공유하고 친밀감을 형성하는 것이 포함된다. 또한 개인적인 책임감인 자신의 역할 인식하기, 역할 완수하기, 책임감 갖기 등과 집단 협력인 공동의 노력평가하기 등으로 구분하였다. 즉 크게 3가지인 긍정적 상호의존성, 개인적 책임감, 집단협력 등으로 나눌 수 있다. 유아의 정서지능과 친사회적 행동을 증진시키기 위해서는 협동 활동이 개별 활동보다 효과적이라고 할 수 있다. 협동 활동은 유아가 또래와의 활동을 하면서 사회적, 물리적 상호작용을 활발하게 할 수 있는 기회를 제공하고 조망능력이 발달하도록 돕는다(지숙영, 2012). 따라서 인성의 핵심덕목인 협동은 대인 간의 상호작용과 친사회적 행동을 이끌어 내는 중요한 덕목임을 알 수 있다.

21세기 한국 사회에서 성장하는 미래의 인재들에게 필요한 인성은 도덕성, 사회성 감성 차원의 가치를 내포한 '더불어 살며, 협동하는 품성과 역량'이라 하겠다.

적용 Point

01 현대사회에서 유아인성예절의 핵심덕목은 어떤 의미를 갖고 있나요?

02 유아인성예절의 핵심덕목을 개인적덕목과 공동체적 덕목으로 나누어 간단히 설명해 보세요.

03 유아인성예절의 핵심덕목 중 민주시민으로서 공동체 생활을 위해 필요한 핵심덕목을 설명해 보세요.

04 유아인성예절의 핵심덕목 함양을 위한 실천사례를 예를 들어 보세요.

05 유아인성예절의 핵심덕목 중 교육현장에서 특히 강조하고 싶은 내용이 있다면, 어떤 것이며, 그 이유는 무엇인지 설명해 보세요.

| CHAPTER **03** |

유아인성예절의 실천 원리

1. 모방의 원리
2. 조기교육의 원리
3. 실천적 습관화의 원리

1. 모방의 원리

전통사회의 유아교육에서는 부모의 모범적인 언행과 스승의 선택과 벗의 사귐, 그리고 교육적인 환경조성을 무엇보다 중요하게 여겼다. 인간 발달의 초기 형성 단계에 있는 유아들은 성인들의 언행에 대한 모방성이 매우 강하기 때문이다. 특히 유아들은 주위 환경의 좋고 나쁨에 따라 크게 영향을 받는다.

예로부터 부전자전(父傳子傳), 모전여전(母傳女傳) 이라는 말이 있다. 이는 보고 배우는 모방성이 얼마나 중요한지를 밀해 준다. 부모의 언행은 유아들에게 자연스럽게 그대로 흡수된다. 간혹 '가정교육을 제대로 받았네!' '집에서 배운 바가 없는 모양이군!' 등 어른들이 하셨던 말씀을 생각해 보면, '보고 배우는 인성예절교육을 가정에서 얼마나 잘 받았는지'를 가늠하는 표현임을 잘 알 수 있다. 부모가 예의바른 태도를 갖고 있다면, 그 가정에서 성장한 자녀도 예의 바른 태도를 가질 것이라는 것은 매우 당연한 이치이다. 부모의 인성예절과 지도는 곧 자녀에게 이어져 발현되며, 다음 세대로 자연스럽게 이어진다. 사람들의 됨됨이를 말할 때, 어떤 가정에서 성장했는가를 보아야 한다는 것은 그 배경이 되는 가정의 경제적인 부와 부모의 사회적 위치를 말함이 아니다. 가정에서 부모로부터 어떤 인성예절지도를 받고 성장했는지를 말함이다.

《소학(小學)》에는 맹모삼천지교(孟母三遷之敎)라는 말이 있다. 이것은 보고 배우는 교육에 있어서 환경의 중요성을 강조한 것이다. 현대사회에서는 직업의 귀천을 논하지 않는다. 다만, 유아는 보는 대로 따라 하므로, 교육환경이 중요함을 언급한 것이라 해석할 수 있다. 옛말에 '애들 앞에서는 찬물도 못 마신다.'라는 말도 이러한 의미를 강조한 것이다. 즉 옛 선조들은 유아들에게 여러 면으로 선한 모델을 제시하여 사회가 원하는 바람직한 인간상을 도달해 나갈 수 있도록 했던 것이다.

▣ 맹모삼천지교(孟母三遷之敎) ▣

맹자의 어머니는 무덤 근처에 살았다. 맹자가 어릴 것에 무덤에서 하는 일, 즉 슬픔에 겨워 뛰면서 애통해 하거나 매장하는 일들을 하며 놀자 맹자의 어머니는 '여기는 자식과 살만한 곳이 아니다'라 여겨 그곳을 떠나 시장으로 이사를 갔다. 그러자 거기서 맹자는 장사를 하거나 물건을 팔면서 놀았다. 맹자 어머니는 '여기도 자식을 키울 곳은 아니다'라고 말하고 바로 학교 근처로 다시 이사를 갔다. 그러자 맹자는 제기를 벌려놓고 인사하고 사양하며, 나아가고 물러가는 모습을 흉내 내며 놀았다. 이를 보고 맹자의 어머니는 '여기야말로 참으로 자식을 키울 곳이다'라 하여 그곳에 머물러 살았다.

–《소학(小學)[11]》의 글 중에서

어른들의 행동이 모범이 되지 못하면, 결국 유아의 교육에도 큰 과오를 범하게 되는 것을 경계한 것이다. 모방은 일상생활에서부터 사회생활에 이르기까지 타인의 생활을 반복하여 관찰하는 결과로 이루어지기 때문에 관찰학습 또는 사회학습이라고 명명한다. 특히 유아들의 언어학습이나, 태도, 예의범절은 모두 부모와 어른들의 언행을 보고 배우게 된다는 점을 기억해야 한다, 부모나 교사들이 유아들의 인성예절을 위해 보다 주의 깊게 양육하고 훈육해야 하는 이유이다.

최근 연구(주영애, 2015)결과를 보면, 어머니들은 전통생활문화교육 중에서 특히 자녀교육에 대한 관심이 높고, 가정에서 부모들의 관심과 모범보이기가 무엇보다 필요하다는 점이 제시되었다. 그리고 예의범절과 효교육 등은 현대사회에도 지켜가야 할 필수 교육이며, 인성교육으로 연계되어야 한다는 바를 강조하였다.

유아는 가정에서 보다 많은 시간을 보내며 부모의 영향을 많이 받는다. 유아인성교육에 있어서 교육기관의 노력만으로는 그 효과를 보기에는 한계점이 있다. 유아의 인성발달에 있어서 부모역할의 중요성을 연구한 바에 따르면 자녀의 도움주기나 나누어 갖기 등의 인성과 관련되어 타인을 이롭게 함과 동시에 타인과의 관계를 우호

11 《소학(小學)》은 송나라 주자(朱子)가 엮은 것이라고 씌어 있으나 실은 그의 제자 유자징(劉子澄)이 주자의 지시에 따라 편찬한 것이다. 1187년(남송 순희 14)에 완성되었으며, 내편(內篇) 4권, 외편(外篇) 2권의 전 6권으로 되어 있다. 내용은 일상생활의 예의범절, 수양을 위한 격언, 충신 · 효자의 사적 등을 모아 놓았다.

적으로 유지하는 친사회적 행동은 부모의 친사회적 행동과 상관관계가 높음을 밝혔다(박서정 · 김순옥, 2003). 또한 어머니의 사회성 지도의 수준이 높을수록 자녀의 인성발달이 잘 이루어진다(송영진, 2003)는 것을 볼 때, 부모가 자녀의 인성발달에 모델링이 된다는 점을 알 수 있다.

2. 조기교육의 원리

조기교육은 유아교육에서 매우 중요하게 회자되는데, 이는 과거와 현재가 다르지 않다. 그러나 인성예절에서의 조기교육원리는 오늘날 조기교육을 말하는 것과는 차이가 있다. 현대의 조기교육을 말할 때는 인지교육 측면을 강조하고 있다. 부모들은 자기의 자녀가 다른 아이들보다 '먼저 알게 한다'는 지식 중심교육과 기능 교육적 측면에 더 큰 의미를 두고 있다. 그러나 전통사회에서의 조기교육이란 도덕적 인성함양에 촛점을 두고 있다.

'세살 적 버릇 여든까지 간다.'는 속담은 도덕적 조기교육의 필요성을 강조한 것이다. 어려서 몸에 베인 버릇은 나이가 들어도 쉽게 고칠 수 없다. 이미 오래전부터 생의 초기 경험의 중요성과 '때에 맞는', '때를 맞춘', '때를 놓치지 않는' 교육의 필요성이 널리 강조되어 왔다(김향은, 2000). 《명심보감(明心寶鑑)》에는 초기경험의 중요성에 입각하여 적절한 시기에 맞춰 어려서부터 교육을 실시하는 것이 필요하고 중요하다는 것이 강조되어 있다. '일생의 계획은 어린 시절에 달려 있고, 일 년의 계획은 봄에 달려 있으며, 하루의 계획은 새벽에 달려 있다. 어린 시절에 배우지 않으면 늙어서 아는 것이 없고 봄에 밭을 갈지 않으면 가을에 바랄 것이 없으며, 새벽에 일어나지 않으면 그날 일거리가 없다.'라 하였다.

유아의 인성예절지도를 위해서도 생활습관이나 언행 모두를 조기교육으로 강조함과 동시에 도덕적 측면의 인격형성을 위한 교육과 병행하여야 한다는 것을 함께 중요하게 여겨야 한다.

인성예절교육은 어려서부터 좋지 않은 버릇이 습관으로 형성되지 않도록 하기 위해서 예방하고, 교육해야 한다는 관점을 갖고 있다. 일찍 가르치고 깨닫게 하여 올바르게 지켜나가도록 해야 한다. 그러나 일찍 가르치기만 한다고 모든 것이 이루어지는 것은 아니다. 전통사회에서도 조기교육이 강조되었지만, 유아의 발달 단계를 고려하여 지도 했다. 유안진(1987)은 유아발달 단계를 태교에서부터 시작하여 고운세살, 미운 일곱살 등으로 표현하여 구분하였고, 조기교육으로 강조해야 한다는 것을 제시한 바 있다. 즉 유아의 성숙도를 고려하고, 개인 차이를 인정하며 지도하였다.

표 3-1 | 한국 전통사회의 유아교육과 발달 단계

전통적인 유아교육단계	Piget이론의 발달단계	Erikson이론의 발달단계	Sullivan이론의 발달단계
• 태교단계(0세~1세)	• 감각 작동기	• 기본적 신뢰성	• 유아기
• 감각, 동작훈련단계(1~3세)	• 개념전기	• 자율성	• 아동전기
• 무릎학교단계(3~5세) • 고운세살	• 직관적 사고기	• 자발성	• 아동후기
• 자발적 학습단계(5~7세) • 미운일곱살 • 역할교육단계(7~13세)	• 구체적 조작기	• 성취와 동일시	• 격동기
• 역할심화기(13~15세) • 성인기(15세 이상)	• 형식적 조작기		• 청년전기

출처: 유안진(1987). 한국전통사회의 유아교육. p. 21.

조선 후기 실학자였던 이덕무(李德懋 1741년~1793년)가 쓴 [사소절(士小節)][12] 동규

12 《사소절(士小節)》은 우리나라의 사회와 교육현실에 맞게 쓰인 조선시대의 대표적인 교육고전이다. 인도주의 평등주의 실질주의 등의 주장이 그 기저에 있으며, 개인차의 존중, 생활지도에 있어서의 중용사

(童規)에 보면 다음과 같은 글이 있다. 유아들에게 나쁜 습관이 형성되기 전에 일찍 교육을 잘 시켜야 한다는 점을 강조한 것이다. 이는 시대가 변화했지만 달라지지 않는 내용이다.

▣ 《사소절(士小節)》 동규(童規) ▣

- 갓난 망아지는 착실하고 엄격하게 길들여 좋은 기술을 익히게 하지 않으면 좋은 천리마를 만들지 못하고, 어린 소나무 모종을 잘 북돋아 기르지 않으면 훌륭한 재목을 만들지 못한다. 그러므로 아들이 있으면 잘 가르치지 않으면 이는 오히려 버리는 것과 같다.
- 남아를 가르치지 않으면 내 집을 망하게 하는 것이요, 여아를 가르치지 않으면 남의 집을 망하게 하는 것이다.
- 날로 나빠지고 세상의 도의가 날로 무너지는데, 이는 어린이를 가르치지 않는 데로부터 시작되는 것이다.

관련 연구에서는 유아들의 연령이 적을수록 생활예절을 잘 지키는 것으로 나타나, 어렸을 때의 인성예절교육이 매우 중요하며, 그 교육 효과도 크다(주영애 · 이영

상, 대인관계 등 현대교육에서도 신장되어야 할 교육자료로 재조명되고 있다. 사소절은 8권 2책, 고활자본, 사전(士典) 5권, 부의(婦儀) 2권, 동규(童規) 1권의 3편으로 나누어, 선비 · 부녀자 · 아동교육 등 일상생활에서의 예절과 수신에 관한 교훈을 예를 들어가면서 당시의 풍속에 맞추어 설명하고 있다. 책머리에는 1775년(영조 51)에 저자가 쓴 서(序)가 있다. 저자는 이 책을 통하여 주자학의 관념유희(觀念遊戱)를 배격하고 보다 현실적인 교육을 주장하였다. 서문에서 말하기를, 《서경》 · 《상서(尙書)》 · 《논어》 · 《소학》 등에서 공통적으로 제시한 "소절(小節)을 닦아야 대절(大節)을 보고 대의를 실천할 수 있다."는 것을 바탕으로 하여 이 책을 쓰게 되었다고 밝히고 있다. 사전편은 574개의 진술문으로 되어 있는데, 크게 분류하면 성행(性行) · 언어(言語) · 복식(服食) · 동지(動止) · 교습(敎習) · 인륜(人倫) · 교접(交接)의 영역으로 나눌 수 있다. 부의편은 성행 · 언어 · 복식 · 동지 · 교육 · 인륜 · 제사 · 사물 등에 관한 203개의 진술문으로 되어 있다. ① 성행에서는 온유 · 정숙 · 자제(自制) · 인간관계를, ② 언어에서는 말하는 태도와 내용 및 방법, ③ 복식에서는 의복의 실용성, 사치의 배격, 청결 등과 깨끗한 조리방법, 조리시의 유의사항, 식사시의 예의, 식사접대 등을, ④ 동지에서는 아내 또는 며느리로서의 예의 · 근면 · 화락과, 윗사람 · 동료 · 하인 등과의 인간관계 등을 다루고 있다. 동규편에서는 동지 · 교습 · 경장(敬長) · 사물 등에 관한 내용을 13개의 진술문으로 다루고 있다. 동지에서는 우월감이나 열등감의 경계, 인내 · 침착 · 검소 · 단정 및 바른 행동습관, 정직, 음식조절 기타 절제생활을 강조하고 자기실현과 식사 및 청소 등에 관해 매우 구체적으로 제시하고 있다.

숙, 1997)는 것을 다시 증명해 주고 있다. 유아의 인성예절은 어려서부터 올곧게 지도되어야 한다.

3. 실천적 습관화의 원리

교육심리학적으로 습관화(habituation)란 어떠한 자극이 여러 번 반복하여 일어날 때, 이 자극에 대하여 반응하는 강도가 감소하는 것을 말한다. 습관화는 자극이 비교적 짧은 기간 동안에 반복될 때 나타나는 반사들의 공통적인 특징이다(교육심리학용어사전,2000). 인간이 태내에서부터 보이기 시작하는 습관화는 학습의 기초가 되며 정상적인 발달을 돕고 적응해 가는 과정이라고 할 수 있다. 유아가 특정 자극에 습관화되는 속도가 빠르다는 것은 이들이 정보를 더욱 효율적으로 처리한다는 것을 의미하는 것으로 보인다. 실제로 새로운 것을 선호하고 이미 친숙해진 자극을 알아보는 기억능력이 더 좋은 영아들이 이후 아동기에 더 높은 지능지수를 기록하는 경향이 있다는 연구결과(McCall & Carriger, 1993)가 있다. 이러한 연구결과를 통해 생애 초기에 보이는 습관화라는 간단한 형태의 학습과정이 기본적인 인지발달에 중요한 역할을 한다는 것을 알 수 있다(심리학용어사전, 2014).

배움은 일상에서 행동으로 실천하고 습관화하는 것이 중요하다. 보고 배운 인성예절의 성과는 유아들이 일상에서 올바르게 실천하는 것으로 나타난다. 사람됨을 만드는 인성예절은 하루아침에 이루어지는 것도 아니고, 아는 것만으로 이루어지는 것도 아니다. 또한 정해진 시간에만 가르친다고 이루어지는 것도 아니다.

율곡 이이선생은 《격몽요결(擊蒙要訣)》 지신장(持身章)에서 '알고 행함이 항상 일체가 되어 누가 보든 보지 않든 알고 있는 것을 바르게 실천해야 한다'는 것을 강조하였다. 알고 있는 것을 실천하는 것은 스스로에게 부끄럽지 않은 것이라는 점이다. 이렇듯 《격몽요결(擊蒙要訣)》[13]에서는 실천위주의 교육을 목표로 하고 있음(김미라,2011)을 확인할 수 있다. 특히 수신(修身)과 관련된 인사, 언어, 몸가짐(九容)과 마음가짐(九思)등을 바르게 해야 한다는 것을 강조하고 있다. 이는 인성예절에 있어서 기본적으로 몸에 익혀 실천적 습관화의 원리를 따라야 비로소 가능하다는 의미를 함축하고 있다.

▣ 《격몽요결(擊蒙要訣)》 독서장(讀書章) ▣

만일 입으로만 읽고 마음으로서 체득하지 못하여 몸으로 행하지 못하면 글은 글이요, 나는 내가 되고 말 것이니 무슨 유익이 되랴? 먼저 소학을 읽어 부모를 섬기고 형을 공경하고 임금께 충직하고 어른을 공경하여 스승을 높이고 벗을 친하는 도리에 각각 자세히 음미하여 힘써 행할 것이니라.

▣ 《격몽요결(擊蒙要訣)》 지신장(持身章) ▣

자기 몸을 바르게 해서 속과 겉이 한결같아 어두운 곳에 처해서도 밝은 곳에 있는 것 같고, 혼자 있어도 역시 여러 사람이 앉아 있는 것 같이 한다.

▣ 《동몽선습(童蒙先習)》 ▣

외출할 때는 반드시 아뢰고, 돌아와서는 반드시 얼굴을 뵈오며….

▣ 《사소절(士小節)》 동규(童規) ▣

손님을 보면 반드시 절을 하고…. 어른이 나가고 들어올 때는 반드시 일어 서고…. 손님이나 노인이 왔을 때 어린이는 마루에서 내려가 정숙하게 맞이하고….

13 《격몽요결(擊蒙要訣)》은 1577년(선조 10) 이이(李珥)가 일반 학도들에게 도학(道學)의 입문을 지시하기 위해서 저술된 책이다. 이 책은 덕행과 지식의 함양을 위한 초등과정의 교재로 근세에 이르기까지 여러 번 간행되었을 뿐만 아니라, 초학자들에게 《천자문(千字文)》·《동몽선습(童蒙先習)》·《훈몽자회(訓蒙字會)》에 이어 널리 읽혀졌다. 이 책은 저술 직후부터 조선시대 초학자는 물론, 사림(士林)에서 읽혀야 할 책으로 널리 유포되었으며, 인조 때는 전국 향교에 이 책을 내려서 교재로 삼게 하였다.

▣ 《동몽수지(童蒙須知)》[14] ▣
거처하는 곳을 청소하고 책상 위의 먼지를 털고 닦아 정결하게 하며, 책, 붓, 벼루 등 모든 기구를 엄숙하게 정제하여 두는 것이 일정한 장소가 있어서 꺼내 쓰기를 마치면 다시 제자리에 두게 해야 한다.

유아들의 인성예절은 반복적 습관으로 이어지는 것이 가장 중요하다. 일상에서 행동과 표현으로 나타나는 인성예절은 알고 있어야만 실천할 수 있는 것이므로 아는 것이 기본이 되어야 한다. 이뿐 아니라 알고 있음에도 불구하고 행하지 않으면 습관화되지 못하므로, 늘 깨닫고 자발적으로 실천해야 한다는 점도 강조해야 한다. 이를 위해서는 독서와 배움을 기본으로 하여 알아야 할 것을 깨닫고, 일상에서 늘 한결같은 마음으로 반복하여, 예(禮)를 실천하는 것이 생활화 되어야 한다. 따라서 알고 있는 바가 자연스럽게 몸에 체득되어 나올 때, 인성예절은 그 자신과 일체가 되는 것이며, 어떠한 가식이나 꾸밈도 필요 없는 자신의 인성과 품성이 될 수 있다.

유아의 인성예절은 가정에서 무릎학교(유안진,1986)라고 표현할 정도로 생활 속에서 사랑과 보살핌, 훈육과 실천 등이 어우러진 통합적 교육이었다. 일상에서 모든 시공간 속에서 통합적으로 이루어지는 특성을 갖고 있는 것이 바로 인성예절이기 때문이다. 유치원이나 어린이집, 가정과 공공장소 등 유아가 머물고 생활하는 곳 자체가 인성예절교육의 장(場)이 되며, 각 생활문화 속에서 접하면서 일상에서 보고 배우고 실천하는 모든 언행(言行)이 인성예절의 핵심이 될 수 있다.

《사소절(士小節)》 동규(童規)에 나타난 유아예절교육의 현대적 의미를 보면(주영애, 1998), ① 기본생활습관 지도를 통한 예절교육의 실천을 강조한 점, ② 겉으로 드러나는 행위만을 우선시하는 교육이 아니라 올바른 마음가짐을 갖도록 마음교육이 선

---

14 《동몽수지(童蒙須知)》는 중국 송나라 때주자(朱子)가 지은 아동교육 교재이다. 어린이가 지켜야 할 기본적인 도리와 예절을 적은 수신서(修身書)이다. 우리나라에는 고려 말경에 들어온 것으로 추정되며, 조선시대에 와서 아동교육용으로 널리 사용되었다. 이 책은 1517년(중종 12) 목판본으로 간행된 것을 비롯하여 우리나라에 10여 종의 판본이 있다.

행되어야 한다는 점, ③ 예절교육은 가정에서 부모가 올바른 모범을 보여야 한다는 점, ④ 좋은 책과 벗하며 글을 읽는 가운데 터득해 가는 인성교육과 함께 이루어진다는 점이 제시되었다.

이렇듯 유아인성예절은 알고 실천하며 습관화하여 일상 생활에서 자연스럽게 나타나야 한다.

적용 Point

01 유아인성예절의 실천 원리를 사례에 접목시켜 설명해 보세요.

02 유아인성예절의 조기교육원리에 따라 지도자는 어떻게 지도해야 할까요?

03 가정에서 부모는 유아인성예절의 '모방의 원리'를 어떻게 적용해 볼 수 있을까요?

04 유아인성예절의 실천 원리를 응용하여 부모교육을 계획해 보세요.

05 전통 훈육서를 인용하여 유아인성예절의 실천원리를 설명해 보세요.

| CHAPTER **04** |

유아인성예절지도의 교수방법과 지도사례

1. 교수방법
2. 지도사례

1. 교수방법

유아인성예절지도는 유아의 발달특성을 고려하고, 통합적 교육이 되어야 하며, 가정과 지역사회의 연계교육, 다양한 교수매체와 방법을 적용해야 한다.

무엇보다 유아의 발달수준에서 이해하고 수용할 수 있도록, 연령과 신체, 사회, 인지, 정서 발달특성에 맞도록 다양한 활동 주제로 통합적인 지도방법이 적용되어야 한다. 또한 유아가 흥미를 느끼고 자발적으로 학습하도록 구성되어야 한다. 유아인성예절지도를 위해서는 교수매체 중 창작동요를 비롯하여, 창작동화, 이야기 나누기, 역할놀이, 시연과 실습을 겸한 체험활동, 전문지도자의 참여, 학부모 참여, 협동학습 등을 활용하여 다양한 교수학습방법을 적용해 볼 수 있다.

유아들이 일상에서 다양한 상황에 대처하는 바른 인성과 예의범절을 지켜갈 수 있도록 즐겁고, 실용적으로 익힐 수 있는 유용한 방법이 모색되어야 한다. 유아인성예절지도를 위해서는 앞으로도 교사와 전문지도자들이 교수방법 및 교수매체 개발에 좀 더 많은 관심과 노력을 지속적으로 기울여야 한다.

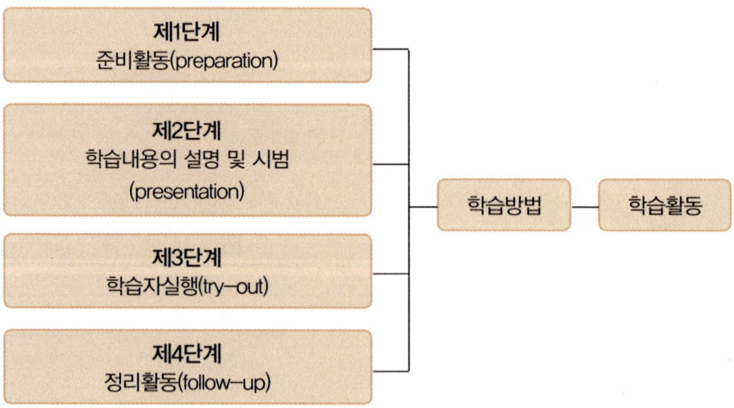

실천성을 전제로 한 유아인성예절지도는 말하기(telling), 보여 주기(showing), 행하기(doing)의 방법을 체계적으로 응용한다. 이는 실과수업 모형으로 교수-학습의 4단계학습방법(정모근 외, 2005)을 따른다. 지도자는 단순한 지식과 사실의 축적, 정보의 제공 정도로 인성예절지도를 한다면, 유아는 내면화되어야 할 인성예절을 단순히 외형적인 활동 정도로만 받아들일 수 있기 때문에, 교사나, 부모, 지도자들이 이에 대한 깊이 있는 지식과 체득화의 과정을 충분히 습득하고 지도해야 한다.

한편 인성예절은 가정과 유아교육기관, 지역사회가 연계된 공동의 노력이 뒷받침되어야 한다. 교육기관에서의 지도받은 인성예절이 일상생활에서 수용되고, 실천되지 못한다면, 교육과 일상의 괴리가 생기고, 유아가 습득해야 할 인성예절의 내면화는 피상적인 단계에 머물게 될 것이므로 인성예절지도가 이루어진다 해도, 무의미한 시간낭비가 되고, 가치의 혼란을 야기시키게 될 것이다.

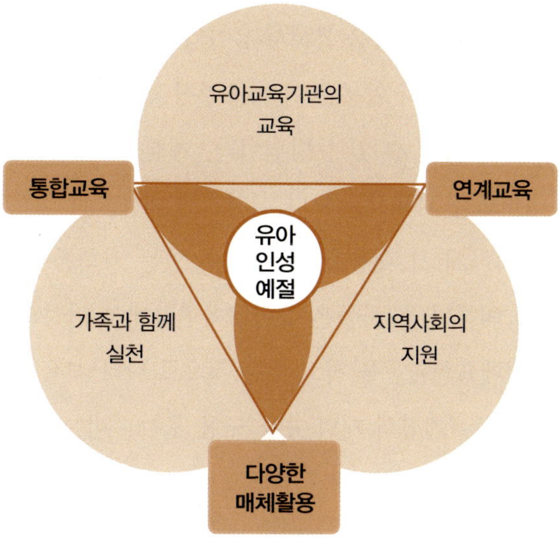

그림 4-1 | 유아 인성예절지도를 위한 교수 체계

1) 동요활동

유아교육기관에서 많은 시간을 할애하는 교육내용 중 하나는 음악관련 활동이다. 유아기는 음악성 발달이 가장 활발한 시기이다. 성숙에 비해 언어적 표현이 자유롭지 못한 유아들에게 음악활동은 생각과 감정을 표현하는 의사소통의 수단이 되며(곽영숙, 2010), 다양한 음악활동은 유아의 창의적인 사고를 촉진하고 상상력을 발달시킨다(이숙희, 1999). 유아의 전인적 발달을 도모하는 데에 음악교육이 기여한다는 것(안재신, 2005; 김혜경, 2006)은 널리 알려져 있고, 특히 유아기 음악교육이 인성형성에 미치는 영향에 관한 많은 연구들(육순진, 2000; 김현경, 2011; 김수진, 2012; 김성미 · 김현주, 2015; 정선영, 2015)이 진행되었다.

John Dewey는 '어린이는 노래를 부름으로써 인격을 높인다든가, 아름다운 감성의 소지자가 될 수 있다든지 하는 점을 생각하고 노래하는 것이 아니다. 다만 노래하는 그 자체가 목적일 뿐이다. 고로 어린이에게는 생활로써 노래를 주어야 한다'고 말한 바 있다(유지숙, 2000). 즉 음악활동을 통해서 유아의 전인적 발달을 도모하는 것이다.

인성예절지도를 위한 동요의 활용은 가치나 추상적 개념과 더불어 실천행동을 흥미롭게 반복학습으로 유도할 수 있는 방법이다. 예절이나 효, 배려, 정직, 책임 등 추상적인 개념의 내면화를 위해서는 보다 실천적인 내용으로 연계할 수 있도록 동요가사를 이용하여 친숙하게 그 내용을 습득할 수 있는 기회를 제공해야 한다. 최근 연구(김어진, 2016)에 의하면, 교사들은 유아교육현장에서 인성교육방법으로 이야기 나누기, 동요활동, 신체표현활동을 하고 있는 것으로 나타났다.

본 책에 수록되어 있는 '예절의 개념'이나 '구용 구사', '바른 인사말', '인사해 봐요' 등의 동요는 실제 현장에서 다양하게 적용되고 있다. '수용공'과 같은 동요는 유아의 주의집중에도 효과적으로 활용된다. 유아의 예절행동 변화에 영향을 미치는 변인은 유아의 예절교육에 대한 흥미정도, 유아가 예절노래를 즐겨 부르는 것이라는 연구(주영애 · 박상희, 2000)와 유아전통문화교육에 적용한 연구(박영자, 2015)를 참고해 볼 필요가 있다. 선행연구들은 동요를 활용한 통합적인 인성교육활동이 유아의 정서지능(자기정서의 이용능력, 타인정서의 인식 및 배려능력, 자기정서의 인식 및 표현능력, 감정의 조절 및 충동억제능력, 또래와의 관계능력) 향상에 효과적임을 밝혀왔다(김성미 · 김현주, 2015). 동요를 활용한 활동을 통해서 유아들의 정서지능 뿐 아니라 공감능력, 신체적 정서적 사회적 발달을 도모할 수 있다.

따라서 부모들은 유아와 함께 인성예절노래를 불러 주고, 유아교육기관에서는 가정통신문을 이용하거나 부모교육시간, 부모참여수업 때에 인성예절 창작동요를 지속적으로 알려준다면, 가정과 연계하여 친숙하고 흥미롭게 반복하면서 유아인성예절교육을 이끌어 갈 수 있다.

2) 동화

동화는 유아들에게 흥미의 대상이자, 다양한 상황과 사례를 자연스럽게 접하도록 도움으로써 원만한 사회적 관계와 바람직한 언어생활의 모델을 제시하는 효과적인 교육매체로서의 가치와 의미를 지닌다(이규림, 2013). 동화는 유아의 상상력을 자극하고, 다양한 상황을 통해서 바른 인성, 예절의 실천이 어떻게 실현되어야 하는지를 일깨워 주는 내용들이다. 또한 유아들이 스스로 동화를 만들어 '인성예절'의 주제에 접근해 갈 수 있는 기회를 제공해 주는 것도 좋은 방법이다. 이야기꾸미기 활동이 유아 언어 창의성에도 긍정적 영향을 미치는 것(김영규, 2004)을 보더라도, 창작 동화는 인성예절지도에 효과적인 교육활동이 될 수 있다.

유아들에게 인성예절지도의 내용을 담은 동화자료를 제공하고, 들려주어 주의 깊게 '보고 듣는' 시청각교수방법을 적용하여, 주의집중을 향상시킴과 동시에 상상력을 키우고, 인성예절의 가치를 담고 있는 바를 폭 넓게 이해하도록 돕는다.

그림책을 이용한 유아 인성교육은 유아에게 흥미를 증진시키며 자신에 대한 존중을 하게 되며, 나눔, 질서, 존중에도 긍정적인 영향을 미친다는 연구(최은주, 2012; 정희영, 2015)결과가 나타났다.

또한 동화를 활용한 인성교육활동은 자기조절능력과 친사회적 행동(노미숙 · 권경숙, 2015; 김현정 · 김숙자 · 윤나리, 2013)에 영향을 미치며, 창의적 인성(김지영, 2016), 기본생활습관, 또래우능성 및 이야기 이해력 증진(이규림, 2013), 대인문제해결사고에 영향(양금자 · 황선영 · 김경란, 2016)을 미치는 것으로 나타났다. 중요한 교육매체로써 동화의 역할을 재인식하고 이를 인성예절지도를 위한 중요한 교육 소재로 활용하여 유아의 사회성과 언어능력 향상을 도모할 필요가 있다.

3) 이야기 나누기

이야기 나누기는 유아의 교육현장에서 폭넓게 적용되는 매우 흥미로운 교수방법이다.

유아들의 경험을 중심으로 인성예절의 내용에 대해 서로 이야기를 나누는 시간을 통해서 도덕적 문제를 바라보는 각기 다른 의견을 공유하도록 한다. 이는 궁극적으로 유아들이 자율적으로 문제를 해결해 가는 과정이 되므로 일상에서 당면하는 여러 가지 갈등과 이견이 있을 때, 어떻게 조화롭게 해결되어야 하는지도 배워 나갈 수 있는 기회가 된다.

또한 인성과 예절에 관한 개념을 이해하고, 이를 자연스럽게 표현하며, 조용히 타인의 이야기를 귀담아 듣는 자세를 갖도록 하여, 유아들로 하여금 여러가지 상황에 대한 이해력을 확장시키고, 타인을 존중하고 배려하며, 소통하는 능력을 동시에 함양하게 한다.

최근 연구(김지영 · 박찬옥, 2013)에서는 유아가 일상생활 속에서 경험한 것을 이야기하는 일상적인 내러티브를 활용한 활동이 유아의 배려행동 증진에 효과적임을 보고하였다. 일상적인 삶에서 유아들이 쉽게 경험할 수 있는 이야기를 인성예절지도 프로그램에 적용한다면 매우 유익할 것이다.

4) 시연과 실습을 겸한 체험활동

인성예절은 내면화의 과정을 거쳐서 체득하게 하여, 유아들이 언행으로 자연스럽게 표현될 수 있도록 이끌어야 한다. 따라서 그 행위를 할 수 있도록 가르치기 위해서는 기본 개념을 이해시키는 과정을 기초로 해야 하고, 표현할 수 있는 방법의 습득을 위해 지도자의 시연과 유아들의 실습이 지도 때마다 일관성 있고 주의 깊게 이루어져야 한다.

지도자의 올바른 시연은 곧 유아들이 모델링을 하게 되는 '보고 배우는 교육'으로서 강력한 힘을 발휘한다. 따라서 지도자의 품위 있고 올바른 언행은 인성예절지도에서 가장 중요한 교수매체임과 동시에 교수방법이라 할 수 있다.

지도자가 보여 주는 공손히 인사하는 모습, 절하는 모습, 바른 몸가짐, 공수자세, 품격 있고 절제된 언어표현, 감정을 잘 조절한 안정된 목소리, 단정한 손가짐, 친절한 모습, 다정하고 따뜻한 표정을 비롯하여 걷는 모습, 앉는 모습과 같은 기거동작에 이르기까지 세세한 모습은 유아들이 모방하게 되는 행동의 기준이 될 수 있다.

따라서 교사나 인성예절전문 지도자들의 시연과 언행은 인성예절지도를 위해 간과해서는 안 되는 중요한 요소이다.

5) 가정과의 연계교육

유아교육은 가정과의 연계교육이 필수적이지만 특별히 유아인성예절지도는 유아교육기관과 가정이 연계하여 지도하는 방법을 중요하게 생각해야 한다. 유아인성예절은 실천성을 기본으로 하는 것이므로 유아교육기관에서의 지도 방법과 가정에서의 적용과정에서 차이가 있을 때 유아들은 매우 혼란스러워하며, 가치판단에서 혼동을 경험하게 된다. 도덕성 발달을 위해서도 '선악시비(善惡是非)'와 같은 인성예절에서 다루어지는 도덕적 개념의 내면화 과정이나, 문제해결 과정, 갈등해결 과정 등을 가르치는 부모와 교사가 서로 다른 관점을 갖고 지도하여 발생하는 혼란은 최대한 축소해야만 한다. 인성교육에 있어서 가정과의 연계교육의 중요성은 최근 연구(정희영, 2015)를 통해서도 이미 강조되었다.

동화를 활용한 가정연계 인성교육이 유아의 자기조절능력에 영향을 미치는 것으로 나타난 연구결과(노미숙 · 권경숙, 2015)도 발표되었다.

그러므로 부모교육과 부모참여 수업을 통하여 인성예절지도가 효과적으로 될 수 있도록 유아교육기관에서는 세심한 계획을 세워야 한다. 특히 인사와 인성예절, 음식 먹기와 인성예절, 언어와 인성예절, 몸가짐과 인성예절, 전통 차(茶)와 인성예절, 효행과 인성예절, 공동체 질서와 인성예절 등은 그 구체적인 행위가 각 가정마다, 각 부모마다 상이하게 지도하게 되는 경우가 종종 있기 때문이다.

6) 실물자료

실물자료는 교육에서 가장 좋은 교수매체이다. 특히 일상생활에서 지키고 습득해야 하는 인성예절의 내용은 생활에서 접하는 다양한 도구들이 교육에 활용될 수 있기 때문이다. '한복', '수저', '거울', '방석', '차(茶) 도구', '세시풍속 놀이 도구', '부럼' '세시음식 만들기 재료' 등의 실물자료는 지도에 다양하게 활용될 수 있는 좋은 예시이다. 이러한 교수매체는 유아들이 일상에서 유용하게 활용되는 물건을 소중히 다루는 주의력을 키우는 데에도 적용될 수 있다. 교수자의 바람직한 언행과 지도는 물론이고, 적절한 실물자료는 유아의 주의 집중에 효과적이며, 실생활에서 적용 가능한 실천교육을 위해서도 매우 유용하다.

7) 글공부

《사소절(士小節)》에 보면 글공부를 통하여 인성교육이 이루어지고, 예절로 표현되도록 한 바를 알 수 있다(주영애 · 박상희, 2000). 글공부란 바른 인성함양의 기초가 되는 것으로 겉으로 드러나는 예절바른 모습은 내면화가 우선 이루어져야 하는 것이며, 이를 위해서는 좋은 글과 벗하며, 지속적으로 마음 수련이 필요함을 강조한 바라 할 수 있다. 이는 현대적인 견지에서 보더라도 매우 의미 있는 것이다.

글공부를 통한 인성교육은 성실, 근면한 생활태도를 기르며, 너그러운 마음과 겸손함을 알게 하고, 남의 착한 행실을 본받게 하는 교육이다. 따라서 글을 읽고 쓸 수 있게 되는 유아에게는 '인성예절'을 함양하기 위한 좋은 글을 예시로 제시하여, 똑 바로 써보게 하고, 인성예절 동화를 큰 소리로 읽게 하는 등의 교수방법이 필요하다.

8) 전문지도자의 참여와 견학지도

인성예절 지도를 위해서는 부모와 조부모, 교사의 노력이 기본적으로 전제되어야 하며, 항상 일상에서 반복적으로 실천하도록 지도해야 한다. 경우에 따라서는 인성예절전문가가 유아지도에 참여할 수도 있다. 유아교육기관에 초빙된 인성예절전문가가 지도하고, 유아교육기관과 가정이 연계하여 지도하는 방법이다. 그리고 인성예절지도 기관을 방문하여 견학하고 더불어 전문가의 지도하에 체험교육을 받도록 하는 방법도 좋다.

2. 지도사례

실제 유아교육기관에 가서 지도를 하는 유아인성예절전문가의 지도사례는 앞으로 인성예절지도를 계획하고 있는 교사나 지도자들에게 도움이 될 수 있으므로 두 사례를 소개한다. 지도자의 관심과 칭찬, 교수매체의 활용, 유아교육기관장의 관심 등은 유아인성예절지도에 있어서 효과를 발휘하게 한다.

표 4-1 | 유아인성예절 전문지도자의 지도사례 1: "관심, 참여 독려, 칭찬"

"잘 할 수 있단다"

서울의 H원을 처음 방문하던 날, 원장님이 바쁘시다고 인사만 간단히 나누고 외출을 하셨다. H원의 아이들은 금방 제각기 떠들며 원의 선생님의 말씀을 제대로 듣지 않고 처음 보는 나를 누구냐며 뭐 할거냐며 다가서서 떠들었다.

"여기 선생님은 예절 선생님이야. 제자리에 어서 가서 앉아라." 원의 선생님의 말씀에 우왕좌왕 줄을 서며 자리를 정리하고 앉았다. 조용하게….

"안녕하십니까?" 하자 "안녕하세요~!" 유난히 목청을 세우고 길게 하는 인사, 다른 원에서도 볼 수 있는 현상이었다. 무조건 크게 네~에~! 하면 잘했다는 줄 아는 아이들에게 손을 모으는 공수법과 인사하는 법을 가르치며 수업을 시작하였다. 처음 인사할 때부터 한 아이의 산만함이 눈에 들어오기 시작했다. 역시 수업엔 관심을 두지 않고 눈치를 보며 주변 아이들에게 장난을 치곤 했다.
가끔씩 "친구에게 그러면 안 돼요"라고 주의를 주면 잠시뿐 다시 장난을 쳤다.

"우리 친구들, 예절이란 무엇일까?" 하고 말이 끝나기도 전에 장난치던 아이는 손을 휘두르며 다른 말과 함께 "줄 잘 서는 거요."라고 했다.
"어머, 저 친구 이름이 뭘까? 우리 친구들 박수 쳐줘야겠어요. 짝짝짝…."
얼른 칭찬하자 아이들은 "최○○이요"라고 했다.
여전히 으쓱이고 장난 중이었다.

예절은 어떤 걸까? 어떻게 할까? 등을 가르치며 두세명을 나오게 하여 노래와 율동을 시켰다. "선생님은 오늘 예절 왕을 뽑으실 꺼야. 누가 잘 할까?" 하며 다른 아이와 함께 최○○도 나오게 하였다.
"시작! 예절이란~♬"

○○이는 뜻밖에 수줍은 듯 작은 소리로 웅얼거리며 아이들 눈치를 보는 것이다. "최○○은 노래 못해요. 장난만 잘 쳐요" 등 아이들이 제각기 한마디씩 놀리는 것을 조용하라고 하고 우리 ○○친구는 선생님과 같이 하면 할 수 있다고 칭찬하며 노래와 율동을 시켰다.
아주 잘했다며 아이들 앞에서 "예절 바른 어린이는 누구일까요? 최○○!" 이름을 불러 주었다. 그리고 "우리 H원 친구들은 정말 예절 바른 어린이들이에요. 다같이 박수 쳐주기" 등 잘했다는 칭찬을 아끼지 않고 수업을 마쳤다.

아이들이 줄을 서서 나가는데 갑자기 최○○이 "예절 선생님 인사는 말부터 하지요? 손은 이렇게 하지요?" 하며 자기에게 해준 칭찬에 보답이라도 하는 듯 "감사합니다." 인사까지 하고 자기 줄에 서서 나가는 것이었다. 앞줄 친구에게 여전히 장난을 치면서 말이다.

짧은 시간이었지만, 최○○을 보며 역시 아이들은 칭찬을 많이 해주고 관심을 보이면 스스로 깨우치고, 변화해 가는 것을 체험하게 되었다.

출처: 김경미(2000), '잘 할수 있단다' 유아예절지도사례. 작은손바른손 유아예절교육원.

표 4-2 | 유아인성예절 전문지도자의 지도사례 2: "인성예절동요, 함께 지도, 기관의 관심"

"원장님도 예절 교육 같이 했어요"

○어린이집의 예절교육이 있는 날은 왠지 발걸음이 가볍다. 이 어린이집은 2개 반의 소인원으로 운영되지만, 원장님의 예절에 대한 관심이 각별하셨다.

처음 수업했던 날은 마음이 편치 않았다. 한반은 4세에서 6세까지 유아들이 함께 생활하는 경우였기 때문에 지도도 난감했고 그전에 지도한 결과도 그렇게 좋지는 못했다. 예절교육을 시작할 때 원장님과 선생님이 꼭 참석하셔서 처음엔 긴장감 때문에 수업이 조금 어색한 듯 느껴지기도 했다. 그러나 여러 회 수업을 하다 보니, 선생님의 참여가 아이들에게도 큰 도움을 줄 뿐만 아니라 예절 수업을 더 흥미 있게 해준거 같다.

어느 날 ○어린이집 예절 수업!
문을 열고 들어서자 아이들은 무척이나 기다렸다는 듯이 "예절 선생님! 저 있잖아요~" 하며 지난 수업 때 우물 거렸던 노래를 신나게 하며 자랑을 했다. "나도 할 수 있어요." 하며 5살짜리 꼬마도 따라했다. 예절수업을 시작하며 아이들에게 자랑할 수 있는 기회를 주듯이 지난 시간에 배웠던 예절 노래들을 차례로 부르고 시작했다. 수업시간에도 아이들은 잘 따라했다.
이렇게 흥미를 갖는 것은 선생님들의 예절 수업참여가 가끔씩 원에서 실행하고 있다는 것이다. 그것은 아이들에게 짧은 시간에 설명과 함께 노래와 율동을 하자며 시간이 모자라 다 익혀 주지 못할 때가 있는데 '공수했나요. 바르지 않은 것은….' 등 원에서 늘 반복해서 할 수는 없었겠지만, 최소한 예절 노래는 잊지 않게 한 것이다.

아이들과 수업을 마치는 인사를 나누고 뒤에 서 계신 원장님과 선생님께도 "감사합니다"를 시키면서 다음 수업시간에는 또 어떤 모습으로 만날까 궁금함과 기대감을 가져본다. 그리고 원장님과 선생님들의 예절교육에 대한 관심이 높을수록 인성예절 교육은 효과가 높아진다는 것을 실감하였다.

출처: 김경미(2000). '원장님도 예절교육 같이 했어요' 유아예절지도사례. 작은손바른손 유아예절교육원.

적용 Point

01 유아인성예절지도를 위한 교수방법으로는 어떤 것이 있나요?

02 유아인성예절지도를 위해 새롭게 적용해 볼 수 있는 교수방법을 제시해 보세요.

03 교육현장에서 성공적으로 이루어진 유아인성예절지도의 사례를 찾아보세요.

05 유아인성예절교육과 일상에서의 생활문화교육이 접목되어야 하는 이유는 무엇일까요?

05 유아인성예절지도를 위한 교수방법을 연구한 자료들을 찾아보세요.

PART

02

유아인성예절 지도의 실제

2부 에서는 유아인성예절지도의 실제에 해당하는 내용을 다룬다. 기본적으로 인성예절에 대한 내면적인 이해부터 시작하여, 몸가짐과 마음가짐, 인사, 언어, 효행, 한복, 밥상머리교육, 세시풍속, 차생활 등과 관련지어, 인성예절지도의 방법을 교육프로그램과 더불어 인성예절 동요, 창작동화 등 지도방법을 소개한다.

| CHAPTER **05** |

인성예절에 대한 이해

1. 인성예절
2. 인성예절 이해를 위한 유아인성예절 동요와 프로그램

1. 인성예절

인성예절이란 "마음가짐을 겸손하게 하고, 상대방을 존중하며, 사랑과 따뜻한 마음이 행동에 자연스럽게 나타나도록 하여, 인품과 교양이 있는 몸가짐, 바르고 고운 말씨, 부드럽고 민첩하며 세련된 행동을 통해 더불어 사는 것"을 의미하며, 언행, 겸손, 존중, 배려, 인품 등의 올곧음을 목표로 한다.

인성교육(人性教育)은 '사람(人)이 생(生)을 살아가는 데 있어 마음(心)을 어떻게 쓰고 다스리는가를 길들이는 교육'(김영옥, 2012)이라 정의되기도 한다. 인성은 어떻게 살 것인가에 대한 깊은 성찰과 가르침 속에서 연마되는 것이다. 자신의 내면을 돌아보고 바르게 이해하며, 더불어 사는 지혜를 터득해 가는 과정이다. 사람의 본성과 올곧은 인성은 삶을 살아가는 이치이며 세상이 변해도 변화하지 않는다. 그러나 예(禮)는 하나의 생활문화로 변화하는 환경에 맞추어 변모하게 된다. 그래서 '예(禮)도 시속(時俗)을 따라야 한다'라는 말을 한다. 현대 21세기를 살아가면서 15세기 16세기의 예법을 지키는 것이 올바른 것은 아니다. 현대의 사회문화에서 통용되는 예의범절을 지켜야 하는 것이다. 예(禮)란 서로 어울려 살아가는 인간으로서 마땅히 지켜야 할 행위규범으로 인간관계 형성에 필수적으로 요구되는 가치(복대형, 2010)이다.

그렇다면 인성예절이란 어떻게 실천되어야 할 것인가? 인간의 본질, 인간성, 인성은 인간의 삶을 영위해 가는 가장 기본이 되는 바로 변하지 않는 가치를 갖고 있는 것이며, 그것을 외현적으로 시속에 맞추어 더불어 사는 지혜를 발휘하도록 하는 것이 예절이다. 예(禮)는 인간생활의 근본이다. 예(禮)는 2500년 전 부터 우리 인간에게 필요 불가결한 것으로 지켜 온 것이며, 인류가 존속하는 한 우리의 삶의 기본이 될 것이다. 인간은 인간관계의 경험을 통해서 한 사회인으로 성장하는 존재이다. 따라서 인간관계가 불만족스럽거나 바람직하지 못할 경우에는 인격적 성장이 어려울 뿐 아니라, 불안과 고독, 공포와 절망, 좌절 등에 빠질 수 있다. 사람 인(人)은 서로 의지하여 하나로 존재한다는 뜻을 갖고 있듯이 본래 인간은 의존관계에 있으므로 인격적인 상호관계는 인격형성에 매우 소중하다. 이러한 관계에서 예(禮)를 다하는 자세를 갖는 것은 결국 인격을 갖춘 존재로 성장하기 위한 전제조건이라 할 수 있다.

전인적 인격자란 도덕적 인간을 의미한다. 실학자들은 수기(修)와 치인(治人), 즉 인간과 사회의 실천규범을 인(仁)으로 보았고, 인(仁)을 예악(禮樂)의 근본이며 인륜의 기초가 된다고 하였다. 따라서 실학자들은 인(仁)을 아동교수의 본질적 가치로 삼고 기능수행의 근거로 삼았다. 인(仁)은 인륜적 사회 질서의 예(禮)로 연결되고 예(禮)는 곧 치인(治人)의 방법이 되는 것이다. 따라서 수기치인(修己治人)의 인격은 수기(修己)에서 시작하여 치인(治人)의 예(禮)로서 완성하는 것이라 할 수 있다(정모근, 2003).

예절의 근본은 모든 것을 이치에 맞도록 하는 것이다. 즉 합리성에 근간을 두는 것이다. 《논어(論語)》에는 예절이란 사치하기보다는 차라리 검소하고 소박하게 지내는 것이라 했고, 《예기(禮記)》에는 모든 것을 다스려 질서 있게 하는 것이라 하였다. 또한 《논어(論語)》 태백편(泰伯編)에는 이런 글이 있다. '공경되게 한다는 것이 예(禮)에 맞지 아니하면 지나친 수고로움으로 되고, 근심만 하고 예절이 없으면 겁을 내기만 하는 것이 되며, 용맹스러우나 예(禮)에 어긋나면 난폭하게 될 것이고, 정직만 하고 예절(禮節)이 없으면 절박한 일을 당한다'는 것이다. 이는 정직하다고 절제와 분수가 모자라면 남에게 속기 쉽고, 자신의 재산을 다 탕진하니 절박한 상태에 놓이는 것은 정한 이치(理致)라고 본 것이다.

인성예절의 특징

① 인성예절은 인류의 보편성을 갖는 생활의 문화이다.
② 인성예절은 함께 공존하는 공동체성을 지향하는 것이다.
③ 인성예절은 오랜 시간 가르치고 배우는 수양을 전제한다.

④ 인성예절은 자신을 바르게 이해하고, 절제하며, 기품을 갖추는 것이다.
⑤ 인성예절은 인간관계를 지배하는 그 시대의 행위규칙이며, 사회규범이다.
⑥ 인성예절은 생활문화 속에서 겸손, 존중, 배려, 인품의 형식으로 나타나는 실천성을 강조한다.

한국적 가치		한국적 가치의 현대적 해석	관련 인성교육 항목
한국적 가치	충	충직, 충실, 법질서 준수의 의무, 교육의 의무, 근로의 의무, 납세의 의무, 국방의 의무, 봉사	정직, 성실, 신뢰, 정의감, 협동심, 봉사, 애국심
	효	부모님께 드리는 정성, 자녀에게 바치는 사랑, 자기 직무에 대한 성실, 자기완성의 추구	자기이해, 자기존중, 자기조절, 책임감, 자주성
	인	남을 사랑하는 마음, 남을 위하는 마음, 사회 윤리적 잣대 및 양심, 윤리적 기능, 정치적 기능	용기, 관용, 타인존중, 배려, 질서, 인내, 우정, 친사회성, 공동체 의식, 인류애
	예	개인으로서의 합당한 역할 수행, 사회질서 유지에 부합되는 본분에 충실한 역할 수행	겸손, 친절, 친사회적 기술, 지속 가능성, 타문화 존중, 전통 존중

그림 5-1 | 한국적 가치의 현대적 해석에서 도출한 유아 인성교육 내용

출처: 김숙자 · 김현정(2012). 전통적 가치의 현대적 재해석을 통한 유아인성교육 프로그램 개발 방향 모색. 아동교육, 21(3), 19-34.

인성예절은 시대가 변화했다 해서 어제의 것이 오늘의 그것과 완전히 단절될 수는 없는 역사성을 갖고 있다. 전통적 가치의 현대적 재해석을 통한 유아인성교육프로그

램 개발 방향을 모색한 연구(김숙자 · 김현정, 2012)에서는 [그림 5-1]과 같은 내용을 제시하였다.

한국적인 가치에는 충, 효, 인, 예 등의 유교적 가치가 주로 포함되어 있는데, 이들 가치를 현대에 적용하고, 유아 인성교육에 반영할 의미가 있다고 보았다. 즉 충(忠)의 가치는 정직, 성실, 신뢰, 정의감, 협동심, 봉사, 애국심으로 연결될 수 있으며, 효(孝)는 자기이해, 자기존중, 자기조절, 책임감, 자주성으로 연결되며, 인(仁)의 가치는 용기, 인내, 관용, 우정, 타인존중, 친사회성, 배려, 공동체의식, 질서 및 인류애 등으로 연결될 수 있다. 또한 예(禮)란 겸손, 친절, 친사회적 기술, 지속가능성, 타문화존중, 전통 존중 등과 연결되어 교육될 필요가 있다는 점을 강조하였다.

전통사회에서 읽혀 왔던 훈육서를 보면, 시대를 넘어선 인성예절에 대한 가르침을 찾아 볼 수 있다. 인격수양을 위해 널리 읽혀 왔던 책으로 《명심보감(明心寶鑑)》이 있다. 《명심보감(明心寶鑑)》[01]은 그 뜻대로 보자면, '마음을 밝혀 주는 보배로운 거울'이라는 것이다. 세상에 태어나 사람답게 산다는 것이 얼마나 어려운 것인가? 이 책에서는 자신의 인격을 끊임없이 수양하고 올바른 도리에서 벗어나지 않도록 노력해야 함을 강조하고 있다. 아무리 마음을 올바로 갖는다 하여도 급변하는 환경으로 인하여, 사람의 마음이 흔들리기가 쉽다. 그러므로 자신의 인격을 수양해야 하는 것이며, 올바르지 않은 허황된 욕망을 극복하고 선량한 마음을 지키며, 정의롭고 성실한 실천을 지향해야 한다. 그래서 인성예절은 단시간에 인지적인 학습만을 통해서 이루어질 수 없는 것이며, 지속적인 수양을 기본으로 해야 한다.

---

01 《명심보감(明心寶鑑)》은 고려 시대 충렬왕 때 민부상서(民部尙書) · 예문관대제학(藝文館大提學)을 지낸 추적(秋適)이 1305년에 중국 고전에서 선현들의 금언(金言) · 명구(名句)를 엮어서 저작했다. 후에 명나라 사람 범입본(范立本)이 추적(秋適)의 명심보감을 입수하여 증편하기도 했다. 조선시대에 서당에서 어린이들을 위한 교과서로 자신을 수양하고 반성하고 양심을 기르는 인격수양의 목적으로 가르쳤다. 명심보감은 국내에만도 수십 종에 이르는 판본이 전하고, 1305년에 편찬된 이래 각국에 널리 소개되었다. 당시 고려와 조선뿐만 아니라 중국과 베트남이나 일본 등 동아시아 일대의 국가에 널리 알려졌고, 네덜란드어나 독일어로 번역되어 서구에까지 유입되었다. 동양 문헌 최초로 서양어로 번역된 것이다.

▣ 《명심보감(明心寶鑑)》 계선편(繼善編) ▣

- 착한 일을 하는 사람에게는 하늘이 복으로써 갚고, 악한 일을 하는 사람에게는 하늘이 재앙으로써 갚는다. 착함이 작다하여 아니하지 말고, 악함이 작다하여 하지 말라.
- 하루라도 선함을 생각지 아니하면 모든 악함이 다 스스로 일어난다.
- 착한 일을 보거든 목마른 것같이 하고, 악한 일을 보거든 귀머거리 같이 하라.
- 평생 동안 선을 행하여도 선함은 오히려 부족하고, 하루 동안 악을 행하여도 악함은 스스로 남음이 있다.
- 나에게 착하게 하는 사람에게도 나 또한 착하게 하고, 나에게 악하게 하는 사람에게도 나 또한 착하게 해야 한다.
- 하루 동안 선을 행함에 복은 비록 이르지 아니하나 재앙은 스스로 멀어지고, 하루 동안 악을 행함에 재앙은 비록 이르지 아니하나 복은 스스로 멀어진다.

▣ 《명심보감(明心寶鑑)》 존례편(遵禮編) ▣

- 조정에서는 벼슬의 지위만한 것이 없고, 마을에서는 나이만한 것이 없고, 세상을 돕고 백성을 잘 살 수 있게 함에는 덕(德)만한 것이 없다.
- 문 밖에 나갈 때에는 큰 손님을 대하는 것 같이 하고, 밤에 들 때에는 사람이 있는 것 같이 해야 한다.
- 만일 남이 나를 중히 여기기를 바란다면, 내가 먼저 남을 중히 여김보다 좋은 방법은 없다.

《사소절(士小節)》 동규(童規)의 교습(敎習)에는 율곡 선생이 어린이들을 가르치는 17가지의 조목이 명시되어 있다. 중한 것을 한 번 잘못하면 벌을 주고, 가벼운 것은 세 번 범하면 벌을 주었다. 잘못을 스스로 알고 깨우치고 있다면, 반드시 벌을 주어 깨닫게 하지 않아도, 유아가 스스로 잘못을 수정할 수 있다, 인성예절지도에서 지침이 될 수 있는 내용이다.

▣ 율곡선생(栗谷先生) 교소아(敎小兒) 유십칠조(有十七條) ▣

1. 교훈을 지키지 않고 마음을 다른 일에 쏟는 것.
2. 부모가 시킨 일을 곧 시행하지 않는 것.
3. 형과 어른을 공경하지 아니하며, 하는 말이 포악하고 사나운 것.
4. 형제끼리 사랑하지 아니하고, 서로 갈라서서 다투는 것.
5. 음식을 서로 다투고 사양하지 않는 것.

6. 다른 아이들을 침해하고 업신여기며, 서로 갈라서서 다투는 것.
7. 서로 경계하는 뜻을 받아들이지 않고, 원망하고 노여움을 내는 것.
8. 두 손을 마주잡는 것이 단정하지 못하며, 옷소매를 풀어 놓고 한쪽 다리에 의지하여 기대 서는 것.
9. 걸음걸이가 경솔하여 잘 뛰어다니고 뛰어넘는 것.
10. 실없는 농지거리하기를 좋아하며, 말과 웃음이 시끄러운 것.
11. 아무런 이로움이 없고 관계도 없는 일을 만들기 좋아하는 것.
12. 일찍 자고 늦게 일어나고, 게을러서 책을 읽지 아니하는 것.
13. 책을 읽을 때 서로 돌아보며 잡스러운 이야기를 하는 것.
14. 정신을 차리지 않고 어둡게 행동하며, 낮에도 또한 앉아서 조는 것.
15. 나쁜 점을 두둔하고 잘못을 감추며, 말이 진실하지 않은 것.
16. 한가로운 사람을 만나기를 좋아하고, 잡된 이야기를 하며 공부를 하지 않는 것.
17. 초서 쓰기를 좋아하며, 어지러운 글씨로 종이를 더럽히는 것.

▣ 예절의 기능 ▣

- 수기(修己): 스스로 사람다워지기 위해 자기를 관리 하는 것이며, 그 본질은 정성스런 마음[성(誠)]이다. 정직하고, 정성을 다하며, 홀로 있을 때도 항상 조심하고 삼가는 것이다
- 치인(治人): 타인과 더불어 지내는 이치이며, 상대를 대할 때에도 편안하게 대하며, 어른을 공경[경(敬)]하고 아랫사람을 정성으로 사랑[애(愛)]하여 인류애까지 지니는 것이다.

표 5-1 | 인성예절에 근간이 되는 동양사상

仁 사상	인(仁)은 어질다는 뜻이며 사랑의 실천을 의미한다. 공자는 인을 사람의 근본으로 삼았고, 예와 인을 같은 뜻으로 생각하여 사람에게 예가 없음은 인이 없음과 같으며, 자기 자신을 이기는 것도 仁이라 하여 인간의 욕망을 절제하고 조절할 수 있을 때 비로소 예(禮)를 행할 수 있다고 보는 것이다.
敬 사상	경(敬)이란 마음을 하나로 하여 항상 조심하고 그 마음을 보전하며 도덕적 자각을 가진 인간이 도덕적 주체로서 자기를 확실하게 지키려는 생활태도를 갖는 것을 뜻한다. 경이 없는 행위와 태도는 언제나 예를 갖추지 못한다고 보았다. 경사상은 사람을 대할 때 하늘을 대하듯 하라는 것을 의미한다.
天 사상	순자는 인간의 능력을 인정하여 '천(天)'의 절대성을 부정하고 천(天)과 인(人)의 대등한 관계를 주장한다. 인간이 자연을 지배하는 하는 것은 예의 도리에 맞는 때에만 가능하다고 보았다. 천지는 만물을 만들어 내고 성인은 예의 실천을 통해 이를 육성한다는 것이다.

中庸, 和 사상	예는 화(和)와 중용(中庸)을 기본요소로 삼고 있다고 보는 것이다. 공자는 덕(德)의 보편 원리인 '중용(中庸), 화(和)'가 현실 세계에 실현될 때는 예의 절도가 요구되며, 예의 절제를 통해 중화(中和)를 얻을 수 있다고 하였다.
五德[02], 五倫[03] 사상	오덕(五德)은 인의예지신(仁義禮智信)을 말하며, 인간으로서 지켜야 할 오륜(五倫)은 군신유의(君臣有義), 부자유친(父子有親), 부부유별(夫婦有別), 장유유서(長幼有序), 붕유유신(朋友有信)을 말한다. 이는 인간의 삶에서 없어서는 안 될 진리이자, 규범이 되고 있다.

표 5-2 | 인성예절이 실현되는 범위

개인	가정	사회
• 자기수양과 마음가짐 • 몸가짐과 태도 • 언어와 행위 • 위계와 질서	• 조부모, 부모와의 관계 • 형제자매 관계 • 친지와의 관계 • 가정 내의 일상생활	• 학교에서의 대인관계 • 이웃과 사회에서의 대인관계 • 일터와 공동체에서의 대인관계 • 글로벌 환경에서의 대인관계

《예기(禮記)》에는 '예란 친함과 소원함을 정해 주고, 같은 것과 다른 것을 구별하며, 옳은 것과 그른 것을 밝히는 것이다.'라 하였고, '몸을 닦고 그 말을 실천하여 언행으로 하여금 일치하도록 하는데 이것을 선행이라고 일컫는다.' 하였다. 그리고 '이 착한 행동, 즉 바른 행동이 닦여지고 모두 충(忠), 신(信), 인(仁), 의(義), 도리(道理)에 합당한 것이 곧 예(禮)의 바탕'이라 하여 '이 바탕만 마련된다면 가장 끝인 예(禮)는 구하지 않더라도 저절로 얻을 수 있는 것'이라 하였다. 인성예절을 실천함에 있어서 가장 기본이 되는 예(禮)에 대한 올곧은 이해가 앞서야 한다.

---

02 오덕(五德)에서 인(仁)이란 어질고 착한 마음을 갖는 것을 의미하며, 의(義)는 의리를 지킬 줄 아는 충성심을, 예(禮)는 실천하는 힘을, 지(智)는 이성과 지혜를 터득하는 학문을, 신(信)은 인간으로서 지켜야 할 신용의 도리를 의미하는 것이다. 이를 갖추어야만 비로서 사람의 구실을 할 수 있다는 것이다.

03 군신유의(君臣有義)는 임금과 신하 사이에 필요한 충성과 봉사의 정신을 말한다. 부자유친(父子有親)은 부모와 자식간에 지켜야 할 도리를 말한다. 즉 부모와 자신은 사랑으로 맺어져야 함을 의미한다. 부부유별(夫婦有別)은 부부간에 서로 존경하고 예절을 갖추어 자기 본분을 지켜야 한다는 것이다. 장유유서(長幼有序)는 어른과 아이 사이에는 위아래의 구별과 질서가 있어야 함을 의미한다. 붕우유신(朋友有信)은 친구와 신의를 지켜야 함을 뜻하는 것으로 친한 친구일수록 서로 믿음이 있어야 한다는 것을 강조한 가르침이다.

유아를 위한 인성예절은 유아가 무한한 잠재성을 가진 인격체로 존중되어야 한다는 점을 전제로 해야 한다. 그리고 유아의 신체적 심리적 사회적 정서적 성장발달에 맞추어서 지도해야 하며, 부모와 교사가 연계된 지도가 되어야만 한다. 또한 지속적으로 유아시기부터 시작된 인성예절은 전인적인 발달의 촉진으로 이어진다.

유아의 인성예절에서 부모의 역할이 가장 크다고 볼 수 있는데, 교사 역시 유아에게 영향을 미칠 수 있는 바람직한 역할모델이 되어야 한다. 따라서 유아의 인성예절 지도를 위해 지도자는 사명감을 갖고 유아의 내면적인 인성예절이 행위로 실천될 수 있도록 지도해야 한다. 이를 위해서는 전통과 현대의 인성예절이 조화롭게 지도에 반영될 수 있도록 해야 하며, 효과적인 반복교육이 될 수 있도록 다양한 교수매체를 개발하여 활용하고, 부모와 교사가 일치된 내용으로 지도할 수 있도록 부모 참관이나 가정통신문 등을 잘 활용하여 유아교육기관과 가정이 연계교육을 지향해야 한다.

인성예절개념 이해와 유아인성예절의 교육적 가치

① 인성예절의 내면화를 통하여 자연스럽게 예의범절이 발현되도록 한다.
② 지속적인 행동예절실천의 근원이 된다.
③ 자기관리 및 대인관계를 위한 수기(修己)와 치인(治人)의 개념을 체득하여 올곧은 인성을 함양한다.

2. 인성예절 이해를 위한 유아인성예절 동요와 프로그램

1) 적용 동요: 예절이란 무엇일까

1999년 '작은손바른손 유아예절연구소'에서 처음 발표한 노래이다. 유아를 위한 예절교육에서 가장 우선적으로 이루어져야 하는 바는 예절에 대한 개념 이해이다. 개념이해 없이 행위교육만을 시키면, 그 교육의 효과는 오래 가지 못한다. 즉 예절의 내면화 과정이 우선적으로 필요하므로, 그 개념을 《논어(論語)》의 안연편에 수록되어 있는 내용을 적용한 것이다.

공자의 제자 안연이 공자께 '인(仁)'이 무엇인지를 여쭈었을 때, '극기복례위인(克己復禮爲仁)'이라는 이야기를 한다. '자기를 이기고 예(禮)로 돌아가는 것이 인(仁)에 이르는 길이다.'라는 것이다. 이에 제자 안연이 재차 질문하기를 '그러면 예(禮)란 무엇입니까?'라고 하였고, 이에 대해 공자는 다음과 같은 말로 예를 표현하였다. '예가 아닌 것은 보지 말고, 듣지도 말고, 말하지도 말고, 행하지도 말라'는 것이다.

가정과 연계한 인성예절 지도를 위하여 부모교육을 한다면, 〈예절이란 무엇일까〉를 활용할 수 있을 것이다. '나는 나는 예절바른 어머니(아버지)' 등으로 함께 불러보면, 부모들도 자신의 언행에 대해 다시 생각해 보는 기회가 될 것이며, 자녀들에게 모범이 되는 예절바른 언행을 하겠다는 다짐을 하도록 할 수 있다.

예절이란 무엇일까

주영애 작사,곡

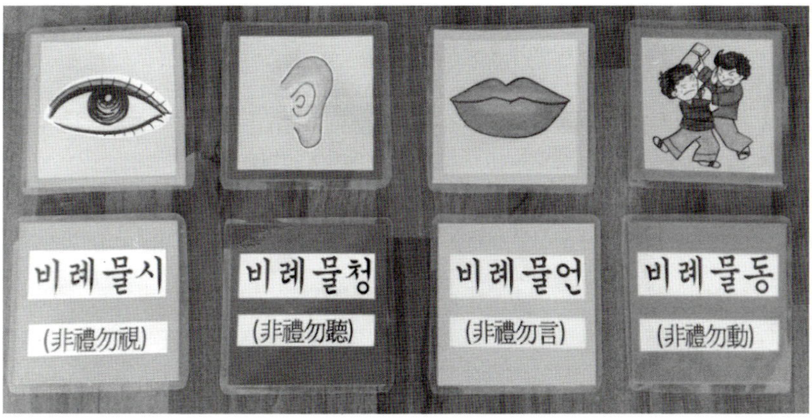

그림 5-2 | 〈예절이란 무엇일까〉 그림교구

2) 적용 프로그램: '예절이란 무엇일까' 유아인성예절 프로그램

지도 목표	■ 예절이란 무엇이며, 올바른 것이 무엇인지 안다. ■ 비례물시, 비례물청, 비례물언, 비례물동이 무엇인지 안다. ■ 타인을 위한 배려의 마음을 안다. ■ 남아 여아가 올바른 공수를 하며, 예의 바른 태도를 갖출 수 있다.

과정	주제	지도활동	자료
도입	지도자-유아	• 친밀감 나누기 • 인사 나누기	
	이야기 나누기	• 예절이란 무엇일까?	
활동 실습 활동	바르게 앉기	• 바르게 앉는 법(남녀의 앉는법) • 한복에 대한 소개	
	공수하는 법	• 남녀의 공수자세를 알고 실천하도록 한다. • 남-왼손이 위로가게 맞잡는다. • 여-오른손이 위로 가도록 맞잡는다.	
	예절이란 무엇일까?	• 비례물시(非禮勿視) • 비례물청(非禮勿聽) • 비례물언(非禮勿言) • 비례물동(非禮勿動)을 그림 자료로 설명한다. • 그림교구와 글자교구를 맞추어 보게 한다.	글자교구 그림교구
정리	인성예절노래 유아와의 상호작용	• 예절이란 무엇일까?/율동포함 • 바른 인사법- 교사시연 반복실습 • 노래와 율동으로 개념이해를 강화한다.	노래판
	마무리 인사	• 활동에 대한 재 질문과 응답으로 내면화를 확인한다. • 인사 나누기-공수자세로 마무리 인사를 나눈다.	
지도 시 유의점		• 유아의 발달 정도를 파악하여 바르게 앉기와 한복에 대한 소개에 대해 난이도를 조정한다. • 활동 실습 시 유아들의 주의가 산만해지지 않도록 주의한다. • 지도자는 '배꼽의 손'과 같은 표현을 하지 말고, '공수'자세에 대한 내용을 상세하게 유아에게 알려 주어, '공수했나요?'라는 말을 하면, 유아들이 '공수했어요!'라고 하며, 자세를 바르게 갖출 수 있도록 지도한다.	

3) 적용 동요: 예절바른 어린이는 누구일까요?

예절의 개념과 더불어 예절의 본질을 가르치는 노래로 활용할 수 있다. 즉 예절의 본질은 성(誠), 경(敬), 애(愛)로, 정성스러운 마음 즉 자기수양을 기본으로 하며, 나아가 타인을 대할 때 예의 표출은 상대방을 높이고 공경해야 하며, 널리 사랑해야 한다는 것을 강조하고 있다.

〈예절바른 어린이는 누구일까요?〉라는 노래가 끝나면, '저요'라고 하거나, 유아가 자기이름을 '○○○'라고 소리 내어 말한다. 그러면 유아들은 스스로 예절바른 어린이임을 선언하는 것이므로, 이후에도 유아들이 행동할 때 한 번 더 생각하고 통제하며, 예절을 잘 지키는 어린이로서의 자제력이 생기도록 도움을 준다.

예절바른 어린이는 누구일까요?

주영애 작사, 곡

4) 적용 동화: 동쪽나라에서 온 임금님

옛날 아주 먼 옛날 중국에 훌륭하신 임금님이 살고 계셨어요. 배고픈 사람에게는 맛있는 음식을 내려주고, 집이 없어서 추워하는 사람에게는 집을 지어 살도록 해주고, 여러 가지로 백성들을 돌보아 주었어요.

그런데 임금님이 잘해 주니까 사람들의 마음속에 나쁜 마음이 생기게 되었어요. '음, 일하지 않아도 임금님한테 가서 도와달라고 하면 다 도와주니까 와! 편하다'라고 하면서, 점점 사람들은 일도 하지 않고 놀기만 했어요. 그리고 남의 물건을 빼앗아도 잘못했다고 생각도 안하고 잠시 빌려 써도 돌려주려고 생각도 하지 않았어요. 또 어린이들은 어른들이 계셔도 인사도 하지 않고, 어머니 아비지께도 버릇없이 행동하는 것이었어요.

그래서 임금님은 생각했어요. '백성들이 마음 편하게 살도록 해달라고 하기에 내가 무조건 다 해주었더니 사람으로 지켜야 할 바른 행동도 하나도 지키지 않는 구나' 하면서 매우 실망했어요. 임금님은 생각했어요. 그리고 임금님은 생각을 바꾸었어요. 백성들에게 이렇게 말했답니다. '너희가 사람으로서 해야 할 일을 하지 않고, 뭐든지 해주는 것만 받으려고 하는 것은 옳지 않다. 그리고 어른께는 예의 바르게 인사하고, 아버지 어머니께도 감사하고 말씀을 잘 따라야 바른 사람이다. 그렇지 않으면 개나 돼지, 소와 같은 동물보다도 못한 것이다. 이제부터 사람이 해야 할 바른 행동을 하지 않으면 큰 벌을 내릴 것이다'라고 하셨어요.

이때부터 백성들은 서로서로 얼굴을 보면, '어떻게 해야 사람으로서 바른 행동을 하는 것일까?' 이야기를 나누기 시작했어요. 그리고 '임금님의 행동을 그대로 배워야겠다.'라고 결심했어요. 임금님은 궁궐에 있으면서 아침에는 부모님께 '안녕히 주무셨습니까?' 인사하고, 몸이 불편하신 할머니 할아버지는 손을 잡고 걸어가기 편하게 해드리고, 드실 음식도 갖다드리면서 바르게 행동하고 계셨거든요. 백성들은 그런 임금님을 보고, 너무 훌륭하신 분이라고 하면서 좋아했고, 하나씩 하나씩 자기들도 임금님처럼 좋은 행동을 하게 되었어요. 몇 년이 흘러 그 나라는 정말 서로 도와주고 친절하게 예절을 잘 지키는 나라가 되었대요.

그런데 그렇게 훌륭한 임금님은 중국 사람이 아니었대요. 동쪽에 있는 우리나라에서 중국으로 가서 임금이 되신 분이었대요. 그렇게 훌륭하고 예절을 잘 지키는 임금님이 '동쪽에 예절을 잘 지키는 나라에서 오신 임금님'이라는 것을 알고, 사람들은 우리나라를 '동방예의지국'이라고 부르기로 했대요.

적용 Point

01 인성예절의 특징을 이야기해 보세요.

02 인성예절지도의 근간이 되는 동양사상에 대하여 설명해 보세요.

03 인성예절의 실천 범위를 제시해 보세요.

04 유아에게 인성예절 개념을 이해시키는 것이 어떠한 교육적인 가치가 있나요?

05 예절의 개념을 논어를 중심으로 간단히 설명해 보세요.

| CHAPTER **06** |

몸가짐, 마음가짐과 유아인성예절

1. 몸가짐과 마음가짐
2. 몸가짐, 마음가짐을 위한 유아인성예절 동요와 프로그램

1. 몸가짐과 마음가짐

바른 몸가짐과 마음가짐은 예로부터 예의의 표현이며 행동예절의 기초가 되어 왔다. 예절은 어려서부터 습관형성이 되어 있어야만 어느 상황에서나 어느 장소에서나 자연스럽게 우러나오는 예절을 지킬 수 있게 된다. 전통사회의 훈육서를 보면, 바른 마음가짐을 갖는 것이 인성을 함양하는 것이며 인간이 살아가는 이치에서 얼마나 중요한 것인지를 깨닫게 하는 내용을 발견하게 된다.

《명심보감(明心寶鑑)》 성심편(省心編) 上 下에는 항상 마음을 반성하도록 힘쓰라는 가르침이 담겨 있다. 마음보다는 외모에 치중해서 사람을 평가하고, 반성적인 삶과는 거리가 멀어지고 있는 현대인들이 돌이켜 보아야 할 내용이며, 특히 유아인성예절지도를 위해서 부모도 지도자도 새겨 보아야 할 가르침이다.

▣ 《명심보감(明心寶鑑)》 성심편(省心編) 上 ▣

- 집안이 화목하면 가난해도 좋거니와 의롭지 못하면 부자인들 무엇하랴.
- 아버지가 근심하지 않는 것은 아들이 효성스럽기 때문이고, 남편이 번뇌가 없는 것은 아내가 어질기 때문이다.
- 영화가 가벼우면 욕됨도 얕고, 이익이 무거우면 손해도 깊다.
- 미래의 일을 알고자 하거든, 먼저 지난 일을 살펴보라.
- 사람을 의심하거든 쓰지 말고, 사람을 썼거든 의심하지 말라.
- 어진 사람이 재물이 많으면 그 뜻을 손상하고, 어리석은 사람이 재물이 많으면 그 허물을 더한다.
- 황금 천 냥이 귀한 것이 아니고, 사람에게서 좋은 말 한마디 듣는 것이 천금보다 낫다.

▣ 《명심보감(明心寶鑑)》 성심편(省心編) 下 ▣

- 위태로움을 알고 험함을 알면 마침내 법망에 걸리는 일이 없다.
- 몸에 누더기를 입었어도 항상 그것을 만든 사람의 노고를 생각하고, 하루에 세끼 밥을 먹더라도 항상 농부의 괴로움을 생각하라.
- 물이 너무 맑으면 물고기가 없고, 사람이 너무 살피면 친구가 없다.

• 까닭 없이 천금을 얻으면 큰 복이 있는 것이 아니라 반드시 큰 재앙이 있다.
• 먼데 있는 물은 가까운 불을 구하지 못하고, 먼 데 있는 친척은 가까운 이웃만 못하다.

▣ 《명심보감(明心寶鑑)》 정기편(正己編) ▣
• 남의 착함을 보거든 나의 착함을 찾고, 남의 악함을 보거든 나의 악함을 찾아야 한다.
• 여러 사람이 그를 좋아하더라도 반드시 살펴야 하고, 여러 사람이 그를 싫어하더라도 반드시 살펴야 한다.

이는 우리가 인생을 살아가면서 경계해야할 일들을 중심으로 마음과 행실을 닦아 위험과 불의를 가까이 하지 않고 살기를 당부한 글이다. 또한 자기의 상황을 긍정적으로 받아들이고, 지나친 물질욕은 오히려 독이 될 수 있다는 점도 지적하면서 삶에 대해 감사할 줄 아는 마음가짐이 중요함을 깨닫도록 언급하고 있다. 뿐만 아니라 세상을 살아감에 있어서 가장 중요한 것은 재물도 아니며, 잘 먹고 잘 입는 욕심을 채우는 것도 아니며, 곁에 있는 사람들과 서로 신뢰하며 평화롭게 잘 지내는 것이라는 올바른 마음가짐에 대해서 가르치고 있는 것이다.

▣ 《명심보감(明心寶鑑)》 안분편(安分編) ▣
• 분수에 만족하여 편안히 살라.
• 족한 줄 알면 가히 즐겁고, 탐욕에 힘쓰면 근심이 생긴다.
• 만족할 줄 아는 사람은 가난해도 천해도 역시 즐겁고, 만족할 줄 모르는 사람은 부하고 귀해도 역시 근심한다.
• 만족할 줄 알아 항상 만족하면 평생 동안 욕되지 아니하고, 그칠 줄 알아 항상 그치면 평생 동안 부끄러움이 없다.
• 가득차면 손실을 부르고, 겸손하면 이익을 받는다.
• 분수에 편안하면 욕됨이 없고, 기틀을 알면 마음 절로 한가롭다.

▣ 《명심보감(明心寶鑑)》 계성편(戒性篇) ▣
• 한때의 분함을 참으면 백날의 근심을 면한다.

- 참음을 얻어 또 참고, 경계함을 얻어 또 경계하라. 참지 않고 경계하지 않으면 작은 일이 크게 된다.
- 어리석고 어두운 사람이 성내는 것은 다 이치에 통하지 못하기 때문이다. 마음 위에 불길을 더하지 말고 다만 귓가를 스치는 바람으로 여기라.
- 모든 행실의 근본으로는 참는 것이 으뜸이 된다.
- 자기를 굽힐 줄 아는 사람은 능히 중요한 지위에 처할 수 있고, 이기기를 좋아하는 사람은 반드시 적을 만난다.
- 악한 사람이 착한 사람을 꾸짖거든 착한 사람은 도무지 대꾸하지 말라. 대꾸하지 않는 사람은 마음이 맑고 한가하고, 꾸짖는 사람은 입이 뜨겁게 끓어오른다. 이는 마치 하늘을 향하여 침 뱉음과 같아서 도리어 자기 몸으로 떨어진다.
- 모든 일에 인정을 남겨 두면 다음에 좋은 낯으로 대하게 된다.

▣ 《명심보감(明心寶鑑)》 존심편(存心篇) ▣

- 비록 몹시 어리석은 사람도 남을 꾸짖는 데는 밝고, 비록 총명이 있는 사람도 자기를 용서하는 데는 어둡다. 너희들은 다만 마땅히 남을 꾸짖는 마음으로 자기를 꾸짖고 자기를 용서하는 마음으로 남을 용서하라.
- 박하게 베풀고 후하게 바라는 사람은 보답 받지 못하고, 귀하게 되고 나서 천하던 시절을 잊는 사람은 오래 가지 못한다.
- 은혜를 베풀거든 보답을 구하지 말고, 남에게 주거든 추후로 후회하지 말라.
- 마음이 편안하면 초가집도 안락하고, 성정이 안정되면 나물국도 향기롭다.

전통사회로부터 유아시기에 중요하게 여겨 왔던 교육내용[04] 중에는 바른 마음가짐과 몸가짐을 위한 아홉 가지를 찾아 볼 수 있다. 즉 구용(九容)과 구사(九思)인데, 이는 옛 훈육서인 《소학(小學)》, 《사소절(士小節)》, 《격몽요결(擊蒙要訣)》 등에 소개되어 있다. 바른 몸가짐은 바른 생각에서부터 나오는 것이므로, 구용과 구사는 유아의 교육에서부터 성인에 이르기까지 강조해도 부족함이 없다고 본 것이다.

옛 선인들의 가르침과 지혜는 오늘날 유아를 위한 인성예절의 지침으로 널리 활용

04 문미옥(2000) 교수는 교육의 목적은 수천 년간 전해 내려온 우리의 전통을 알고 전통을 현대에 맞게 재창조해야 한다고 한 바 있다. 우리 전통문화의 사상과 교육의 덕목 속에는 감정인식, 자신의 감정조절, 자신의 동기화, 타인의 감정인식, 상대방과 관계를 맺는 능력 등이 모두 포함(박영은, 1995; 박인옥, 2002; 엄기영, 2006; 김명희, 2012; 이경자, 2013)되어 있기 때문이며, 많은 연구에서 이러한 의미를 강조하고 있다.

되어야 할 필요성이 크다. 고문헌인 훈육서는 지금으로부터 수 백 년 전에 집필된 것이지만, 사람이 이 세상을 사는 이치와 기본은 변함이 없다는 것을 담고 있는 것이기에 충실하게 살펴보아야 한다. 과거와 역사를 통해 새로운 가르침을 깨달을 수 있기 때문이다. 세상의 변화에 따라 예절이 그 형식에서 변용은 있을지라도 본래 갖고 있는 인성, 인간다운 삶, 사람으로서 갖추어야 할 기본 몸가짐과 마음가짐의 올곧은 모습은 지켜져야 한다. 최근 연구[05]에서도 구용과 구사의 유아교육적인 현대적 의미를 찾고 있다. 즉 ① 긍정적인 마음을 길러줄 수 있다. ② 바른 자세교정을 통하여 성장에 도움을 줄 수 있다. ③ 어른을 공경하는 아이로 자랄 수 있다. ④ 올바른 표현으로 자신감을 길러 줄 수 있다. ⑤ 원만한 대인관계를 맺을 수 있다는 것으로 제시하였다. 이러한 결과는 유아의 마음가짐과 몸가짐 지도를 통해서, 긍정적 자아 형성, 배려, 공경, 존중, 자신감 등의 인성교육이 가능하다는 점을 시사한다.

표 6-1 | 격몽요결(擊蒙要訣)에 수록된 구용(九容)과 구사(九思)

구사(九思)	표현	구용(九容)	표현
시사명(視思明)	눈으로 볼 때는 밝고 바르게 본다고 생각한다.	족용중(足容重)	발을 옮겨 걸을 대는 정중하고 무겁게 움직여야 한다.
청사총(聽思聰)	귀로 들을 때는 소리의 참뜻을 밝게 듣는다고 생각한다.	수용공(手容恭)	손의 모양은 공손히 잡는 모습이며 공손해야 한다.
색사온(色思溫)	표정을 지울 때는 온화하게 한다고 생각한다.	목용단(目容端)	눈의 용모는 단정해야 한다.
모사공(貌思恭)	몸가짐이나 용모는 공손히 한다고 생각한다.	구용지(口容止)	입은 조용히 다물고 신중하게 가져야 한다.
언사충(言思忠)	말을 할 때는 참되고 정직하게 한다고 생각한다.	성용정(聲容靜)	말소리는 나직하고 조용하게 해야 한다.
사사경(事思敬)	어른을 섬길 때는 공경스럽게 한다고 생각한다.	두용직(頭容直)	머리 모양을 똑바로 가져야 한다.

05 신희정(2014). 九容九思의 幼兒敎育的 適用에 관한 硏究. 원광대학교 동양대학원 석사학위논문.

의사문 (疑思問)	의심나고 모르는 것이 있으면 아는 이에게 물어서 배우겠다고 생각한다.	기용숙 (氣容肅)	안색은 평온히 하고, 숨소리를 정숙히 가져야 한다.
분사난 (忿思難)	분하고 화나는 일이 있어도 어려운 지경에 이르지 않도록 처신할 것을 생각한다.	입용덕 (立容德)	서 있는 모습은 의젓해야 한다.
견득사의 (見得思義)	자기에게 이로움이 있으면 그것이 정당한 것인가를 생각한다.	색용장 (色容壯)	얼굴의 용모는 장엄하게 가져야 한다.

출처: 주영애(1999). 유아예절지도서. 작은손바른손 유아예절연구소.

1) 구용(九容)을 적용한 유아인성예절의 구체적인 실천내용

(1) 족용중(足容重)을 중심으로 한 유아인성예절의 실천

발은 사뿐사뿐	■ 걸을 때는 사뿐사뿐 걷는다. ■ 신발을 질질 끌며 다니지 않는다. ■ 신발을 신을 때는 뒤꿈치를 꺾어 신지 않는다. ■ 의자에 앉았을 때 발을 흔들거나 장난하지 않는다. ■ 바닥에 앉았을 때 발을 만지작거리지 않는다. ■ 방석은 밟지 않는다. ■ 실내에서는 뛰어다니지 않는다. ■ 실내에서 빨리 가야할 경우에는 뛰지 말고, 빠른 걸음으로 걷는다. ■ 소파나 침대에서 뛰어내리지 않는다. ■ 온돌에 앉을 때는 몸이 흔들리지 않게 두 무릎을 꿇어앉는다. 어른께서 '편히 앉으라'고 하시면, 편히 앉아도 된다. ■ 어른이 부르시면 민첩하게 움직여서 어른 앞으로 간다.

(2) 수용공(手容恭)을 중심으로 한 유아인성예절의 실천

손은 공손하게	■ 손은 앞으로 공손하게 모아 잡는다. ■ 공수자세를 익힌다. ■ 손은 깍지 끼지 않는다. ■ 손가락을 빨거나 손톱을 물어뜯지 않는다. ■ 어른 말씀 중에 턱을 손으로 괴고 앉는 행동은 삼간다. ■ 방향을 가리킬 때는 손가락을 모아서 가리켜야 한다. ■ 친구들을 꼬집거나 툭툭 때리는 것은 삼간다. ■ 손톱에 메니큐어는 바르지 않고, 손톱도 항상 깨끗이 한다. ■ 뒷짐 짓는 자세는 하지 않는다. ■ 물건을 다룰 때는 두 손을 공손히 사용한다. ■ 문을 여닫을 때는 두 손으로 공손하게 한다. ■ 손으로 문을 여닫을 때는 크게 소리 나지 않게 조심한다. ■ 팔을 거칠게 휘저으며 걷지 않는다.

(3) 목용단(目容端)을 중심으로 한 유아인성예절의 실천

눈은 단정하게	■ 눈은 단정하고 곱게 뜬다. ■ 곁눈질을 하거나 치켜뜨지 않는다. ■ 눈동자를 자꾸 굴리지 않는다. ■ 눈을 자주 깜빡거리지 않는다. ■ 눈을 더러운 손으로 비비지 않는다. ■ 눈을 손으로 만지며, 장난을 하지 않는다. ■ 다른 사람을 볼 때 눈에 힘을 주어 사납게 바라보지 않는다. ■ 양미간을 찌푸리지 않는다.

(4) 구용지(口容止)를 중심으로 한 유아인성예절의 실천

입은 다물기	▪ 해야 할 말을 하지 않을 때는 입을 조용히 다문다. ▪ 입을 비쭉거리지 않는다. ▪ 손으로 입을 만지작거리지 않는다. ▪ 혀로 입술에 침을 바르지 않는다. ▪ 입술을 물어뜯지 않는다. ▪ 하품을 할 때는 입을 가리고 한다. ▪ 혀를 날름거리지 않는다. ▪ 음식 먹을 때는 입을 벌려 음식물이 남에게 보이지 않도록 조심한다. ▪ 입에 힘을 주어 다물고 있으면 화가 난 모습으로 보이므로 주의한다. ▪ 침을 함부로 뱉지 않는다.

(5) 두용직(頭容直)을 중심으로 한 유아인성예절의 실천

머리 모양은 곳곳이	▪ 머리는 곧게 반듯하게 들고 다닌다. ▪ 일없이 머리를 흔들지 않는다. ▪ 머리를 손으로 긁지 않는다. ▪ 머리는 항상 깨끗하고 단정하게 한다. ▪ 인사할 때 머리를 흔들지 않는다. ▪ 머리에 지나치게 많은 머리장식을 하지 않는다.

(6) 성용정(聲容靜)을 중심으로 한 유아인성예절의 실천

목소리는 조용 조용히	▪ 말소리는 나직하고 조용하게 한다. ▪ 숨을 가라앉혀 말한다. ▪ 친구를 부를 때도 곱고 조용한 목소리로 한다. ▪ 고함을 지르듯이 말하지 않는다. ▪ 일부러 예쁜 소리를 내려고 하지 않는다. ▪ 자연스럽고 편안한 말소리가 될 수 있도록 한다.

(7) 기용숙(氣容肅)을 중심으로한 유아인성예절의 실천

숨소리는 고르게	■ 한숨은 쉬지 않는다. ■ 조용히 자기의 숨소리에 귀 기울여 본다. ■ 마음을 조용히 가라앉히도록 한다. ■ 숨소리는 조용하고 고르게 한다. ■ 거친 숨소리를 내지 않는다. ■ 기분이 나쁠 때에도 마음을 가라앉히고 숨을 가쁘게 쉬지 않는다.

(8) 입용덕(立容德)을 중심으로한 유아인성예절의 실천

서 있을 때는 의젓하게	■ 두 다리를 곳곳이 펴고 의젓하게 서 있다. ■ 바른 자세로 공수하고 선다. ■ 서 있을 때는 벽에 기대어 서지 않는다. ■ 바르게 선 자세에서 정면을 똑바로 바라본다. ■ 서 있을 때 몸을 흔들흔들 거리지 않는다. ■ 뒷짐 지고 서지 않는다. ■ 머리부터 다리까지 곳곳하게 서 있다.

(9) 색용장(色容裝)을 중심으로한 유아인성예절의 실천

얼굴 표정은 따뜻하게	■ 거울을 보고 여러 가지 표정을 살펴본다. ■ 가장 기분 좋은 표정을 해 본다. ■ 화가 난 얼굴은 하지 않는다. ■ 표정을 찡그리지 않는다. ■ 표정은 밝고 명랑하게 한다. ■ 억지로 표정을 만들려고 하지 않는다. ■ 유아들은 예쁘게 보이고 싶어서 얼굴에 화장을 하는 것은 삼간다.

2) 구사(九思)를 적용한 유아인성예절의 구체적인 실천내용

(1) 시사명(視思明)을 중심으로 한 유아인성예절의 실천

밝고 좋은 것을 보려고 생각해요.	■ 유아의 연령이 제한되어 있는 영상물은 보지 않는다. ■ 폭력 비디오는 보지 않으려고 절제한다. ■ 게임을 너무 많이 보지 않는다. ■ 산과 들과 꽃 등 아름다운 자연환경을 자주 본다. ■ 어려운 사람을 돕는 행동이 왜 필요한가를 생각해 보도록 한다. ■ 어려운 이웃을 위한 봉사활동을 자주 접해 볼 수 있도록 한다. ■ 아름다운 그림과 글을 보도록 한다.

(2) 청사총(聽思聰)을 중심으로 한 유아인성예절의 실천

바른 것을 들으려고 생각해요.	■ 아름다운 글을 소리 내어 읽는 자신의 목소리를 들어본다. ■ 선생님과 부모님의 말씀을 바른 것인가 생각해 보고 실천한다. ■ 노랫말이 좋은 동요를 듣는다. ■ 사람들이 서로 싸우고, 나쁘게 이야기하는 말은 듣지 않는다. ■ 좋지 않은 말(욕설, 험담, 등)은 들으려 하지 않도록 한다.

(3) 언사충(言思忠)을 중심으로 한 유아인성예절의 실천

옳은 말을 하려고 생각해요.	■ 고운 말을 사용한다. ■ 바른 호칭을 사용한다. ■ 어른께는 존대어를 사용한다. ■ 다른 사람에게 믿음을 주는 말을 하도록 한다. ■ 거짓말은 하지 않는다. ■ 남을 헐뜯는 말은 하지 않는다. ■ 남에게 상처를 주는 말은 하지 않는다. ■ 상황에 맞추어 상대방을 존중하는 표현을 쓰도록 한다. ■ 표준말을 사용하도록 한다. ■ 정확한 발음으로 말하려고 노력한다. ■ 말은 강약을 지키도록 한다. ■ 화를 내거나 급하게 말하지 않도록 주의한다. ■ 사람들의 대화 중간에 끼어 들어 말을 막는 일은 하지 않는다.

(4) 색사온(色思溫)을 중심으로 한 유아인성예절의 실천

표정을 밝게 하려고 생각해요.	▪ 밝은 표정을 하려고 항상 생각한다. ▪ 밝은 표정은 긍정적인 마음에서부터 나온다는 것을 안다. ▪ 밝은 표정을 짓는 사람들과 교우한다. ▪ 슬프거나 화나는 표정은 하지 않도록 한다.

(5) 사사경(事思敬)을 중심으로 한 유아인성예절의 실천

어떻게 하면 어른을 공경할까를 생각해요.	▪ 어른께는 공손한 태도를 보이도록 한다. ▪ 어떤 태도가 공손한 모습인지를 생각해 보도록 한다. ▪ 어른께는 먼저 공손하게 인사한다. ▪ 맛있는 음식이 있으면, 어른께 먼저 권해 드린다. ▪ 어른께는 공손한 태도로 항상 존댓말을 하도록 한다. ▪ 어른께서 입 · 출입 하실 때는 반드시 인사를 드린다.

(6) 모사공(貌思恭)을 중심으로 한 유아인성예절의 실천

어떻게 하면 태도를 공손하게 할까 생각해요.	▪ 항상 몸가짐과 태도는 공손함을 유지한다. ▪ 겸손한 마음가짐을 갖도록 한다. ▪ 손가짐, 선 자세, 표정, 발모양, 머리, 바른 상체를 유지한다. ▪ 공손한 태도로 항상 인사하도록 한다.

(7) 분사난(忿思難)을 중심으로 한 유아인성예절의 실천

화가 날 때에는 마음을 다스려 보아요.	▪ 화가 나는 일이 생겼을 때도 먼저 생각해 보는 시간을 갖는다. ▪ 화를 다스릴 줄 아는 훈련을 해 본다. ▪ 분하고 화가 나는 것도 마음으로 받아들일 수 있어야 한다. ▪ 화가 날 때에는 오히려 좋은날, 좋은 경험 등을 생각해 본다.

(8) 의사문(疑思問)을 중심으로 한 유아인성예절의 실천

궁금한 점이 있으면 물어서 깨닫도록 생각해요.	▪ 질문하고 싶은 사항이 있으면, 바르게 물어서 깨닫는다. ▪ 모르는 것을 깨닫지 않고 지나쳐서는 안 된다. ▪ 모르는 것을 질문하는 것은 부끄러운 일이 아님을 깨닫는다. ▪ 누군가가 궁금한 것을 물어보면, 아는 범위에서 잘 알려준다.

(9) 견득사의(見得思義)를 중심으로 한 유아인성예절의 실천

나에게 정말 옳은 일인가를 생각해요.	▪ 자기에게 좋은 일이라고 무조건 받아들이지 않는다. ▪ 항상 올바른 일인가를 한 번 더 먼저 생각해 본다. ▪ 모든 사람들에게 좋은 일인가를 생각해 본다. ▪ 정정당당하게 받아들일 수 없는 일은 피하도록 한다.

3) 기거동작을 중심으로 한 유아인성예절의 구체적인 실천내용

일상생활에서 방문을 드나들거나, 물건을 사용할 때의 태도를 통해서 상대방을 존중하고 배려하는 인성예절을 체득할 수 있다.

(1) 방문을 드나들 때의 존중과 배려

- 문을 열거나 닫을 때에는 손으로 조용히 여닫고, 발이나 몸으로 열지 않는다. 발이나 몸을 사용할 경우, 문 여닫는 소리가 크게 나거나 주의력이 떨어져 제대로 문을 여닫지 못하게 되므로, 같은 공간에 있는 사람들에게 불편함을 주게 된다.
- 방문이 닫혀 있을 때에는 가볍게 '똑똑' 노크를 하여 방 안에 있는 사람에게 들어가도 되는지를 먼저 신호를 보내고, 들어오라는 말이 있을 때 들어가도록 한다. 이는 방안에 있는 사람에 대한 존중과 배려를 하는 기본 행위이다.
- 방문에 여러 사람이 들어가야 할 때에는 질서를 지켜서 들어가도록 한다. 서로

먼저 들어가려고 부딪히게 되면, 소란스럽게 되고, 들어가는 사람끼리도 불편하게 된다. 서로 배려하고 존중하는 자세를 취하는 것을 몸에 익숙하게 하도록 해야 한다.

(2) 물건 사용에서의 존중과 배려

- 물건은 한번 사용하고 난 후에 항상 제자리에 두도록 한다. 공동으로 사용하는 물건은 정해진 자리에 항상 놓여 있어야 한다. 이것은 함께 사용하는 사람 간의 약속이며, 공동의 질서이다. 또한 함께 물건을 사용하는 사람에 대한 배려이기도 하다.
- 물건은 항상 안전하고, 위생적으로 다루어야 한다. 생명이 없는 물건이라도 사람들에게 유용한 가치를 갖고 있는 것이므로, 그것을 이용하는 사람을 생각하는 마음을 갖고 다루어야 한다.
- 물건을 주고받을 때 주는 사람은 항상 받는 사람이 불편하거나 위험하지 않도록 배려하면서 물건을 전해 주어야 한다. 칼이나 가위 등은 뾰족한 부분이 상대방을 향하지 않고 주는 사람의 몸 방향으로 오도록 해서 두 손으로 전달해야 한다. 그러면 받는 사람은 안전하고, 사용하기에 편안하게 받을 수 있다.
- 컵이나 그릇, 수저나 포크 등은 입 닫는 부분에 손이 닿지 않도록 주의해서 다루어야 한다. 물건을 이용하는 사람이 안전하고 깨끗하게 이용할 수 있도록 물건을 다루어야 한다. 즉 누가 보거나 보지 않아도 그 물건을 이용하는 사람이 누구든지 항상 존중하고 배려하는 마음가짐을 가질 때, 행동에서도 자연스럽게 조심하게 된다.
- 책이나 신문 등을 전달할 때에는 받는 사람이 읽기 편한 방향으로 전해야 한다.
- 물건은 서로 주고받을 때 항상 두 손으로 조심해서 다루도록 한다.

몸가짐, 마음가짐과 유아인성예절의 교육적 가치

① 수신으로 연마한 자신의 몸가짐과 마음가짐이 대인관계에서 원만한 관계성을 유지하는 데에 중요한 역할을 하게 된다는 것을 알게 한다.
② 스스로 몸가짐과 마음가짐을 절제하고 통제할 수 있도록 자기를 관리하는 힘을 기른다.
③ 선악시비(善惡是非)를 구분할 수 있고, 올바른 행동을 할 수 있는 판단력을 기른다.
④ 절제, 배려, 정직, 존중 등 인성의 핵심역량을 함양한다.

2. 몸가짐, 마음가짐을 위한 유아인성예절동요와 프로그램

유아의 인성예절지도를 위해 구용(九容)을 활용하여 다양한 주제와 내용에 대해 몇 가지의 예시를 중심으로 구안하여 지도할 수 있다.

1) 적용내용 예시

(1) 구용(九容)과 유아인성예절 지도

주제	내용
밝은 얼굴과 따뜻한 눈빛이 좋아요	■ 구용과 구사의 색용장과 색사온 실천해 보아요. ■ 부모님, 선생님께 밝은 표정 지어보아요. ■ 친구와 함께 웃는 얼굴 해 보아요. ■ 여러 가지 표정에 대해 이야기 나누어 보아요.
몸가짐을 공손하게 해요	■ 다른 사람에게 불쾌감을 주는 행동은 하지 않아요. ■ 어른을 공경하는 마음으로 모셔요.

잘 듣고, 바르게 말해요	■ 때와 장소에 맞는 말을 가려서 해요. ■ 말은 꼭 필요한 말을 해요. ■ 다른 사람의 말은 잘 들어요.
옳은 일인가 생각해 보아요	■ 바른 것, 옳은 것, 옳지 않는 것 구분할 줄 알아요. ■ 옳지 않은 일은 하지 않아요. ■ 내가 좋아해도 옳지 않은 일은 하지 않고 참아낼 줄 알아요.
바르게 걸어요	■ 조용히 사뿐사뿐 걸어보아요. ■ 다른 사람에게 피해 주는 발걸음은 하지 않아요.
바르게 앉고 바르게 서 보아요	■ 바른 자세는 어떤 것일까 함께해 보아요 ■ 바르게 서보아요. ■ 바르게 앉아 보아요.
손가짐을 바르게 해요	■ 손을 바르게 공수해 보아요. ■ 손과 손톱을 깨끗이해요.

(2) 마음가짐과 유아인성예절 지도

주제	내용
바른 마음은 어떤 것인가요?	■ 바른 마음은 어떤 것인지 알 수 있어요. ■ 거짓말을 하지 않고, 거짓을 숨기지 않아요. ■ 옳지 않은 것은 하려 하지 않는 마음 가져요. ■ 좋은 것, 올바른 것을 보고 들으려 해요.
고운 마음을 보여 주세요.	■ 양보해 보아요. ■ 다른 사람을 배려해 보아요. ■ 어려운 사람을 도와주어요. ■ 서로서로 나누어 보아요.

2) 적용 동요

(1) 족용중

구용에 관한 인성예절동요를 적용하여 즐겁게 반복지도하고, 그 내용을 이해할 수 있도록 내면교육으로 이끌 수 있다. 유아들은 실내외에서 뛰어 나니는 경우가 많다. 특히 아파트에서 유아들이 실내에서 뛰어다닐 경우, 층간 소음을 일으켜 이웃

간에 다툼으로 번지는 경우도 있다. 〈족용중〉 노래를 익혀 가정에서도 함께 지도한다면, 공동체 생활에서 필요한 예의와, 이웃을 위한 배려의 마음도 가르칠 수 있다. 김승신(2000)의 박사학위논문에서는 〈족용중〉의 계속적인 학습이 요구되고 잘못된 행동이 발견될 때마다 지적하고 수정해서 교수-학습해야 할 내용임을 밝혔다.

족용중

주영애 작사,곡

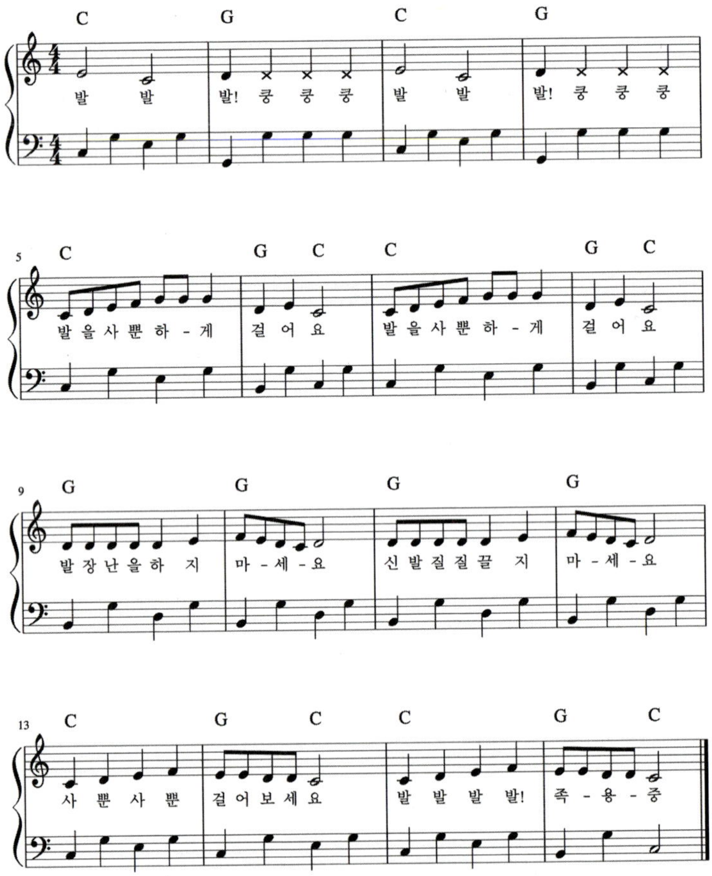

(2) 수용공

〈수용공〉 노래는 유아들의 주의집중이 필요할 때, 자주 활용될 수 있는 동요다. 노래 끝에 '공수했나요?'라고 질문하면, 유아들은 '공수했어요!'라고 하며, 바른 자세와 손가짐을 할 수 있게 된다. 인성예절지도를 위한 다양한 프로그램에 언제든지 적용하여 지도할 수 있는 노래이다.

수용공

주영애 작사,곡

(3) 목용단

눈은 마음의 창이라고 한다. 시선 처리를 바르게 하는 것은 대인관계에서는 매우 중요하다. 눈에 힘을 주고 바라보거나, 눈을 흘겨보거나 한다면, 부정적인 이미지를 전달하게 된다. 눈을 단정하게 뜬다는 것은 따뜻한 눈빛으로 상대를 바라보도록 하는 것이다.

목용단

주영애 작사,곡

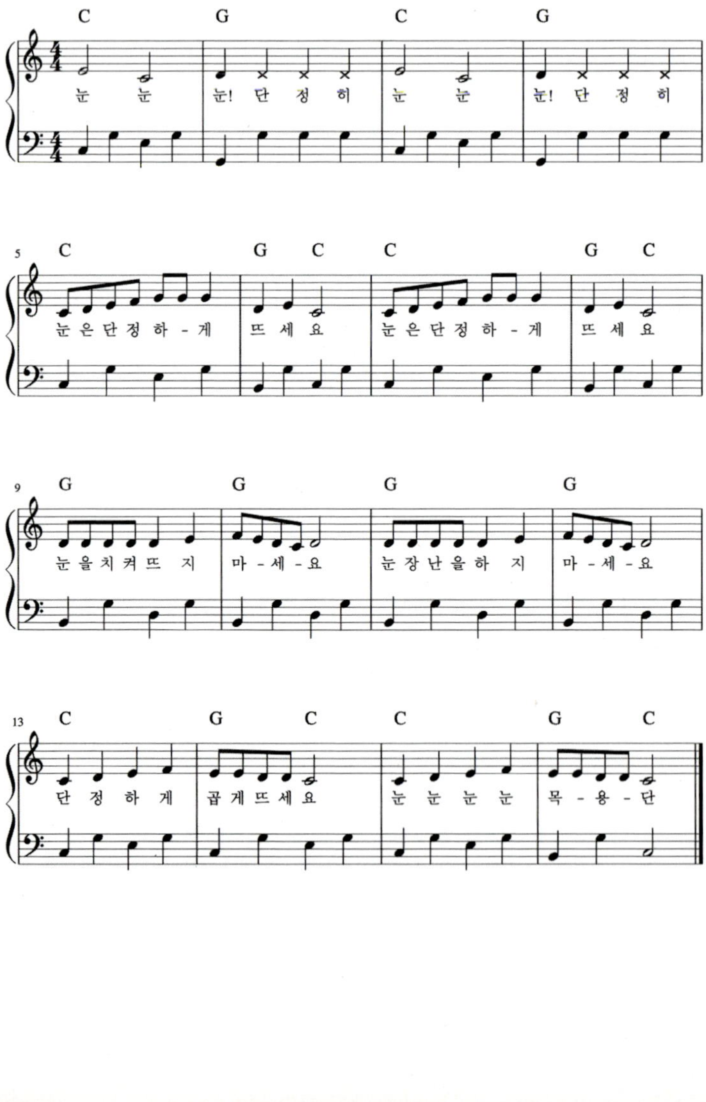

(4) 구용지

〈구용지〉는 청결교육과도 연계하여 활용할 수 있다. 유아들은 입으로 장난을 하는 경우가 많다. 늦게 까지 손가락을 빠는 경우도 있으므로, 〈구용지〉의 가르침을 일깨우고 노래로 반복하여 바른 입모양을 실천할 수 있도록 지도한다.

구용지

주영애 작사,곡

(5) 두용직

머리 모양을 반듯하게 하는 것은 바른 자세를 갖추는 데에 기본이다. 아무리 바르게 서 있어도, 머리 모양을 반듯하게 하지 않으면 바른 태도라 할 수 없다. 고개를 갸우뚱하거나 아래를 보고 숙이고 있는 등의 태도를 갖지 않도록 한다.

두용직

주영애 작사,곡

(6) 성용정

말소리를 조용히 하라는 가르침이다. 큰소리를 치거나 거칠게 소리를 내는 것은 삼가도록 해야 한다. 자기의 뜻을 조용한 목소리로도 충분히 전달할 수 있다는 것을 알려주는 것이다.

성용정

주영애 작사,곡

(7) 기용숙

숨소리는 그 사람의 정서 상태를 표현하기도 한다. 숨을 몰아쉬거나 한숨을 쉬는 것은 마음의 부담감과 힘들다는 뜻을 간접적으로 표현하는 것이다. 숨을 고르게 쉬고, 차분하게 마음을 가라앉히도록 한다.

기용숙

주영애 작사,곡

(8) 입용덕

서 있는 자세에 대한 가르침이다. 벽에 기대어 서거나, 한쪽 다리를 흔드는 등의 자세는 바른 몸가짐이라 할 수 없다.

입용덕

주영애 작사,곡

(9) 색용장

얼굴 표정은 사람의 인상을 결정짓는 중요한 요소로서 개인의 이미지를 형성한다. 또한 신체의 다른 부위에 비해 감정을 가장 솔직하게 드러내게 된다. 얼굴표정은 언어 다음으로 중요한 정보원이라고 한다.

엄마의 얼굴표정은 생후 9개월된 유아의 정서와 놀이 행위에 많은 영향을 준다. 생후 몇 개월 밖에 되지 않은 유아도 얼굴 표정과 목소리를 통해 전달되는 감정을 구별할 수 있다(Walker-Andrews, 1997). 따라서 얼굴표정이 중요함을 강조하고, 상대를 바라볼 때 명랑하고 밝은 표정관리에 유의하는 것이 필요함을 알려주고, 〈색용장〉을 부르면서 얼굴표정을 밝게 가지도록 지도한다.

김선주(2014)의 박사학위논문에서는 얼굴표정의 목적을 3가지로 제시하고 있다.

① 얼굴표정은 커뮤니케이션 채널 개폐의 역할을 한다. 이야기할 때 상대방의 표정을 살펴 이야기를 하게 된다는 것이다.

② 얼굴표정은 언어 비언어적 반응을 보완 강화하는 역할을 한다.

③ 얼굴표정은 발화를 대체하는 역할을 한다. 아이가 잘못된 행동을 했을 때, 부모는 얼굴을 찡그리며 무서운 표정을 짓거나 화난 표정을 짓게 되는데, 이는 그 행동을 그만두라거나 화가 났다는 메시지를 대신하는 표현이라는 것이다. 우선 유아들이 긍정적이고 밝은 얼굴 표정을 갖도록 지도하는 것이 필요하다.

색용장

주영애 작사,곡

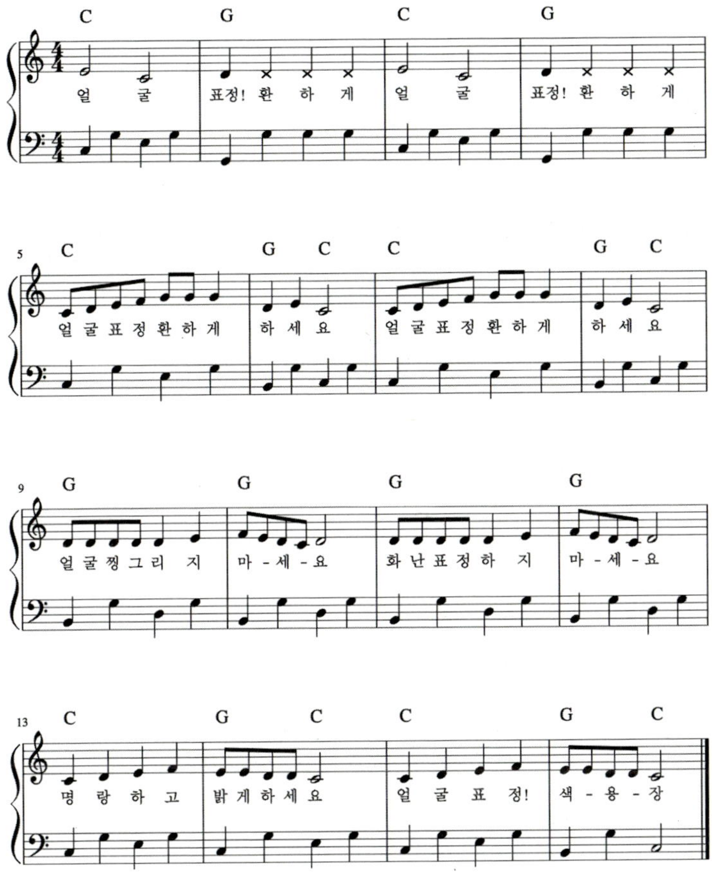
C G C G
얼 굴 표정! 환 하 게 얼 굴 표정! 환 하 게
5
C G C C G C
얼 굴 표 정 환 하 게 하 세 요 얼 굴 표 정 환 하 게 하 세 요
9
G G G G
얼 굴 찡 그 리 지 마 - 세 - 요 화 난 표 정 하 지 마 - 세 - 요
13
C G C C G C
명 랑 하 고 밝 게 하 세 요 얼 굴 표 정! 색 - 용 - 장

3) 적용 프로그램: '공수했나요?' 유아인성예절 프로그램

지도 목표	■ 바른 몸가짐이 왜 중요한지 안다. ■ 바른 몸가짐의 기본이 되는 공수법을 안다. ■ 공수를 잘 할 수 있다.

과정	주제	내용	자료
도입		• 인사 나누기	
이야기 나누기	이야기 나누기	• 바른 몸가짐은 어떻게 하는 것일까? • 바른 몸가짐을 잘 하는 친구가 있다면, 어떻게 하는 친구인지 소개해 볼까?	
활동 실습	손가짐 바르게 하기	• 공수법을 알려 준다 • 남아, 여아의 공수법의 차이를 알려준다 • 남아, 여아가 각각 공수를 할 수 있도록 한다.	공수법 그림자료
	수용공 동요 배우기	• 율동과 함께 '수용공'노래를 배운다. • 노래와 함께 자연스런 공수자세를 익힌다.	노래판
	바른 몸가짐 익히기	• 바르게 서 있기, 바르게 걷기 • 남아 여아가 바닥에 바르게 앉기 • 의자에 바르게 앉기 등을 지도자의 시연과 더불어 실습한다. • 바른 자세를 갖춘 친구들에게 강화한다.	지도자 시연
정리	유아와의 상호작용	• 바른 자세 ○×퀴즈로 학습 내용을 확인한다. • 수용공 노래를 다시 부르면서 '공수했나요?' 질문하면 '공수했어요'라고 답하도록 하며, 상호작용 과정으로 지도내용을 반복, 심화하도록 한다.	○×판 그림자료 (바른 자세, 잘못된 자세)
	마무리 인사	• 집에서도 바른 자세를 지닐 수 있도록 지도한다. • 인사 나누기－공수자세로 마무리 인사	
지도시 유의점		• 유아들이 산만하지 않도록 주의집중시킨다. • 지도자는 바른 시연 자세를 취하도록 한다. 지도자의 바른 자세는 유아들에게 직접적인 모델링이 되기 때문이다.	

적용 Point

01 《명심보감》을 중심으로 몸가짐과 마음가짐의 중요성을 설명해 보세요.

02 구용과 구사를 유아인성예절교육에 접목하는 교육적 의미는 무엇인가요?

03 구용과 구사는 어디에 근거하고 있는 것이며, 그 내용은 어떠한 것인지 말해 보세요.

04 기거동작, 물건 주고받기 등이 인성예절지도와 어떠한 관련이 있는지 설명해 보세요.

05 구용을 활용하여 9회기에 걸친 인성예절 교수안을 구안해 보세요.

06 구용을 활용한 동요를 익혀보세요.

| CHAPTER **07** |

인사하기와 유아인성예절

1. 인사하기
2. 절하기
3. 인사와 절하기를 위한 유아인성예절 동요와 프로그램

1. 인사하기

인사는 상대방을 향한 반가움과 존경의 표현이다. 우리는 인사를 잘 하는 유아를 보고 '참 예의바르다'라는 이야기를 종종한다. 타인을 향하여 공경과 존경의 마음으로 경의를 표하는 인사는 개인의 깊은 내면에서부터 상대를 배려하고 존중하고자 하는 순수하고 정성스런 마음가짐이 바탕을 이루어야 한다.

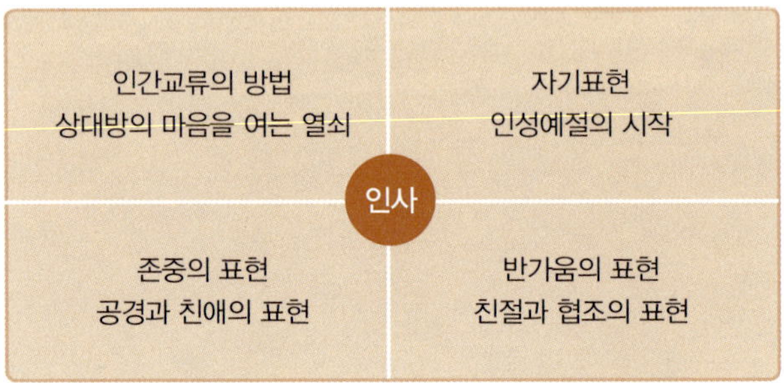

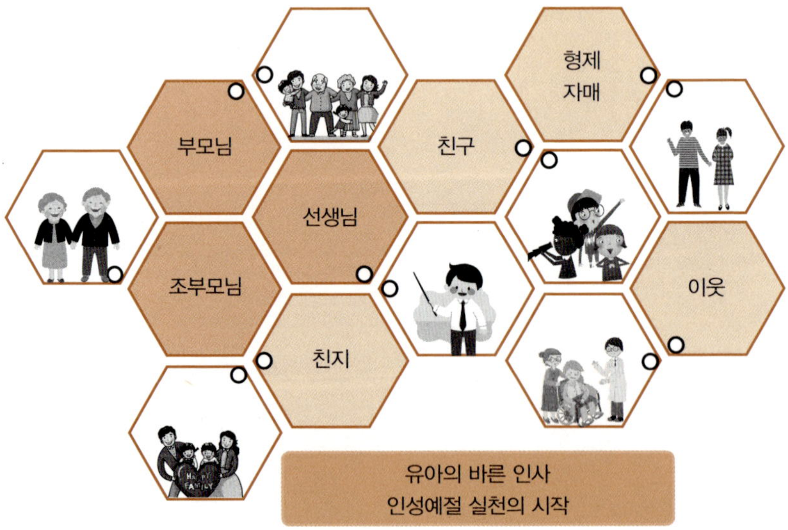

인사는 인간적인 교류를 위한 방법이자, 타인의 마음을 여는 열쇠이다. 공경과 친애, 친절과 협조, 반가움 등을 표현하는 인사는 곧 자기 내면의 표현인 것이다. 특히 인사는 유아에게는 인성예절 실천의 시작이라 할 수 있다. 유아들은 가정에서는 부모, 조부모, 형제자매에게, 유아교육기관과 사회에서는 선생님, 친구, 친지, 이웃에게 상황에 맞는 정중한 인사를 할 수 있도록 바른 인사방법을 익혀야 한다.

반가움이나 존경심이 없는 인사는 오히려 오해를 일으키기도 한다. 성의 없이 고개만 까딱 하는 인사나, 눈을 빤히 바라보며 하는 인사, 하는 둥 마는 둥 하는 인사는 결코 바른 인사라고 할 수 없다. 서서하는 인사를 입례(立禮)라고도 하는데, 경례, 목례, 악수, 포옹, 합장하기 등 다양한 형식이 있다. 유아들이 기본적으로 익혀야 할 인사법인 경례(敬禮)에 대해 주로 살펴본다.

1) 인사할 때의 자세와 유의사항

(1) 자세

- 고개는 반듯하게 들고 상대방의 눈을 본다.
- 턱은 내밀지 말고 자연스럽게 당긴다.
- 공수자세로 팔은 자연스럽게 아랫배에 내려놓는다.
- 머리, 무릎, 등, 허리는 일직선이 되도록 자연스럽게 곧게 편다.
- 어깨에 힘을 뺀다.
- 전체적으로 약간의 긴장감을 유지한다.
- 표정은 밝고 부드럽게 하고, 입가에는 살며시 미소를 짓는다.
- 마음은 존경, 감사, 사랑으로 가득 채운다.
- 뒤꿈치와 무릎은 붙이고, 양발의 앞 꿈치는 30도 정도 벌려 자연스럽게 선다.

(2) 유의사항

- 인사는 내가 먼저 한다고 생각한다.
- 표정은 밝게 한다.
- 시선은 Eye-Contact를 한다.
- 정중한 허리인사를 한다.
- 인사말은 다양하고 밝게 한다.

- 상대발견 → 눈 맞춤 → 인사(인사말 후 허리인사) → 미소짓기 → 눈맞춤 → 인사와 담소

2) 인사하는 방법과 상황

목례	평경례(보통례)	큰경례(정중례)
15도	30도	45도
3박자	4박자	8박자
실내외에서 자주 만났을 때	평상시에	행사나 의식을 할 때 상을 받을 때 등

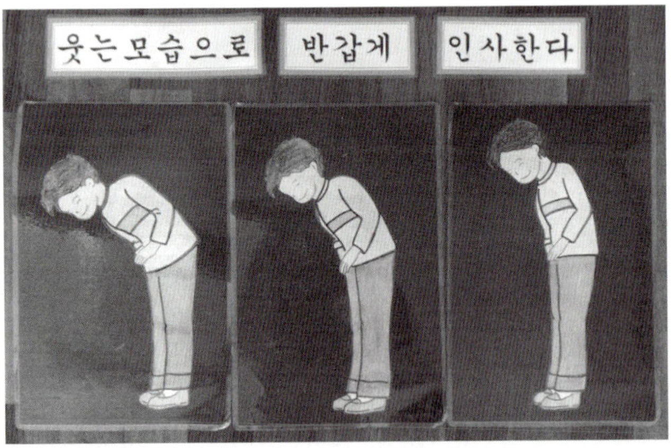

정중례 보통례 목례

그림 7-1 | 바르게 인사하는 모습 그림자료

3) 인사말

(1) 아침인사

대상	집안에서	이웃	유치원/어린이집
윗사람 (부모님, 선생님 할머니 할아버지)	안녕히 주무셨습니까? 진지 잡수셨습니까?	안녕하십니까? 안녕히 주무셨어요? 진지 잡수셨습니까?	안녕하셨습니까? 안녕하십니까?
동년배 (친구)		안녕하세요? 안녕히 주무셨어요?	안녕하세요?
아랫사람에게 (동생)	잘 잤어요? 잘 잤니?	안녕? 잘 잤니?	안녕? 잘 잤니?

(2) 만나고 헤어질 때의 인사

집에서 나갈 때	선생님을 만났을 때	이웃어른들을 만났을 때	유치원/어린이집에서 선생님과 헤어질 때
다녀오겠습니다.	안녕하십니까?	안녕하십니까?	안녕히 계십시오.
친구들과 만났을 때	친구들과 헤어 질 때	집에 돌아왔을 때	밖에 나가서 놀려고 집에서 나갈 때
안녕!	안녕! 잘 가!	다녀왔습니다.	다녀오겠습니다.

2. 절하기

우리의 전통적인 인사방법은 앉아서 하는 인사[좌례(坐禮)]이다. 이를 '절'이라고 하며, '배례(拜禮)'라고 한다. 절은 좌식의 생활문화 속에서 전해 내려오는 인사방법으로 절을 받는 대상의 연령과 지위, 상황에 따라 다양하게 표현되었다. 또한 절을 하는 방법은 지방이나 가정마다도 차이가 있고, 그 형식이 다르게 전해 내려오고 있는 경우도 많다. 그러나 우리나라는 예로부터 각 가정에서 지켜내려 오는 예법을 중요하게 여기고 서로 그 예법을 존중해 주는 문화적인 특징을 갖고 있다. 따라서 현대에도 하나의 절이 옳다, 또는 잘못되었다고 이야기하기가 어려운 점이 있다.

오늘날 일반적으로 교육현장에서 적용하여 가르치고 있고, 실제 가정에서도 많이 지켜지고 있는 절은 《가례집람(家禮輯覽)》(1599년)에서 제시한 절의 형식을 따르고 있다. 이 책은 김장생(金長生)이 지은 것이며, 전해 내려오고 있는 우리나라의 대표적인 예서(禮書)로, 절의 형식과 방법이 그림과 함께 수록되어 있다. 다만, 그 책을 기준으로 하되, 현 시대에 맞게 큰절과 평절로 나누어 지도한다면, 전통적인 절에 대한 교육을 할 때, 무리 없이 활용할 수 있다. 그리고 절을 할 때에 유의해야 할 몇 가지 사항을 알고 있다면, 상황에 맞추어 바른 전통예절을 지키도록 지도할 수 있다.

《사소절(士小節)》 동규(童規)에는 유아기부터 인사하는 태도가 몸에 익숙하게 되도록 경계하여 가르쳐 왔다는 것을 볼 수 있다.

▣ 《사소절(士小節)》 동규(童規) ▣

손님을 보면 반드시 절을 하고, 어른이 나가고 들어올 때는 반드시 일어서고, 손님이나 노인이 왔을 때 어린이는 마루에서 내려가 정숙하게 맞이하고….

▣ 《동몽수지(童蒙須知)》 잡세사의(雜細事宜) 第 五 ▣

- 서로 읍(揖)할 때는 반드시 허리를 굽혀야 한다.
- 외출하거나 돌아왔을 때는 반드시 웃어른 앞에 나아가 읍해야 한다. 비록 잠깐 나가더라도 또한 마찬가지이다.
- 집에서 어른을 만나면 반드시 바른 자세로 서서 공수(拱手)하고, 종종걸음으로 그 앞에 가서 읍해야 한다.
- 어른을 곁에서 모실 때는 반드시 바른 자세로 서서 손길을 마주잡아야 하며….

1) 절(拜禮法)

① 절은 상대방에게 공경을 나타내는 기본적인 동작이다.

② 절은 다소곳이 앉아서 예(禮)를 표하는 것이다.

③ 절은 우리의 좌식생활문화와 의복차림 속에서 발달되어온 고유의 인사형식이다.

④ 절을 뜻하는 한자는 배(拜)이다. 따라서 절하기는 배례법(拜禮法)이라고도 한다.

2) 절의 형식과 용어

전통사회에서 행해졌던 절의 형식과 용어로는 읍례법, 차수법, 계수, 흉례, 고두, 돈수, 공수, 숙배 등이 있다.

① 읍례법(揖禮法): 서서 간단히 예를 표하는 것을 말한다. 사계 김장생의 《가례집람(家禮輯覽)》에는 상례, 중례, 하례로 표현되어 있다.

종류	자세	해당하는 경우
상례(上禮)	몸을 구부리며 공수한 손을 눈 아래 까지 올렸다 내림	아랫사람이 웃어른께
중례(中禮)	몸을 구부리며 공수한 손을 입 아래까지 올렸다 내림	약간 손위 분께 평교 간에
하례(下禮)	몸은 굽히지 않고 공수한 손을 가슴 높이로 올렸다 내림	웃어른이 아랫사람에게

② 차수법(叉手法): 손을 맞잡는 것을 말한다. 남자의 경우 왼손의 엄지를 오른손 엄지 위에 얹고, 왼손 새끼손가락은 오른팔을 향한다. 오른손의 네 손가락은 모두 곧게 펴고, 왼손 엄지는 오른손의 엄지 위에 얹으며, 오른손 바닥이 가슴

을 향하게 하되 손이 가슴에 닿지 않고 가슴에서 약간 떨어지게 한다.

③ 계수(稽首): 머리를 구부려 이마가 손에 닿게 하고 엎드려서 한참 있다가 서서히 일어나는 것이다.

④ 흉례(凶禮): 먼저 돈수를 하고 뒤에 머리를 조아린다.

⑤ 고두(叩頭): 손을 나누어 땅을 짚고 머리로 세 번 땅을 치는 것이다.

⑥ 돈수(頓首): 배례 시 머리가 손에 닿게 하며 바로 일어나는 것이다.

⑦ 공수(控首): 공수는 머리가 손에 닿지 않게 하고 바로 일어나는 것이다.

⑧ 숙배(肅拜): 양 무릎을 모아 꿇고 허리는 펴고, 머리는 낮추고 엎드리면서 손을 내려 머리가 이마에 닿지 않게 한다.

3) 절의 종류

전통사회에서의 절의 종류는 상황에 따라, 집집마다 다양하게 구분되어 있었으나, 현대에는 절을 일반적인 인사방법으로 여기지 않고, 의례 시나 명절 때 하는 인사로 여기는 경우가 많다.

평절	평절은 평상시, 정초에 세배할 때, 상제에게 조상할 때, 웃어른이 외출하고 돌아오셨을 때, 아침저녁 문안드릴 때, 형제간에 오랜만에 만났을 때 등에 하는 절이다.
큰절	큰절은 가정의례(관례, 혼례, 상례, 제례, 수연례, 회혼례 등)시에 하는 절이다.

남아 여아의 전하는 방법을 12단계로 적용하여 제시하였다.

(1) 남아의 평절 하는 방법

① 공수한 손을 가슴높이로 살짝 올린다.

② 왼손을 위로하여 손을 맞잡고, 허리를 구부리며 맞잡은 손으로 바닥을 짚는다.

③ 왼쪽 무릎을 꿇는다.

④ 오른쪽 무릎을 꿇는다.

⑤ 두 무릎을 꿇은 채로 앉는다.

⑥ 윗 몸을 기울이며 머리를 조아린다. 팔꿈치부터 팔을 바닥에 닿도록 한다.

⑦ 다시 두 무릎을 꿇은 채로 앉는다.

⑧ 무릎을 끊고 있되 엉덩이를 든다.

⑨ 공수한 손으로 오른쪽 무릎을 짚는다.

⑩ 왼쪽 무릎도 세우며 일어선다.

⑪ 두발을 붙이며 공수한 손을 가슴 높이까지 올린다.

⑫ 허리 높이로 공수한다.

그림 7-2 | 남아 절하는 순서

(2) 여아의 평절 하는 방법

① 공수한 손을 가슴높이로 살짝 올린다.

② 양손을 양 옆으로 가지런히 내린다. 두 손에 힘이 들어가지 않도록 한다.

③ 왼쪽 무릎을 꿇는다.

④ 오른쪽 무릎을 꿇는다.

⑤ 두 무릎을 꿇은 채로 앉는다.

⑥ 무릎 옆으로 양손을 바닥에 놓되, 손끝을 양쪽으로 45도 방향으로 바깥을 향하

게 놓고 상체를 30도 정도 앞으로 기울인다.

⑦ 다시 두 손을 무릎 옆으로 놓고, 상체를 곳곳이 하고 앉는다.

⑧ 두 무릎을 꿇은 채 상체를 곳곳이 하고 엉덩이를 든다.

⑨ 오른쪽 무릎을 세운다.

⑩ 왼쪽 무릎도 세우며, 일어선다.

⑪ 두발을 붙이며 공수한 손을 가슴 높이까지 올린다.

⑫ 허리 높이로 공수한다.

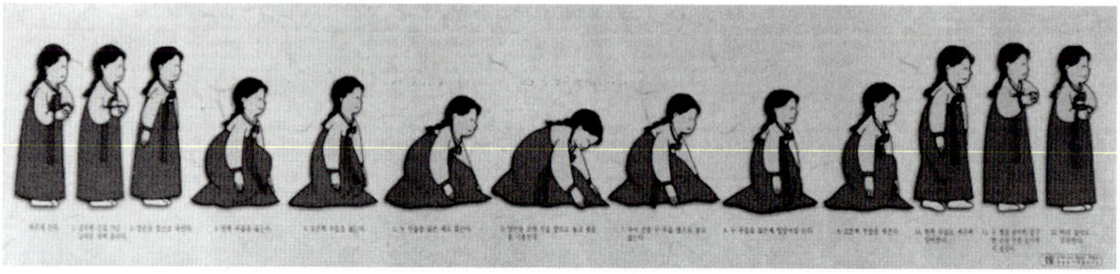

그림 7-3 | 여아 절하는 순서

(3) 남아의 큰절하는 방법

평절과 동일하게 하되, 천천히 하도록 한다.

(4) 여아의 큰절하는 방법

공수한 두 손을 눈썹 높이까지 올리고, 시작하며, 평절의 순서대로 하되 천천히 한다. 큰절을 할 때에 기쁜 일에는 머리를 깊이 숙이지 말며, 제사나 상례 때에는 깊이 숙여 절한다.

4) 절을 지도할 때의 주의 사항

① 절을 할 때에는 도중에 어른께 '절 받으세요.' '새해 복 많이 받으세요.' 등의 말은 하지 않는다.

② 누워 계신 분께는 절하지 않는다. 돌아가신 분이나 누워서 절을 받기 때문이다. 따라서 병환 중에 계신 분께는 절을 하지 않도록 한다.

③ 절은 받으시는 한 분 한 분께 한다. 그러나 상황에 따라 어른께서 '한 번만 하라.' 하시면 해도 된다.

④ 평절과 큰절을 하는 경우가 다르므로, 상황에 맞추어서 절을 하도록 한다.

⑤ 절의 속도는 너무 빠르지 않게 정중하게 한다.

⑥ 어른이 절을 하지 말라고 하시면, 굳이 우겨서 하는 일은 없도록 한다.

⑦ 절을 받으실 분에 대한 존경하는 마음을 갖고, 정숙하고 다소곳한 태도로 절을 한다.

⑧ '할아버지 할머니 절 받으시게 방으로 가세요.'라고 말하면서 어른께 자리를 이동하시라고 지시하는 것은 예의에 어긋난 것이다. 어른이 자리를 옮기시지 않도록 계신 곳에서 절을 하도록 한다.

⑨ 절은 침착하고 자연스럽게 한다. 몸이나 팔에 너무 힘을 주어서 하지 않는다.

⑩ 남녀별로 절하는 모습이 차이가 있음을 알고, 그에 맞는 절을 하도록 한다.

인사하기와 유아인성예절의 교육적 가치

① 인사하는 행위를 통하여 상대를 향한 존중과 공경, 상호친애, 감사의 표현을 올바르게 할 수 있다.
② 우리 사회문화에서 통용되는 인사방법을 익혀, 예의범절을 지킬 수 있다.
③ 상황에 따라 적합한 인사를 실천할 수 있도록 하여, 상황판단과 예의 표현을 자연스럽게 체득하게 된다.

김승신(2000)의 유아들의 생활예절 행동 변화에 관한 반성적 실천 연구인 박사학위논문에서는 작은손 바른손 유아예절연구소의 교육모형을 적용하여 '인사예절을 알고 바르게 행동할 수 있는가?'를 교수-학습한 결과, 유아의 행동 중에 가장 눈에 띄게 변화된 것은 인사예절 중에 '인사할 때는 인사말을 먼저하고 두 손을 공손히 한 다음 인사를 하는' 행동변화를 강조하였다. 걸어가다가도 똑바로 서서 인사말을 먼저 하고 두 손을 공손히 한 다음 인사를 하는 유아를 만나면 교육의 효과가 대단함을 느낄 수 있었다고 분석하였다. 또 우리나라의 절인 '평절과 큰절을 할 수 있어요'라는 소주제를 학습할 때는 어머니들이 한복을 입고 참여하여 함께 실습함으로써 유아들의 행동변화를 직접 관찰할 수 있어 교육의 효과를 더욱 높일 수 있었다고 밝혔다. 이는 유아교육현장에서 적용하여 얻은 결과로, 유아인성예절지도를 위한 의미 있는 내용이다.

유아에게 절을 지도할 때 교육현장에서 자주 나오는 몇 가지 질문들

① 여아가 절을 할 때, 한쪽 무릎을 세우고 하는 절은 틀린 것인가?

과거에도 무릎을 세우고 하는 절의 형식이 따로 있었다. 그러나 여자의 바른 절은 두 무릎을 꿇고 하는 숙배(肅拜)를 주로 한다. 지도 시에는 근거와 기준이 있어야 하므로 가능하면, 우리나라의 대표적인 예서인 《가례집람(家禮輯覽)》에서 제시하고 있는 두 무릎을 꿇는 절을 기준으로 하는 것이 무리가 없다.

② 절을 가르칠 때 남아와 여아의 자리를 구분해서 가르쳐야 하는가?

남아 여아에게 절을 가르칠 때는 자리를 구분해서 가르치는 것이 좋다. 남아는 동쪽에, 여아는 서쪽에 자리를 정한다. 지도자가 유아들을 보고 서 있는 경우라면, 지도자의 왼쪽 편에 남아를 서게 하고, 여아는 오른쪽 편에 서게 하면 된다.

③ 유아들이 절을 잘 못하는데 어떻게 하면 될까?

유아의 발달 수준에 따라 절하는 모습이 조금씩 다를 수 있다. 신체발달의 정도가 다르기 때문이다. 영아나 유아는 몸을 낮추어 앉는 모습만 하더라도 잘 하는 것으로 평가해야 하고, 유치반 원아들은 절하는 속도나 자세까지 평가하도록 한다.

④ 평절과 큰절을 한꺼번에 가르치기 힘든데, 언제 가르치면 될까?

유아들에게 평절과 큰절을 한꺼번에 지도하면 혼란스러울 수 있다. 추석에는 차례를 지내는 것을 기준으로 하여 큰절을 지도하고, 설날에는 웃어른께 세배하는 것을 중심으로 평절을 가르친다면 지도가 더 용이할 것이다.

⑤ 남아 절을 할 때, 무릎이 먼저 바닥에 닿게 하는 절을 하는 유아가 있는데 그것은 틀린 것인가?

전통사회에서도 무릎이 먼저 바닥에 닿는 절과 손이 먼저 바닥에 닿는 두 가지의 절이 다 있었다. 가가례(家家禮)라고 하듯이 집집마다 지키는 예법이 서로 차이가 있으므로 절의 표현 방식이 조금씩 달랐다. 틀렸다고 하기는 곤란하다. 이익의 《성호사설(星湖僿說)》에는 절을 할 때 바닥에 손이 먼저 닿든, 무릎이 먼저 닿든 무슨 문제가 되겠는가? '절을 받으시는 분을 향하여 존경의 마음으로 머리를 조아리고 몸을 낮추면 되는 것이 아닌가?'라고 한 바도 있다. 다만, 지도현장에서는 지도의 기준이 필요하므로 현재 보편적으로 가르치고 있는 절은 사계 김장생의 《가례집람(家禮輯覽)》에 나타난 절의 형식을 기준으로 가르치고 있다. 즉 손바닥이 먼저 바닥에 닿는 절의 형식을 따르고 있다.

⑥ 큰절을 할 때 남자 여자는 몇 번씩 절을 하는 것이 맞는가?

전통사회에서는 남자는 재배(2번) 여자는 사배(4번)했었다. 이는 음양의 이치에 따라 정해진 것이었으나, 현대에는 굳이 전통사회와 같이 꼭 지키지 않아도 무방하다. 남녀 모두 두 번씩 해도 크게 무리가 있는 것은 아니다.

⑦ 유아들에게 절을 지도할 때 힘들어하고 재미없어 한다. 어떻게 하면 좋은가?

인성예절지도도 재미있게 구성할 필요가 있다. 인성예절은 자기 절제를 해야 하는 경우가 많으므로 유아들이 흥미를 갖기 어려울 수 있다. 또한 유아가 다른 교육 내용보다 재미 없어하는 이유는 흥미로운 교재교구가 제한되어 있기 때문이기도 하다. 즉 인성예절지도를 위한 다양한 교재교구 개발에 대한 교수자들의 관심이 부족한 데에서도 원인을 찾을 수 있다. 절을 힘들게만 가르치면, 실천도 어려워진다. 그러므로 '절'노래와 함께 지도하는 방법이나 절을 하는 순서도를 그림 자료로 활용하는 방법도 절을 좀 더 쉽고 재미있게 지도할 수 있는 방법이 된다.

3. 인사와 절하기를 위한 유아인성예절 동요와 프로그램

1) 적용내용 예시

(1) 손님맞이와 유아인성예절 지도

주제	내용
손님은 반가운 분이예요.	• 손님께는 반갑게 인사할 수 있어요. • 손님이 돌아가실 때에도 인사를 잘해요. • 손님은 우리 집에 찾아오신 반가운 분이라는 것을 알아요.
손님을 잘 모실 수 있어요.	• 손님의 물건은 함부로 만지지 않아요. • 손님 대접은 잘 할 수 있어요.

(2) 한복 입고 절하기와 유아인성예절 지도

주제	내용
한복 입고 절할래요.	• 한복 명칭 알아요. • 한복 입는 순서를 알아요. • 절(평절)을 바르게 할 수 있어요.
절하고 한복 입는 예절을 지켜요.	• 상황에 맞는 절을 할 수 있어요. • 한복 입고 바른 몸가짐을 할 수 있어요.

그림 7-4 | 한복 입고 공수한 자세 그림 자료

그림 7-5 | 평상복 입고 공수한 자세 그림 자료

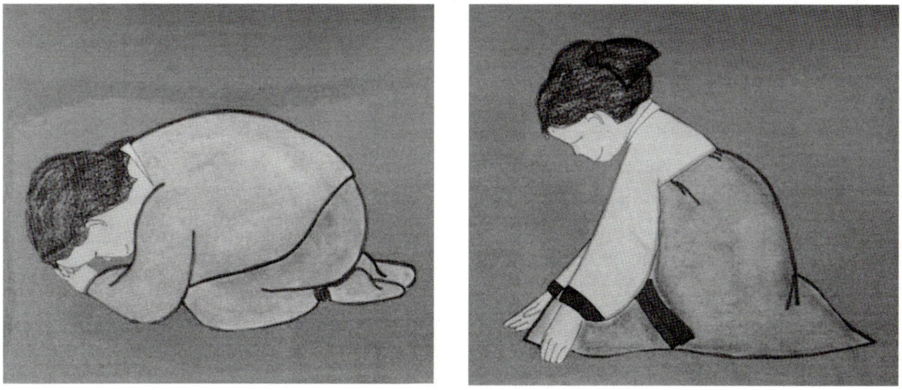

그림 7-6 | 한복 입고 절하는 남아와 여아의 자세 그림 자료

2) 적용 동요

(1) 인사해 봐요

〈인사해 봐요〉는 인사하는 바른 자세와 인사하는 속도 등을 익힐 수 있는 노래이다. 서로 마주보고, 웃음 짓는 얼굴 표정을 하고, 순서에 맞게 인사하도록 한다. 인

사의 기본이 되는 보통례를 기준(4박자, 30도 정도 숙임)으로 하여 인사를 익히는 실습에 적용하면 된다. 또는 앉아서 양손을 이용하여 인사하는 각도를 표시하면서 노래를 익힐 수도 있다.

인사해봐요

정병안 작사, 주영애 작곡

(2) 바른 인사말

〈바른 인사말〉은 인사를 할 때 바른 자세와 더불어, TPO에 맞는 인사말을 하도록 만들어진 노래이다. 〈바른 인사말〉은 유아들이 일상생활에서 자주하게 되는 인사말을 상황에 맞추어 익힐 수 있도록 구성된 것이다.

일상에서 '안녕하십니까?' '안녕히 계십시오.' 등 높임의 인사말에 익숙하지 않는 경우가 많다. 유아들이 이러한 표현을 쓸 때, '너무 어른스럽다' '아이들의 언어로 적합하지 않다' 등 어른들이 말하는 것을 듣게 되면, 유아들은 상황에 맞는 적합한 존대의 인사말 하는 것을 꺼려하게 된다. 언어 표현도 어색하다고 느끼는 상황에서 어른들의 부정적인 표현은 유아에게 큰 부담을 주기 때문에 바른 인사말을 익히는 데 도움이 되지 않으므로 부모는 특별히 주의한다. 자연스럽게 TPO의 인사말을 익히도록 〈바른 인사말〉을 부모가 함께 불러 주는 노력이 필요하다.

교사나 지도자, 부모가 '유치원에 갈 때면'이라고 선창을 하면, 유아들은 '다녀오겠습니다'라고 인사말을 하는 형식으로 노래를 불러 보면, 쉽게 지도할 수 있다. 유아들이 인사하는 자세와 더불어 '다녀오겠습니다', '안녕하십니까?', '안녕히 계십시오', '다녀왔습니다'라는 인사말을 함께할 수 있도록 지도하면 더 유익하다.

바른 인사말

주영애 작사,곡

(3) 아침인사해요

아침에 일어날 때 기분 좋게 일어나는 유아도 있지만, 울거나 짜증을 부리면서 일어나는 유아들도 있다. 〈아침인사해요〉는 가정에서 부모님께 인사하는 예의범절을 가르치기 위해 만들어진 노래이다. 유아가 아침에 일어 날 때 즐겁게 노래로 시작하면서 부모님께 인사하는 바른 예절을 습득할 수 있다. 앞에 두 소절을 유아가 부르고 나면, 마지막 소절은 아버지와 어머니가 불러 주면 좋다.

아침인사해요

주영애 작사, 곡

(4) 평절과 큰절

〈평절과 큰절〉은 우리 고유의 인사방법인 배례법에 대한 내용을 담고 있다. 어떤 상황에서 어떤 절을 해야 하는지를 알려주는 것이다. 가장 일반적으로 많이 하는 절은 평절로 어른을 뵈올 때, 명절 때, 오랜 만에 만났을 때, 상가에 갔을 때 상주에게 하는 절이다. 큰절은 가정의례 때 많이 하는 절로, 기쁜 상황에서 드리는 절과 슬픈 상황에서 드리는 절이 있다. 상중 제례 때에는 슬플 때 드리는 큰절을 하며, 혼례, 성년례, 수연례 등에서는 기쁠 때 드리는 큰절을 한다.

평절과 큰절

주영애 작사, 곡

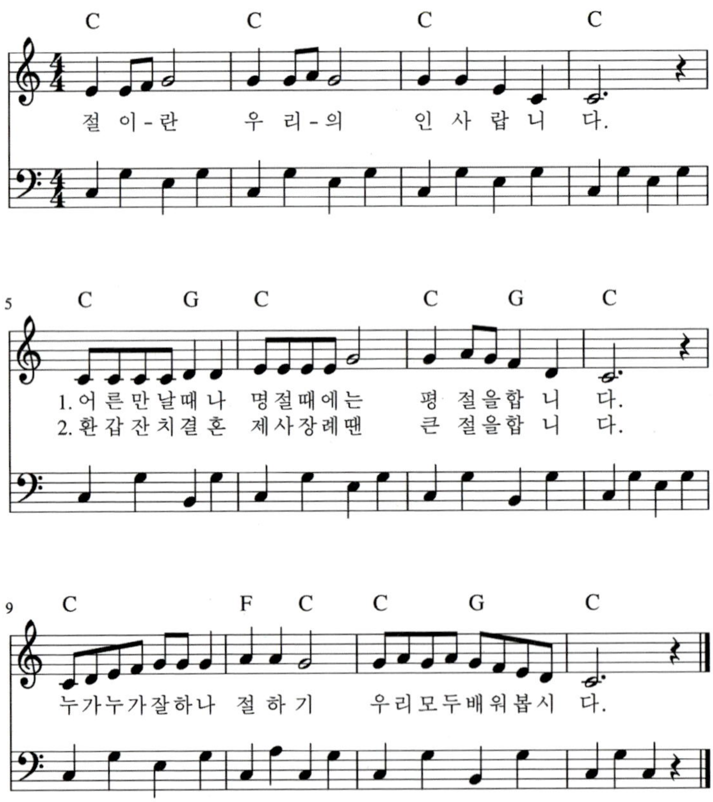

3) 적용 프로그램

(1) '바르게 인사해 봐요' 유아인성예절 프로그램

지도 목표	■ 인사를 바르게 할 줄 안다. ■ 상황에 맞는 바른 인사말을 할 줄 안다. ■ 인사할 때는 밝은 표정으로 한다. ■ 인사드리는 분께 공경하는 마음으로 인사한다.

과정	주제	내용	자료
도입		• 인사 나누기	
이야기 나누기	이야기 나누기	• 인사는 왜 할까요? (마음의 표현) • 인사는 언제 할까요? (감사, 기쁨, 안부 등) • 바르게 인사하는 것은 어떻게 하는 것일까요? (마음가짐, 자세, 인사말–마음, 행위, 말 일치)	
활동 실습	인사하는 자세와 바른 인사법	• 바르게 선 자세에서 인사하기 • 밝은 표정으로 인사하기	인사하는 모습 그림자료
	인사하는 자세에 대한 노래 배우기	• 율동과 함께 '인사해 봐요'노래를 배운다. • 노래와 함께 자연스런 인사자세를 익힌다.	노래판
	상황에 맞는 인사말하기	• 안녕, 안녕하세요? 안녕하십니까? 인사말을 안다. • 상황에 맞추어 인사를 할 줄 안다. • 사람을 만날 때, 헤어질 때, 집에서 나올 때, 집에 들어갔을 때 등 나누어서 인사말을 익힌다.	
	인사말 노래 배우기	• 율동과 함께 '바른 인사말' 노래를 배운다.	노래판
정리	유아와의 상호작용	• 인사는 언제 할까? 어떻게 할까? 유아들에게 질문하고, 응답하는 상호작용 과정으로 지도내용을 반복, 심화하도록 한다.	
	마무리 인사	• '인사해 봐요''바른 인사말' 노래를 다시 부르며, 의미를 반복하여 이해할 수 있도록 한다. • 인사 나누기 – 공수자세로 마무리 인사	노래판

지도시 유의점	• 유아들이 산만하지 않도록 주의 집중 시킨다. • 지도자는 '바른 인사말'노래를 완전히 숙지하여 선창하고, 유아들은 마지막 '인사말'만을 큰소리로 할 수 있도록 지도한다. • 인사를 잘 하는 유아에게 긍정적인 강화를 하도록 한다. • 유아의 연령과 발달단계를 고려하여 '인사해 봐요', '바른 인사말' 등을 2회차로 나누어 지도하면, 자연스러운 반복학습이 될 수 있다.

(2) '절하기' 유아인성예절 프로그램

지도 목표	■ 절은 우리고유의 인사방법임을 알고, 할 줄 안다. ■ 절은 인사를 드리는 분을 공경하는 마음으로 한다는 것을 안다. ■ 남자와 여자가 하는 절은 차이가 있다는 것을 안다.

과정	주제	내용	자료
도입		• 인사 나누기	
이야기 나누기	이야기 나누기	• 절이 무엇일까요? • 절은 어떻게 하는 것일까요? • 절은 어떤 마음으로 하는 것일까요?.	
활동 실습	절을 하는 마음가짐	• 절은 받으시는 분께 공경을 나타내는 것임을 안다.	절하는 그림자료
	평절과 큰절	• 율동과 함께 '평절과 큰절' 노래를 부르며, 절의 종류를 안다.	노래판
	공수	• 공수법을 배운다. • 남아, 여아의 공수법이 다르다는 것을 알고, 익힌다.	공수법 그림자료
	평절하기	• 남아의 평절을 배운다. • 여아의 평절을 배운다. (지도자의 시연을 보고, 따라해 보도록 한다.) • 평절은 언제 하는지 안다. (평상시에, 정초에 세배할 때, 어른께 인사드릴 때, 오랜만에 만났을 때 등)	절하는 동작 순서 그림

<table>
<tr><td rowspan="2">정리</td><td>유아와의
상호작용</td><td>• 절을 할 때 어떤 마음으로 해야 할까요?
• 절은 언제 할까요? 질문하며 응답하는 상호작용 과정에서 반복 심화하도록 한다.</td><td></td></tr>
<tr><td>마무리 인사</td><td>• '평절과 큰절'노래를 부르며, 절의 종류와 절을 하는 상황에 대해 반복해서 익히도록 한다.
• 인사 나누기 – 공수자세로 마무리 인사</td><td>노래판</td></tr>
<tr><td colspan="2">지도시 유의점</td><td colspan="2">• 지도자의 시연 시, 유아의 눈높이 맞추어 절을 하는 순서대로 단계별로 자세히 지도하도록 한다.
• 시연을 잘 따라한 유아들에게 칭찬과 강화를 한다.
• 남아, 여아를 구분하여 지도할 수도 있다.
• 남아 여아를 함께 지도할 경우, 산만해지지 않도록 주의한다.</td></tr>
</table>

적용 Point

01 우리가 인사를 하는 목적은 무엇이며, 유아인성예절과는 어떤 관계가 있나요?

02 인사를 할 때의 기본자세와 유의사항에 대하여 말해 보세요.

03 상황에 맞는 인사방법에 대해 설명해 보세요.

04 배례법, 차수법, 배례의 종류 등에 대해 설명해 보세요.

05 남아와 여아에게 절에 대해 지도하는 모습을 동영상을 제작하고, 평가하여 개선점을 제시해 보세요.

| CHAPTER **08** |

언어생활과 유아인성예절

1. 언어생활

2. 언어예절을 위한 유아인성예절 동요와 프로그램

1. 언어생활

1) 언어생활과 인성함양과의 관계

언어는 일상에서 인간관계를 맺는 기본이며 자신의 생각을 외부로 표현하는 매개체로 매우 중요하다. 외모가 멋있고 아름다운 사람일지라도, 그 입에서 험한 말, 예의 없는 말, 거짓의 말을 한다면, 사람들은 그를 절대로 좋고 신뢰할 만한 사람이라고 생각하지 않는다. 언어는 그 사람의 내면을 그대로 보여 주는 거울과도 같은 것이다. 따라서 언어는 그 사람의 마음의 표현이며, 인격을 드러내는 것이다.

특히 유아들에게 언어는 인지발달과 더불어 사회성 발달에 영향을 미치며, 문화와 역사에 대한 정체성을 갖게 하는 매우 중요한 것이다. 유아의 언어에 대한 학습은 '표현 하는 자체'가 중요한 것이 아니라, 예의에 맞게 '어떻게 표현할 것인가'로 발전 시켜야 하는 것이므로, 지도자나 부모의 주의 깊은 노력이 필요하다. 어렸을 때부터 언어교육이 중요하므로, 한국어뿐만 아니라, 외국어도 가르쳐야 한다는 것에 지나치게 몰두하는 부모나 지도자들도 많다. 그러나 우리의 일상생활에서 언어를 어떻게 바르게 사용하도록 가르칠 것인가에 대해서는 관심이 적은 듯하다. 언어생활교육은 품성교육이고, 인성교육으로 여기고, 인간관계에서 언어를 어떻게 사용해야 하는지를 더욱 중요하게 여겨야 한다.

우리의 선인들은 자녀들에게 사리에 맞지 않는 말은 차라리 말하지 아니함만 못하다고 가르쳤고, 거칠고 상스럽거나 도리에 어긋나는 말, 그리고 남을 험담하는 말은 함부로 하지 않도록 지도했으며, 어른께는 항상 존댓말을 쓰도록 하였다. 이러한 가르침은 가정에서 뿐만 아니라 유아들이 성장해서 맺게 되는 모든 인간관계에 기본적으로 영향을 미친다고 여겼기 때문이다. 이러한 가르침은 현대의 지식정보화 사회에서도 예외는 아니다(박상희 · 주영애, 2001). 오히려 다양한 채널을 이용한 의사소통이 보편화되고 있는 시대에는 오해가 없도록 의미를 정확하게 전달할 수 있는 '언어예절'의 중요성이 더 강조되어야 한다. 유아들에게 올바른 언어규범을 지키도록 지도하는 것은 바른 인성 함양의 기초가 된다.

과거에는 아동이 7세경에 이르게 되면 보편적인 경어 사용이 요구되었고, 대부분의 일상어에서는 상대방의 연령에 알맞은 경어를 사용할 수 있었다. '진지 잡수세요.', '아니계시옵니다.' '편안히 주무셨사옵니까?' '죄송합니다.' 등의 경어를 능숙하게 사용할 수 있었다(유안진, 1994). 이러한 표현은 요즈음에는 옛말로 여기고 있어, 잘 사용하지 않는다. 그러나 더 나아가 실제로 엄마, 아빠 등의 유아어를 성인이 되어도 사용하는 경우를 종종 보게 되고, 결혼한 여성이 '시엄마' '시아빠'라는 말까지 쓰고 있는데, 그것은 옳지 않다. 사용하는 언어나 어휘를 보면, 그 사람의 배움이나 인격을 가늠해 볼 수 있다. 적어도 '어머니', '아버지', '진지 잡수세요', '자리에 안 계십니다', '안녕하십니까?' '안녕히 주무셨습니까?', '죄송합니다.' 정도의 표현은 어른께 할 수 있는 정중한 표현으로 유아시기부터 익숙하게 사용할 수 있도록 지도해야 한다.

유아시기의 언어 습관은 쉽게 바뀌지 않는다. 언어는 곧 생활 그 자체이므로 올바른 언어예절을 통해 올곧은 인성함양이 이루어진다면 대인관계는 물론 원만한 사회성을 발달시킬 수 있다.

▣ 《명심보감(明心寶鑑)》 언어편(言語編) ▣

- 말이 이치에 맞지 아니하면 말하지 않음만도 못하다.
- 한 마디 말이 맞지 않으면, 천 마디 말이 소용이 없다.
- 입과 혀는 재앙과 근심의 문이요, 몸을 망치는 도끼이다.
- 사람을 이롭게 하는 말은 따뜻하기가 솜과 같고 사람을 상처 내는 말은 날카롭기가 가시와 같다.
- 입은 곧 남을 상처 내는 도끼요, 말은 곧 자기 혀를 베는 칼이다.
- 술은 다정한 친구를 만나면 천 잔도 적고, 말은 뜻이 서로 통하지 않으면 한마디도 많다.

▣ 《소학(小學)》 내편(內篇) 명륜(明倫) ▣

- 어른이 말을 마치지 않았으면 다른 일의 말을 꺼내어 어른의 말을 혼동시키지 말아야 한다. 강론할 때는 용모를 바르게 하며, 듣기를 반드시 공손하게 하고, 남의 말을 빌려 내 말로 만들지 말고, 남의 말에 분별없이 부화뇌동하지 말라.

▣ 《격몽요결(擊蒙要訣)》 지신장(持身章) ▣

- 말을 많이 하고 생각을 많이 하는 것이 가장 마음에 해로운 일이다. 고로 일이 없을 때에는 조용히 앉아 자기의 올바른 마음을 간직하도록 하고, 사람과 대할 때에는 자기가 하는 말을 가려서 간단하게 말을 하며, 또 자기가 말할 때가 된 뒤에라야 말을 한다.

▣ 《명심보감(明心寶鑑)》 입교편(立教篇) ▣

- 모든 말을 반드시 성실하고 신의가 있게 하며, 모든 행동을 반드시 독실하고 공경스럽게 하라.
- 다른 사람과 함께 있을 때 자신의 편리만을 택하지 말아야 하고, 다른 사람의 부유하고 귀함을 부러워하거나 헐뜯지 말아야 한다.

▣ 《계녀서(戒女書)》[06] ▣

- 삼가지 아니하면 옳은 말이라도 시비(是非)와 싸움이 그칠 때가 없을 것이어든 하물며 그른 말을 할까 싶으냐.
- 남의 흉을 말하면 자연히 원망도 나고 싸움도 나고 욕도 나며, 부모친척이 짐승으로 보이고 노비와 이웃사람이 없수이 여기는 것이 혀(舌)를 가지고 도리어 내 몸을 해롭게 하니 그런 애닯고 한심한 일이 어디 있겠는가?
- 백가지 행실 가운데 말을 삼가는 것이 제일가는 공부니 부디부디 삼가하여 뉘우침이 없게 하여라.

2) 상황에 맞는 존대어

말은 상황에 따라 잘 맞추어 사용하지 않으면, 자기의 의도와는 다르게 오해를 일으키기도 한다. 상대방의 연령과 위치에 따라서 높임말과 낮춤말, 보통 말과 존대어를 적합하게 사용할 수 있도록 가르쳐야 한다. 유아들에게 '존대어 사용하기'의 교육

---

06 《계녀서》에는 우암 송시열이 아버지로서 혼인하는 딸에게 여성이 지켜야 할 여러 가지 덕목을 훈계하는 내용이 실려 있는데, 부모섬기는 법, 형제간에 우애하는 법, 말씀조심하는 법, 제사받드는 법, 손님 접대하는 법 등 각종 예의 범절이 수록되어 있다(국립중앙박물관 e뮤지엄 자료 참고).

은 인성교육임과 동시에 어른께 대한 올바른 예의 범절교육이며, 우리의 문화교육이다. 어른을 공경하는 마음이 있다 해도, 존대어로 적절한 표현을 하지 않는다면, 그 마음을 의심받게 된다. 높임과 낮춤말, 보통 말과 존대어, 올바른 표현 등을 상황에 맞춰서 사용할 수 있도록 지도해야 한다.

표 8-1 | 높임말과 낮춤말

구분	내용	예시
아주 높임	어른께 말씀 드릴 때	안녕하십니까? 어르신
예사 높임	보통 동등한 사이에서	하시오, 하세요, 하셨어요, 당신, 그분
예사 낮춤	아랫사람에게 조금 낮추어서	하게, 자네, 그 사람, 이 사람, 하자
아주 낮춤	자기보다 아주 어린 아랫사람에게	해라, 하여라, 그 아이

표 8-2 | 보통 말과 존대어

보통 말	존대어	보통 말	존대어
밥	진지	데리고 가다	모시고 가다
성질	성품	잠을 잔다	잠을 주무시다
집	댁	물건을 준다	물건을 드리다
병	병환	집에 있다	집에 계시다
말	말씀	묻다	여쭈다
나이	연세	간다	가시다
이름	성함, 존함	웃다	웃으시다
생일	생신	죽다	돌아가시다

표 8-3 | 고쳐야 할 표현과 올바른 표현

고쳐야 할 표현	올바른 표현	고쳐야 할 표현	올바른 표현
할아버지가 밥 먹는다.	할아버지께서 진지를 잡수신다.	선생님이 나에게 주셨어요.	선생님께서 저에게 주셨어요.
할머니를 데리고 구경하러 갔습니다.	할머니를 모시고 구경하러 갔습니다.	아버지 이름이 뭐니?	아버지 성함이 어떻게 되시니?
아버지 나예요.	아버지 저예요.	엄마한테 혼났니?	어머니께 꾸중 들었니?
아버지한테 야단 맞았습니다.	아버지께 걱정(꾸중)들었습니다.	OO엄마가 병이 나셨대요.	OO어머니께서 병환이 나셨대요.
할아버지, 아버지께서 오셨습니다.	할아버지, 아버지가 옵니다.	선생님, 옷이 예쁘십니다.	선생님, 옷이 예쁩니다.
선생님 할 말이 있는데요.	선생님 드릴 말씀이 있습니다.	배꼽에 손!	공수했나요?
엄마, 물 먹어.	어머니 물 드세요..	OO아, 엄마 선물은 뭐 샀니?	OO아, 어머니 선물은 뭐 샀니?

표 8-4 | 전통사회 훈육서에 나타난 언어예절의 가르침

- 언어는 마음의 표현이므로 항상 조심해서 해야 한다.
- 이치에 맞는 말을 해야 한다.
- 거칠고 상스러운 말, 남을 험담하는 말, 남에게 상처주는 말은 하지 않는다.
- 말을 많이 하지 않도록 한다.
- 어른께는 존댓말을 쓴다.
- 말은 항상 자신과 타인에게도 성실하고 신뢰감을 주도록 한다.
- 어른 앞에서는 겸손하게 말하며, 용모와 태도를 바르게 해야 한다.
- 때와 장소에 맞는 말을 가려서 한다.

언어와 유아인성예절의 교육적 가치

① 언어를 중심으로 한 인성예절 교육을 통하여 유아는 올바른 언어 습관을 형성하게 된다. 처음 말을 배우는 시기부터 부모로부터 사투리를 배운 유아들은 어른이 되어서도 사투리를 사용하며, 표준어 사용으로 잘 고쳐지지 않는 경우를 쉽게 볼 수 있다. 언어를 습득할 시기인 유아기에 올바른 언어예절교육을 시키는 것은 다른 시기의 교육보다 의미가 더 크다.

② 언어를 중심으로 한 인성예절교육을 통하여 남을 배려하는 인성을 함양한다. 언어는 자신만의 표현으로 끝나는 것이 아니라 의사소통에서 사용되어 다른 사람에게 영향을 미치게 된다. 상대방의 입장을 생각하여 대화하는 법을 배워야 하는 것이다. 다른 사람에게 상처를 주거나 곤란하게 만드는 언어 표현은 대인관계에 있어 치명적인 해를 끼치며 그로 인해 사회성 형성에도 좋지 않은 영향을 미치게 된다. '아 다르고, 어 다르다.'라는 속담에서처럼 자신의 의사표현을 하되 다른 사람의 기분이나 마음 상태를 생각하여 효과적으로 대화를 할 수 있는 언어적 기술이 필요하다. 언어예절은 상대를 배려하는 마음가짐이 바탕이 되어야 하므로, 자의식이 형성되기 시작하는 유아기의 언어인성예절교육은 남을 배려하는 마음과 존중, 감정의 절제 등을 가르칠 수 있는 좋은 인성교육인 것이다.

③ 언어인성예절교육을 통해서 유아의 자신감과 사회성을 발달시킬 수 있다. 발음을 정확히 하기, 목소리의 크기나 높낮이를 적절히 하기, 감정을 조절하면서 상황에 따라 자신의 의견을 효과적으로 말하기 등을 모두 포함한다.

④ 존댓말이나 호칭을 배우면서 어른을 공경하는 마음씨를 갖게 된다. 우리의 언어는 대상이나 상황에 따라 언어표현이 다르다. 어른 공경의 예를 자연스럽게 익힐 수 있도록 언어예절지도가 필요하다. 언어를 통한 어른 공경의 예절은 우리의 전통 효 사상을 생활에서 실천하는 결과도 가져오게 된다. 언어를 중심으로 한 인성예절교육은 언어교육임과 동시에 마음교육이기도 하다.

3) 언어를 중심으로 한 유아인성예절교육의 주안점

① 유아기는 언어의 체계가 완전히 형성되지 않은 시기이며, 예절을 처음으로 배우고 습관화하는 시기이므로, 교육에서는 '고운 말하기', '경청하기', '정확하게 표현하기', '바른 호칭 사용하기', '존대 말 사용하기' 등 다양한 측면에서 주안점을 두고 교육해야 한다.

② 경청예절을 중요하게 가르쳐서 타인의 이야기에 귀 기울이고, 배려하는 인성예절을 함양해야 한다. 우리나라 유아들에게는 '존댓말 사용하기'나 '바르고 정확하게 표현하기' 등 말하기는 잘 가르치고 있지만, 경청예절은 간과하고 있는 것으로 보인다. 예절 바르게 말하기 못지않게 예절 바르게 듣는 예절 또한 강조되어야 한다.

③ 유아의 언어예절교육에서 전화예절교육에도 주안점을 두어야 한다. 이제 전화는 어른들만의 통신수단이 아니다. 성인들은 한사람이 하나 이상의 휴대폰을 사용하는 경우도 많다. 전화는 유아들도 친숙하게 자주 사용하는 통신수단이 되고 있다. 앞으로는 올바른 전화예절도 언어를 중심으로한 유아인성예절교육에 포함시켜 교육해야 한다.

2. 언어예절을 위한 유아인성예절동요와 프로그램[07]

1) 적용내용 예시

(1) 바른 언어생활과 유아인성예절 지도

주제	내용
고운 말 해요	• 말할 때 올바른 표정 지어요. • 고운 말은 어떤 것인지 알아요. • 고운 말 사용하여 예절 바르게 이야기해요.
다른 사람 마음도 살펴요	• 다른 사람에게 상처 주는 말은 하지 않아요. • 남을 험담하는 말을 하지 않아요. • 어른 앞에서는 겸손하게 말해요
정확하게 말해요	• 말할 때도 예절이 있음을 알아요. • 정확하게 발음해 보아요. • 상황에 맞춰 목소리의 크기를 조절해 보아요.
바른 호칭을 배워요	• 여러 가지 호칭을 알아요. • 올바른 호칭을 말할 수 있어요. • 친가와 외가의 가계도를 이해하고 구성원을 알아요.

07 본 프로그램은 주영애 · 김선주(2001). 유아 언어 예절교육 프로그램 모형 개발, 한국여성교양학회지, 8, pp.187-205에서 제시한 내용의 일부를 참고하여 수정 보완한 것임.

바르게 말해요	• 필요하지 않은 말은 많이 하지 말아요. • 존댓말을 사용할 줄 알아요. • 바르게 말하는 것이 어떤 것인지 생각해 보아요.
존댓말을 써요	• 어른께 사용하는 말이 친구에게 하는 말과는 달라요. • 존댓말의 종류에 대해서 알아요. • 상황에 맞는 존댓말을 사용할 수 있어요.
바르게 전화 할 수 있어요	• 전화걸때와 받을 때 예절이 있는 것을 알아요. • 전화예절은 왜 중요한지 말할 수 있어요. • 예절 바르게 전화 걸고 받기를 할 수 있어요.

(2) 친구와의 언어생활과 유아인성예절 지도

주제	내용
친구의 소중함을 알아요	• 친구는 소중한 사람이예요. • 친구와는 거친 말을 하지 않아요. • 친구 생각 안하고, 내가 하고 싶은 말만 하지는 않아요.
친구와 서로 돕고 믿어요	• 친구가 힘들어할 때 도움을 줄 수 있어요. • 친구와의 약속한 이야기는 잘 지켜요. • 친구와는 서로서로 나눌 수 있어요.

2) 적용 프로그램

(1) '정확하게 말해요' 유아인성예절 프로그램

지도 목표	■ 말할 때에는 예절이 있음을 안다. ■ 정확하게 발음할 수 있다. ■ 상황에 따라 목소리의 크기를 조절하여 이야기할 수 있다.

과정	주제	내용	자료
도입		• 인사 나누기	
이야기 나누기	이야기 나누기	• 예절바른 어린이는 어떻게 이야기할까? • 말하는 예절에 대해 알려줄 것을 설명한다.	

활동 실습	정확하게 말하기	• (그림교구 1) 한아이가 혼자 우물거리며 말하고 보는 사람이 난처해 하는 그림을 보여 준다. • 다른 사람에게 말할 때는 정확한 발음으로 이야기하는 것이 예절임을 배운다.	그림자료 1
	정확한 발음연습	• (글자교구 1) 교구를 제시하고 지도자가 크게 발음한 후 유아들이 따라 하도록 한다. • 글자교구 내용–가나다라마바사아자차카타파하/거너더러머버서어저처커터퍼허/고도노로모보소오조초코토포호/구누두루무부수우주추쿠투푸후/겨녀뎌려며벼셔여져쳐켜텨펴혀/그느드르므브스으즈츠크트프흐/기니디리미비시이지치키티피히	글자교구 1
	목소리 크기 조절하여 말하기	• (그림교구 2) 지하철에서 큰 소리로 이야기하는 아이와 주변 사람들이 쳐다보고 얼굴을 찡그린 그림 • 공공장소에서는 타인에게 피해가지 않게 작게 말해야 함을 설명한다. • (그림교구 3) 아이들 셋이 모여 이야기하는 그림 • (그림교구 4) 여러 사람들 앞에서 큰 목소리로 발표하는 어린이 그림 • 발표할 때, 둘이나 셋이 대화할 때 목소리 크기를 다르게 해야 함을 설명한다.	그림자료 2,3,4
	마이크 잡고 이야기하기	• 교구 마이크를 이용하여 발음 연습을 목소리 크기를 조절하면서 해본다. • (글자교구 2)를 활용하여 연습한다. • 토끼 뜀은 깡충깡충 오리걸음 뒤뚱뒤뚱/토끼 뜀과 오리걸음 깡충깡충 뒤뚱뒤뚱 • 우리아기 웃음소리 까르르르 까르르르/ 하하하하 헤헤헤헤 히히히히 호호호호/우리가족 웃음소리 하헤히호후 • 귀뚜라미 귀뚤귀뚤 쓰르라미 쓰르르르 • 하늘에는 별님총총 솔밭에는 솔잎총총	글자교구 2
정리	유아와의 상호작용	• 목소리를 어떻게 내야 할까? 발음은 어떻게 해야 할까? 유아들에게 질문하고, 응답하는 상호작용 과정으로 지도내용을 반복, 심화하도록 한다.	
	마무리 인사	• 집에서 부모님과 발음 연습해 보도록 이야기한다. • 인사 나누기–공수자세로 마무리 인사	가정통신문 (발음연습 글자교구 2)
지도시 유의점		• 발음의 차이가 정확하게 나도록 입모양을 크게 움직이며 유아가 따라 하도록 도와준다. • 유아가 너무 어려워하지 않도록 천천히 하다가 잘하면 속도를 빠르게 한다. 칭찬하여 재미를 느낄 수 있도록 한다. 연령을 고려하여 한 가지 발음만 연습해도 좋다.	

(2) '고운 말 해요' 유아인성예절 프로그램

지도 목표	■ 말할 때의 표정은 어떻게 하는 것이 올바른 것인지를 안다. ■ 고운 말은 어떤 것인지를 안다. ■ 고운 말을 사용하여 예절바르게 이야기할 수 있다.

과정	주제	내용	자료
도입		• 인사 나누기	
이야기 나누기	이야기 나누기	• 예절바른 어린이는 어떻게 이야기할까? 이야기를 나눈다.	
활동 실습	고운 말	• 예절바른 어린이는 고운 말을 사용해야 한다는 것을 알려준다. • 고운 말에는 어떤 것이 있는지 알려준다. (어른께 존댓말 하기/친구에게 욕하지 않기/놀리지 않기/TV유행어 많이 따라하지 않기)	
	고운 말 해요	• 고운 말 해요 노래 배우기	노래판
	동화듣기	• 동화 교구를 보여 주며, 동화를 들려 준다.(참조) • 투덜이가 왜 후회하며 눈물을 흘렸는지 이야기해 본다. 어렸을 때부터 나쁜 말을 사용하면 어른이 되어서도 고칠 수 없음을 알려 준다.	창작동화 (투덜이 하늘이)
	말할 때의 표정	• 말할 때의 예쁜 표정에 대해서 연습해 본다. (눈썹 위아래로 올렸다 내리기/눈 감았다 떴다 반복해보기/눈을 동그랗게 떠보기/입술을 옆으로 앞으로 움직여 보기/예쁘게 웃어보기) • 옆에 있는 친구들과 짝지어 얼굴표정을 지어보고 기분에 대해 이야기해 보기(화난 얼굴/웃는 얼굴) • 다른 사람과 이야기할 때는 웃으며 이야기해야 상대방의 기분도 좋아짐을 알려 준다.	개인 거울
	고운 말 사용하기	• 어른께는 존댓말 쓰기/ 친구 칭찬해 주기 • 우리아기 웃음소리 까르르르 까르르르/ 하하하하 • 한 명씩 일어나서 릴레이 형식으로 친구를 칭찬해 주도록 한다. 칭찬받은 후 느낌에 대해 이야기 나눈다.	글자교구 2

정리	유아와의 상호작용	• '고운 말 해요' 노래를 다시 부른다. • 고운 말은 어떻게 하는 것인지 유아들에게 질문하고 이야기 나누면서 다시 한 번 강화한다.	노래판
	마무리 인사	• '고운 말 해요' 노래를 집에 가서 부모님과 함께 불러보도록 한다. • 인사 나누기 – 공수자세로 마무리 인사	가정통신문 (고운 말쓰기)
지도시 유의점		• 가정 통신문을 이용하여 유아들이 집에서도 고운 말을 쓰도록 강화해 주실 것을 요청한다. • 유아들의 주의가 산만해지지 않도록 한다. • 유아의 발달 정도를 고려하여, 위의 내용 중 한 가지씩 만을 적용하여 나누어 지도할 수도 있다.	

(3) '존댓말을 써요' 유아인성예절 프로그램

지도 목표	
	■ 어른께 사용하는 말이 친구들에게 하는 말과 다름을 안다. ■ 존댓말의 종류에 대해 안다. ■ 상황에 따른 올바른 존댓말을 사용할 수 있다.

과정	주제	내용	자료
도입		• 인사 나누기	
이야기 나누기	이야기 나누기	• 우리나라는 옛날부터 어른을 공경하는 마음으로 생활했음을 알려준다. • 어른을 공경하기 위해서는 어떻게 해야 할까?	
활동 실습	어른공경하기	• 어른을 공경하는 모습을 설명한다. (어른께 인사하기, 물건 들어드리기, 편안히 모시기, 맛있는 음식드리기, 선물드리기, 존댓말하기 등)	그림자료
	존댓말 사용	• 존댓말을 사용하는 것은 아주 중요한 공경의 효임을 알게 한다. • 존댓말을 사용하지 않으면 어른께서 걱정을 하실 뿐 아니라, 부모님을 욕되게 하는 것임을 알려준다.	
	상황에 따른 존댓말	• 예사말과 존댓말을 제시하고 설명한다. • ○ ×판에 예사말과 존댓말을 붙여가며 익힌다 • 어른께 사용해야 할 존댓말은 ○, 예사말에는 ×를 붙여 보도록 한다.	글자교구 그림교구
	고운 말 해요	• 고운 말 해요 동요 배우기	노래판

<table>
<tr><td rowspan="2">정리
정리</td><td>유아와의
상호작용</td><td>• 존댓말 연습을 열심히 해서 어른들게 항상 존댓말을 사용할 것임을 약속한다.</td><td></td></tr>
<tr><td>마무리 인사</td><td>• 고운 말 해요 노래를 집에 가서 부모님과 함께 불러보도록 한다.
• 인사 나누기 – 공수자세로 마무리 인사</td><td>노래판</td></tr>
<tr><td colspan="2">지도시 유의점</td><td colspan="2">• 유아들의 주의가 산만해지지 않도록 한다.
• 유아의 발달 정도를 고려하여, 존댓말의 난이도를 적용한다.</td></tr>
</table>

〈예사말과 존댓말 글자교구〉

존댓말	예사말
안녕하십니까?	안녕
진지	밥
저	나
잡수시다	먹다
주무시다	자다
드리다	주다
여쭈다	묻다
하시다	하다
말씀	말
편찮으시다	아프다

3) 적용 동요

말을 곱게 잘하는 것이 중요하다는 것을 깨닫도록 한다. 고운 말을 하면 자신의 기분이 좋을 뿐 아니라 친구나 주변 사람들의 마음도 좋아지는 효과가 있다는 것을 느낄 수 있도록 한다.

고운말 해요

주영애 작사,곡

유아들은 어머니 아버지의 호칭보다는 엄마 아빠의 호칭을 주로 사용하며, 더 친숙해 한다. 그러나 만 5세 이상의 유아에게는 어머니 아버지의 호칭을 가르쳐 주고 사용하도록 유도해야 한다. 이는 인사말에서 '안녕하세요?'에 익숙해져서 가장 높은 인사말인 '안녕하십니까?'의 인사말을 어색해 하고, 군대에서 사용하는 인사말 정도로 여기게 되는 것은 옳지 않다. 따라서 어려서부터 '어머니', '아버지'의 호칭도 사용

해 보도록 노래를 통하여 지도해 보도록 한다.

어떻게 말해야 옳을까요?

주영애 작사,곡

4) 인성동화 적용 예시[08]

인성동화를 활용한 예시(이규림, 2013)를 중심으로 살펴보면 다음과 같다.

인성요소 및 세부내용		동화명	인성요소 및 세부내용		동화명
기본생활습관	청결	개구쟁이 해리	사회관계	다양성	누에콩과 콩알 친구들
	독립심	혼자 할 수 있어요		협력	커다란 순무
	질서	약속은 즐거워		협력	바다에 간 공벌레
	감사	스탠의 생일 파티		배려	친구를 위해서라면 괜찮아
자기조절	통제	소피가 화나면 정말 정말 화나면	도덕성	정직	금도끼 은도끼
	용기	어둠을 무서워하는 꼬마박쥐		공정	치과의사 드소토 선생님
	주도성	으뜸 헤엄이		관용	검피 아저씨의 뱃놀이
	책임감	이슬이의 첫 심부름		봉사	행복한 의자나무

인성동화를 활용한 구체적인 교수-학습단계를 도입 전개 마무리의 과정을 통해 진행하는 과정을 참고해 볼 수 있다.

교수-학습 단계		세부내용
도입 (15)	호기심 유발 및 문제제기	• 인성동화 읽기 전 표지나 부분 문장만 듣고 어떤 이야기인지 추론해 본다. • 인성동화를 함께 읽어 본다. • 인성 내용과 관련하여 궁금하고 함께 생각해 볼 내용들을 정한다.
전개 (25)	다양한 방법으로 탐색하기	• 궁금한 점이나 질문에 대하여 답을 찾기 위하여 다양한 방법으로 접근한다. • 질문으로 답하는 것 이외에도 여러자료를 찾고 탐색해 본다.
	의미 부여하기	• 다양한 방법으로 탐색한 내용에 대하여 의미를 구성하고 그 이유를 제시하는 경험을 한다. • 여러 의견이 표출되고 수용되는 자유로운 토론의 시간을 마련한다. • 의미 부여하기와 토론의 과정을 통하여 인성의 개념, 실천방법 등을 다시 한 번 이해하고 내면화시킬 수 있도록 한다.

08 이규림(2013). 인성동화를 활용한 철학활동이 유아의 언어능력과 친사회적 행동에 미치는 영향. 어린이문학교육연구, 14(4), 355-373.

마무리 (10)	창의적으로 표현하기	• 의미 부여하기를 통한 내용에 대하여 교사의 설명보다는 유아들이 주도적으로 표현하도록 한다. • 신체로 표현하거나 그림을 그리거나 이야기를 짓고 동시로 만드는 등 다양한 방법으로 표현한다. • 각기 다른 표현의 방법을 존중하고 이해할 수 있음에 대하여 이야기 나눈다.

금도끼 은도끼 동화를 활용하여 교수-학습과정을 세부적으로 제시된 바는 다음과 같다.

동화명		금도끼 은도끼	활동형태/유형	대집단/미술
인성덕목		도덕성		
활동목표		• 정직과 정의감의 개념에 대하여 이해한다. • 진실을 말하고 올바른 마음을 갖기 위해서는 용기가 필요함을 안다. • 자신의 생각과 느낌을 자유롭게 표현한다.		
활동자료		금도끼 은도끼 동화책, 스케치북, 필기도구, 크레파스 등		
줄거리		나무꾼의 쇠도끼가 연못에 바지자 산신령이 나타나 금도끼, 은도끼, 쇠도끼 중 어느것이 나무꾼의 것인지 물어본다. 나무꾼이 쇠도끼라고 하자 산신령은 세 도끼 모두를 선물로 준다. 한편 욕심쟁이 나무꾼은 금도끼, 은도끼, 쇠도끼 모두 자기 것이라고 하여 신신령에게 혼이 난다.		
활동단계		활동과정		
도입 (15)	호기심 유발 및 문제 제기	• 금도끼 은도끼 동화책을 읽기 전에 표지나 부분 문장을 듣고 어떤 이야기인지 추론한다. – 이 동화는 무슨 내용일까? – 어떤 인물들이 나올 것 같니? • 동화책 내용을 함께 탐색한다. • 동화책의 주제인 도덕성과 관련하여 궁금한 점이나 함께 생각해 볼 내용을 정한다. – 첫번째 나무꾼은 세 개의 도끼 중 자신의 도끼가 어떤 것이라고 했니? – 솔직하게 말한 나무꾼에게 산신령은 어떻게 했니? 욕심쟁이 나무꾼은 어땠니? – 정직하게 말한다는 것은 무엇일까?		

전개 (25)	다양한 방법으로 탐색하기	• 정직과 정의감, 양심의 개념과 궁금한 점을 찾기 위하여 다양한 방법으로 접근한다. – 이 단어들을 정확하게 알기 위하여 우리는 무엇을 할 수 있을까? – 사전을 찾거나 스마트폰으로 검색해 본 적이 있니? • 질문하고 답하는 것 이외에도 여러 자료를 찾고 탐색해 본다.
	의미 부여 하기	• 정직과 정의감에 대하여 다양한 방법으로 탐색한 내용을 바탕으로 의미를 구성하고 그렇게 생각한 이유를 제시하는 경험을 한다. – 우리가 찾은 대로 정직은 진실을 말하는 것이고 정의감은 올바른 마음을 갖는 것이야. 그렇다면 두 나무꾼 중 누가 정직하고 정의감이 있다고 생각하니? – 거짓말을 한 욕심쟁이 나무꾼의 마음은 어땠을까? • 다양한 의견을 자유롭게 표현할 수 있는 토론을 통하여 내면화될 수 있도록 이야기 나눈다. – 정직한 생활을 실천해야 하는 이유는 무엇일까? – 유치원이나 집에서 실천해야 하는 정직한 행동에는 어떤 것들이 있을까?
마무리 (10)	창의적으로 표현하기	• 유치원이나 집에서 실천할 수 있는 정직한 행동 목록 표를 만들고 꾸며본다. – 우리가 함께 이야기 나누었던 정직한 행동들을 계속 기억하기 위해서 어떻게 하면 좋을가? – 정직한 행동 목록을 쓰거나 그림으로 만들어 볼 수 있겠구나. • 각자가 완성된 행동 목록 표를 감상하며 정직과 정의감에 대하여 한 번 더 정리의 시간을 갖고 활동을 마무리 한다.

5) 적용 동화

(1) 투덜이 하늘이

옛날에 아주 예쁜 얼굴로 태어난 하늘이라는 아이가 있었어요. 부모님께서 파란 하늘처럼 깨끗하고 멋진 모습으로 살라고 지어주신 이름이랍니다.

그런데 하늘이는 커가면서 점점 나쁜 말을 하기 시작했어요. 동생들을 매일 놀리고, 친구들과는 싸우고 욕하면서 나쁜 말만 했어요. 그래서 동생들과 친구들 모두 하늘이와 놀기를 싫어 했어요. 그리고 부모님께는 매일 화내고, 투덜거렸어요. 동네 어른들께도 반말하고, 인사도 하지 않고 다녀서 어른들도 모두 싫어했답니다. 이런 하늘이를 보며 부모님은 매우 걱정하시고 속상해 하셨어요. 예쁘고 고운 말을 사용하라고 늘 이야기하셨지만 하늘이는 듣지 않았어요. 하늘이의 이런 모습은 동네에 소문이 나서 아이들과 어른들 모두 하늘이를 투덜이라고 불렀답니다. 그래서 하늘이 이름은 '투덜이'가 되었답니다.

이렇게 투덜이가 나쁜 말을 하면 할수록 투덜이의 얼굴은 점점 더 못생겨져 갔어요. 투덜이가 어른이 되자 투덜이의 얼굴은 아주아주 무섭고 못생긴 얼굴로 변해 있었고, 투덜이의 말은 아주 나쁜 말들로만 가득했어요. 그래서 모든 사람들이 투덜이가 나타나기만 해도 피하는 것이었어요. 너무 너무 외로웠던 투덜이는 고운 말을 써보려고 햇지만 어렸을 때부터 쓴 말이 자꾸만 튀어나와 나쁜 말밖에 할 수가 없었어요. 그리고 사람들과 친해 보려고 노력했지만 투덜이의 얼굴만 보면 사람들이 싫어서 도망갔답니다.

할 수 없이 투덜이는 의사선생님을 찾아가 착하고 예쁜 모습으로 바꾸어달라고 부탁을 했어요. 그런데 의사선생님은 '나쁜 마음씨를 가지고 나쁜 말을 사용해서 못생겨진 얼굴은 수술을 해도, 약을 먹거나 침을 맞아도 고쳐지지 않는 답니다'라고 말했어요. 그동안 나쁜 말을 많이 했던 투덜이는 너무 슬퍼 후회하며 눈물을 흘렸답니다.

적용 Point

01 언어예절은 인성함양과 어떠한 관계가 있는지 설명해 보세요.

02 언어생활과 관련된 속담과 격언 등을 찾아보세요.

03 전통사회 훈육서에 나타난 언어예절의 가르침을 제시해 보세요.

04 유아의 언어예절지도를 위해 주의할 점은 무엇인가요?

05 부모로서 교사로서, 유아인성예절전문가로서 '언어예절'에서 스스로 주의해야 할 점은 무엇인지 이야기를 나누어 보세요.

| CHAPTER **09** |

효행과 유아인성예절

1. 효행의 이해

2. 효행을 위한 유아인성예절 동요와 프로그램

1. 효행의 이해

문화체육관광부(2013)에서는 '한국인의 가치관 조사'에서 우리나라 문화에 대해 자랑스럽다고 여기는 바는 문화유산이나 유물, 한식이나 한복, 충효사상 등 정신문화와 k-pop, k-drama, k-movie 등 대중문화 등으로 나타났다. 또한 국민들이 자녀들에게 가장 중요한 덕목으로 꼽는 것은 책임감이라는 응답이 가장 높았고, 근면, 성실, 타인에 대한 배려, 자립심 등이었다. 이는 과거 유교의 가치에서 출발한 충(忠) 효(孝), 인(仁), 의(義), 예(禮)와 연결되는 가치관과 함께 현대적인 관점의 핵심역량에서 강조되는 인성의 개념과도 합치되는 가치관이라 할 수 있다. 이러한 점에서도 전통적 가치관을 바탕으로 하되 시대적 변화를 반영한 새로운 관점으로 가치관 정립을 통한 인성교육 방향 설정이 필요하다는 점을 재확인할 수 있다.

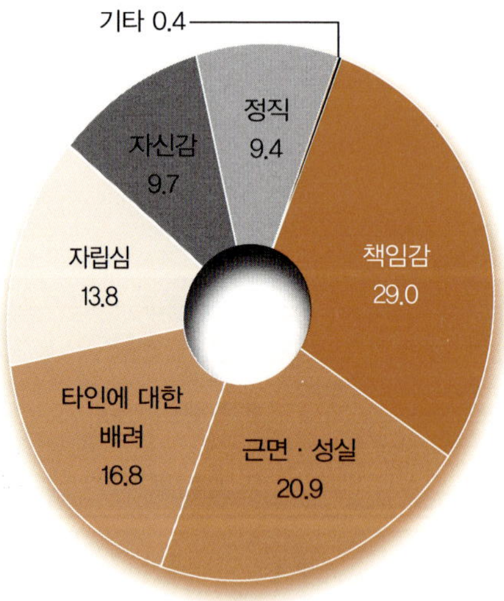

그림 9-1 | 자녀에게 가장 중요한 덕목(단위: %)

출처: 문화체육관광부(2013). 한국인의 가치관 조사.

인간의 삶은 가장 기초적인 사회집단인 '가정'에서부터 시작한다. 인간관계 역시 부모자식간의 관계로부터 시작되므로, 모든 삶에서 근간이 되는 인성예절은 '가정'과 '부모자녀관계'를 기초로 한다. 그러므로 효교육은 어려서부터 가정에서 효과적으로 실시되는 것이 가장 바람직하다.

예로부터 그 어버이를 사랑하지 않고서는 다른 사람을 사랑하는 것은 그릇된 덕이라 했고, 어버이를 공경치 아니하고 다른 사람을 공경하는 것은 어긋난 예라고 한다(소혜왕후, 《내훈(內訓)》 효친장)고 하여 타인의 사랑과 존중도 중요하나, 인간사의 중심이 되는 천륜관계의 중요성을 강조해 온 바를 보면, 무엇보다도 가정 내에서의 올바른 사랑과 공경의 관계가 형성되어야만 바람직한 삶이 이루어진다는 것을 알 수 있다(주영애 · 이영숙, 1997).

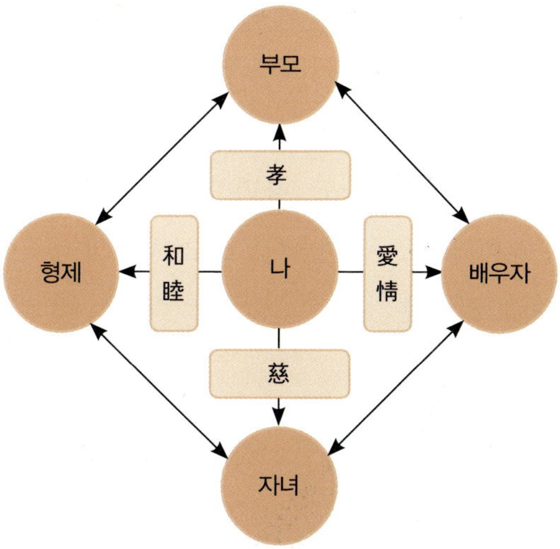

그림 9-2 | 나를 중심으로 한 가족관계

가족의 관계는 '나'를 중심으로 그 위계를 살펴보면, 위로는 부모를 모시고, 옆으로는 배우자와 형제, 아래로는 자녀와의 관계를 이룬다.

가족관계를 형성하는 기본적인 '가치'는 무엇인가? 이는 효(孝), 애정(愛情), 화목

(和睦), 자(慈)로 가족가치의 중심이 되었다. 이와같은 가치는 인간관계의 가장 기초가 되는 가족관계를 이루는 가족이 지향하는 가치이며, 규범이다. 특히 부모 자녀간은 하늘이 내려준 천륜(天倫)의 관계로, 세상의 어느 누구도 그 관계를 끊을 수 없다. 반면 부부관계는 사람이 맺어준 인륜(人倫)의 관계이다. 혼인을 인륜지대사(人倫之大事)라고 일컫는 것도 사람이 연결해 준 인간관계에서 가장 큰 일이 부부관계를 맺어주는 것이기 때문이다.

'부모는 자신의 머리와 같고, 형제자매는 자신의 수족(手足)과 같으며, 배우자는 자신의 의복(衣服)과 같다'는 말이 있다. 손과 발이 없다면 살아가는 생명에는 지장이 없다하더라도, 삶을 영위하는 동안 여러 상황에서 불편함을 느낄 수 있다. 형제자매가 함께 어려움을 극복하기도 하고, 기쁨과 슬픔도 서로 나누며 의지할 수 있어야 하는데, 형제자매가 없다면, 얼마나 외롭고, 힘겨울 것인가를 말함이다. 그러나 그보다 더 중요한 것은 인간이란 머리가 없으면 생명 자체가 존재할 수 없다는 점이다. 부모는 자신의 '머리'와 같은 존재이다. 부모와 자녀관계는 사회의 환경이 변화하고, 수많은 가치관의 변화하더라도, 불변하는 천륜의 관계이다. 효경(孝經)에는 '효(孝)는 덕(德)의 근본이다(孝德之本也)'라고 하고 '사람의 행실이 효보다 큰 것이 없다(人之行 莫大於孝)'라고 하였다.

▣ 《명심보감(明心寶鑑)》 입교편(立敎篇) ▣
- 입신함에 의로움이 있으니 효도가 그 근본이 된다.

▣ 《명심보감(明心寶鑑)》 치가편(治家篇) ▣
- 아들이 효성스러우면 부모가 즐겁고, 집안이 화목하면 모든 일이 이루어진다.

1) 부모님의 삼년상(三年喪)과 효행의 관계

천륜의 관계를 지켜가는 태도는 인간이 지녀야 할 가장 원초적인 인성이자 품성이다. 그러나 우리 사회에서 보면, 성장한 후에는 부모의 공을 잊고, 마치 혼자 잘해서 성장한 것이라 착각하며 사는 사람들도 종종 보게 되니, 안타까운 일이다. 사회에서의 인간관계를 탓하기 전에 자신은 과연 부모를 어떻게 모시고 있는지를 우선적으로 살펴야 한다.

부모가 돌아가시면, 과거에는 삼년상(三年喪)[09]을 지냈다. 삼년상을 지낸다는 것은 엄격히 말하면 총 27개월 정도에 해당하는 기간이다. 부모가 돌아가시면, 모든 생업을 뒤로 하고, 그 기간 동안에 부모의 은공을 깊이 생각하고, 일상의 삶을 절제하는 시간을 가졌다. 그러면 왜 3년일까? 이 세상에 태어나 인생 초기의 3년이라는 시간은 부모의 보살핌과 노고가 가장 많은 시기이다. 자녀가 소중한 존재로서 이 세상 환경에 적응할 수 있도록, 부모는 몸과 마음을 다하여 자녀를 살피며, 발달 과정 하나하나에 온 신경을 쓰면서, 근심과 걱정, 기쁨과 감사를 경험한다. 미숙한 존재로 태어나, 가장 많은 병치레를 하는 때도 출생 후 3년간이다. 진자리 마른자리 갈아 뉘이며 키우는 3년간 부모가 주었던 내리사랑과 보살핌의 은공을 잊지 말라는 의미에서 삼년상(三年喪)을 지내도록 한 것이다. 현대인들에게는 삼년상(三年喪)이란 매우 낯선 말이 되고 있지만, 부모가 돌아가셨을 때 상례를 지내는 기간이 짧아졌다고 해서, 부모에 대한 은공과 효도의 마음도 축소되어서는 안 된다.

---

09 삼년상(三年喪)은 자식이 부모가 돌아가신 이후 3년 동안 낳아주시고 키워주신 부모에 대한 보은과 효도를 다하고자 하는 마음에서 지냈다. 장사를 마친 후에도 상청 영좌(靈座)에 부모의 신주(神主)를 모시고 여막(廬幕)에 거처하며, 아침저녁으로 식사를 올리는 등 마치 살아계신 듯이 섬겼다(국립민속박물관). 그러나 현대는 상기(喪期)의 단축과 주택구조의 변화, 경제적인 부담, 의례의 복잡성 등에 연유하여 부모님이 돌아가신 후 상례가 간소화되고 있다.

2) 효교육은 인격완성의 목표

효(孝)란 늙을 노(老)를 아들 자(子)가 이고 가는 형상의 글이다. 자녀가 부모 모심을 상징한다. 자신을 낳아 준 생명의 은인이며, 길러준 부모의 은공에 감사와 보은의 정성을 다하라는 뜻을 담고 있다. 효(孝)란 혈연적인 부모자녀관계를 맺는 가치이자 철학이며, 인간의 도리이자, 규범이다.

전통사회에서는 '효(孝)는 덕행(德行)의 근본(根本)이며, 시작되는 것 이니라'라고 하여 효를 최고의 덕목으로 삼았었고,(손서영 · 이길표, 1998), 《논어(論語)》에서는 '효란 부모가 살아 있을 때는 예로 섬기고, 죽어 장사지낼 때도 예로써 모시고, 제사도 예로써 지내야 한다.'고 하여 부모가 생존하는 시기는 물론 돌아가신 후까지 예를 지켜 효를 실천해야 한다는 것을 강조하였다. 효는 물질적인 면보다 정신적인 면을 중요시하고, 행동으로 옮겼을 때만이 덕을 쌓을 수 있는 실천적인 덕목이라 할 수 있다. 이는 모든 덕(德)의 근본으로 개인과 가정을 올바르고 질서 있게 정착시키고, 나아가 사회와 국가로 확대되어 인간사회의 결속과 질서를 확립하는 가장 기본적인 윤리(이길표 · 주영애, 1995)이다.

우리나라에서는 효 사상에 기반을 둔 교육은 인격의 완성을 목표로 하였다. 자식은 부모에 대한 도리를 다해야 할 것을 강조하고, 남아에게는 성인군자에 이르게 하기 위한 삼강오륜을, 여아에게는 현모양처가 되기 위한 부덕교육을 중시하였다(주영애, 1999). 따라서 유아에게 인사나 언어, 금기 등에 관한 지식과 태도를 가르치고, 관혼상제 등의 가정의례와 세시풍속을 포함한 생활예절을 철저히 교육시켰다(유안진, 1987). 이와 같은 전통사회에서의 효 사상에 기반을 둔 교육 내용은 유아교육에서도 강화될 필요가 있다. 효는 우리의 전통윤리 속에 이어져온 경애정신을 바탕으로 한 인간교육이자 인성교육이며, 규범교육이기 때문이다. 따라서 효 교육은 생활교육으로써, 반복교육으로 하루 일과 시작에서도 부분부분 반복 지도되도록 계획하는 것이 바람직하다(박상희 · 주영애, 2001).

영유아 교사들의 '효 교육에 대한 인식조사' 결과(오세봉, 2015), 효 교육 활동에 대한 관심도는 높은 것으로 나타났으며, 효 교육의 목적은 '인격형성'이라고 보는 것으로 나타났다. 그리고 교사들은 '효 교육 프로그램 개발' 요구를 가장 많이 하고 있으며, 앞으로 유아교육기관에 이러한 프로그램이 보급되고 적극적으로 활용되도록 기회를 제공 해 줄 것을 요구하고 있다. 즉 효 교육의 활성화는 영유아들의 인성교육에 도움이 될 수 있을 것으로 보고, 관련 연구도 적극적으로 진행되어야 한다는 필요성도 제시되었다. 이러한 연구결과는 현재 교사나 지도자들을 위해서도 유아를 위한 '효 교육' 인성예절지도 프로그램이 크게 요구되고 있음을 시사한다.

유아의 인성예절지도를 위한 효 교육은 그 근원을 우리의 전통사회에서 이루어져 왔던 효 교육 내용에서부터 찾아 볼 수 있다. 이는 시대를 초월한 인간교육으로 중요한 가치를 담고 있다.

▣ 《격몽요결(擊蒙要訣)》 ▣

- 아버지와 자식 사이는 흔히 사랑하는 마음이 공경하는 마음보다 지나치기 쉽다. 그런즉 지극히 존경하여야 한다. 부모가 앉아 계시고 누워 계시는 곳에는 자식이 감히 앉고 눕지 못하여, 손님을 접대하는 곳에서는 자식이 감히 자기의 사사로운 손님을 접대하지 못한다. 또한 부모가 말을 타고 말에서 내리고 하는 곳에서는 자식이 감히 말을 타거나 내리지 못한다.
- 지금 사람들은 모두 부모가 길러 준 은혜를 입고서도 자기 힘으로 그 부모를 봉양하지 못한다. 만일 이렇게 그대로 세월을 지내고 보면 끝내 충성되게 부모를 봉양할 시기가 없을 것이다. 그러나 반드시 몸소 집일을 주장해서 자기 스스로 맛좋은 음식을 갖추어서 드려야만 자식 된 직책을 다했다고 하겠다. 만일 이렇게 마음마다 생각하고 생각해서 마음이 오로지 부모 봉양하는 데 있고 보면, 맛있는 음식도 반드시 얻을 수가 있을 것이다.

▣ 《명심보감(明心寶鑑)》 효행편(孝行編) ▣

- 부모님을 극진한 효성으로 섬기라.
- 아버지 나를 낳으시고 어머니 나를 기르셨으니 아아, 슬프다, 부모님이여, 나를 낳아 기르시느라고 애쓰고 수고하셨도다. 그 은혜를 갚고자 하면 저 높은 하늘과 같이 끝이 없도다.
- 효자가 부모를 섬김에 있어서 기거하심에는 그 공경함을 다하고, 봉양함에는 그 즐거움을 다하고, 병드시면 그 근심을 다하고, 돌아가시면 그 슬픔을 다하고, 제사 지냄에는 그 엄숙함을 다한다.
- 내가 부모에게 효도하면 자식 또한 나에게 효도하나니, 내가 먼저 효도하지 않는다면 자식이 어찌

효도하리오?

▣ 《명심보감(明心寶鑑)》 입반가(八反歌) ▣

- 어린 자식이 혹시 나를 꾸짖으면 내 마음에 기쁨을 느끼고, 부모가 나에게 화를 내시면 내 마음에 도리어 달갑게 여겨지지 않는다.
- 늙은 부모를 공경하여 받들라. 젊으셨을 때 그대를 위하여 힘줄과 뼈가 부서지도록 애쓰셨다.
- 부모를 봉양함에는 단지 두 분이 계실 뿐인데도 형제간에 서로 다투고, 자식을 기름에는 비록 열 명이라도 그대가 다 혼자 맡아 기른다.
- 함부로 아이들의 효도를 믿지 말라. 아이들의 아버지요 부모의 자식이 바로 그대 몸이다.

▣ 《부모은중경(父母恩重經)》[10] ▣

- 아이를 배어 지키고 보호해 준 은혜

  여러 겁 인연이 중하여 금생에 다시 와서 어미 태에 의탁했도다. 한 달이 지나가니 오장이 생겨나고 칠칠일에 여섯 정이 열리도다. 몸뚱이는 태산같이 무거웁고 행동거지 할 때마다 몹쓸 질병 겁내도다. 화려한 비단 옷은 도무지 안 입으니 단장하던 거울에는 티끌이 묻었도다.

- 해산함에 임하여 고통 받으신 은혜

  아이 밴지 열 달이 지나가니 어려운 해산 날이 닥쳐오도다. 날이면 날마다 중한 병에 걸린 듯이 정신이 혼미하도다. 두려웁고 무서운 심정 어찌 다 헤아릴까 근심으로 흘린 눈물 옷자락을 다 적시도다. 슬픔을 머금은 채 친족에게 아뢰옵되이러다가 죽지 않을까 겁날 뿐이외다.

- 자식을 낳고서야 근심 잊으신 은혜

  자비하신 어머님 그대 낳은 날엔 오장육부 도려내는 심한 고통 겪었으니 마음은 혼미하고 육체는 기절하며 짐승을 잡은 듯이 낭자히 피흘렸도다. 갓난아이 충실하단 말을 들으시고 무던히 기뻐하시건만 기쁨이 가신 뒤에 슬픔이 밀려오니 고통스런 그 심정 가슴을 저미도다.

- 쓴건 삼키고 단건 뱉아 먹여 준 은혜

  깊고도 무거울 사 부모님 은혜려니 사랑하고 귀여워하심 한시도 변함없도다. 자식 사랑 깊은 정에

---

10 부모의 은혜가 한량없이 크고 깊음을 설하여 그 은혜에 보답할 것을 가르친 불교경전. 1권. '불설대보부모은중경(佛說大報父母恩重經)'이라고도 한다. 이 경의 내용은 부모의 은혜가 한량없이 크다는 것에 역점을 두고 있다. 구체적인 예로서, 어머니가 아이를 낳을 때는 3말 8되의 응혈(凝血)을 흘리고 8섬 4말의 혈유(血乳)를 먹인다고 하였다. 그렇기 때문에 이와 같은 부모의 은덕을 생각하면 자식은 아버지를 왼쪽 어깨에 업고 어머니를 오른쪽 어깨에 업고서 수미산(須彌山)을 백천번 돌더라도 그 은혜를 다 갚을 수 없다고 설하였다(한국민족문화대백과).

맛좋은 음식일랑 잡숫지 아니하고 쓴 것을 삼키어도 찡그리지 아니하며 자식의 배부름이 자기 배부른 듯이 굶주림 사양 아니 하시니 자비의 크신 정 애처럽게 깊어만 가도다.

• 진자리 마른 자리 갈아 누이신 은혜
어머니 당신 몸은 젖은 데 누우시고 애기는 마른자리 갈아 누이며 포근한 두 젖으로 기갈을 채워주고 고운 옷자락은 바람 막고 추위 막아 주도다. 사랑의 정성으로 잠조차 설치시고 아기의 재롱으로 무척이나 기뻐하도다. 어린 애기 편케 할 뿐 자신의 편안함은 구하지 않도다.

• 젖먹이고 사랑으로 길러주신 은혜
어머니 은덕 대지와 같고 아버지 은혜 하늘과 같도다. 만물을 실어길러 주는 대지와 덮어 성장시키는 하늘의 공 능이 같도다. 부모님 은혜 또한 서로 같도다. 눈이 없거나 손발이 불구라해도 밉게 여기거나 싫어하지 아니하고 자기 자식 아끼고 사랑하는 마음 속에 세월 가도다.

• 목욕세탁 더러움을 씻어주신 은혜
생각건대 옛날의 아름답던 그 얼굴 아리따운 그 모습은 몹시도 고왔도다. 버들 입 두 눈썹에 붉그레한 두 빰이 야연꽃인 양 하였는데 깊은 정 쏟다보니 옥같이 곱던 얼굴 잔주름 늘어가고 세탁함에 손발이 다 닳도다. 애틋한 사랑 속에 자비하신 어머님은 얼굴마저 변하셨도다.

• 멀리 떠나가면 근심 걱정 하신 은혜
죽어 이별 진실로 잊기 어렵고 살아 이별 또한 가슴 아프도다. 자식이 외출하여 먼 곳에 나아가면 어버이의 그 마음도 타향 땅에 함께 있도다. 밤이나 낮이나 자식 향한 마음으로 흘린 눈물 천만 줄기. 나비 새끼사랑에 애처러이 울부짖듯 행여나 염려하여 애간장이 끊기도다.

• 자식을 위해서는 모진 일 하신 은혜
어버이 크신 은혜 산처럼 바다 같이 깊고 또 높으거니 진실로 보답키 어렵도다. 자식의 괴로움을 대신 받기 원하시고 아이의 수고함에 어미 마음 편치 않도다. 먼 여행 길 떠나가면 그동안에 무사한가 잠자리마저 걱정하도다. 자녀의 잠시 괴로움도 어미 마음 긴 시간 아프도다.

• 임종 때도 자식 위해 근심하신 은혜
아버지 어머니의 깊고도 지극한 은정 언제나 사랑으로 넘쳐 흐르도다. 앉거나 서거나 마음은 그림자처럼 멀리 또 가까이서 항상 서로 따르도다. 백 살된 고령의 어머니가 팔십 먹은 자식 걱정하고 계시니 이러한 깊은 정 어느 땐들 그치리까. 목숨이 다한 날에 비로소 떠날거나.

▣ 《내훈(內訓)》 효친장(孝親章) ▣

• 증자는 다음과 같이 말하였다. 효자가 늙은 어버이를 모실 때에는 그 마음을 즐겁게 해드리고 그

뜻을 어기지 않으며, 그 듣고 보심을 즐겁게 해 드리며, 그 주무시는 곳을 편안케 해 드리며, 음식으로 정성껏 모셔야 하니, 그러므로 부모의 사랑하시는 바를 또한 사랑하며, 부모의 공경하는 바를 또한 공경해야 하니, 개나 말에 이르기까지도 다 그러해야 하거늘, 하물며 사람에게 있어서랴.

- 효성스러운 자식의 어버이 섬기기는, 계실 때는 공경을 한껏 하며, 봉양하기는 한껏 즐겁게 해 드리고, 편치 않으실 때에는 지극히 근심하며, 상제되었을 때는 슬픔을 지극히 하며, 제사지낼 때에는 가장 엄숙하게 하여야 한다. 이 다섯 가지를 갖춘 뒤에야 능히 어버이를 섬길 수 있다.

부모를 존경하는 일, 공경의 도는 부모를 섬기는 일 중에서도 가장 중요한 도덕적인 의무(최재석, 1985)로 부모에 대해 존경하는 마음이 가장 소중하고, 이는 예의를 지켜 극진히 행해야 하는 것이다. 즉 부모에 대해서는 언어, 태도, 행동을 모두 예의 바르게 함으로써 가정 내 질서를 유지하고, 밖에서도 웃어른을 섬기는 경로효친(敬老孝親) 사상을 실천해야 한다.

부모님이 낳아주신 은혜에 보답하는 효행으로는 부모로부터 받은 자신의 신체를 잘 보전하고 처신을 잘하여 덕행에 그릇되게 하지 않아야 한다. 그리고 건강한 신체와 건강한 정신을 가진 한 인격체로서 성장하여 떳떳한 사회의 일원이 되어 맡은 책임과 의무를 충실히 하는 성인으로 살아갈 때 부모를 기쁘게 하는 것이며, 효를 다하는 것이다. 또한 부모님의 뜻을 늘 잊지 않고, 덕행을 실천하고자, 부모님께서 항상 강조하시던 말씀과 뜻을 이어나가는 것 또한 중요한 효행인 것이다. 이를 각 가정에서는 가훈(家訓)[11]을 통해서 부모의 유지를 받드는 실천적인 삶으로 나타내게 된다.

11 가훈(家訓)은 한 가정의 윤리적 교훈으로 그 가족들이 지켜야 할 도덕적 법도라 하였다. 그러므로 전통사회의 가족제도에서의 가훈은 한 가정을 유지해 나가는 정신적 · 실천적 지침이라 할수 있으며, 자손들이 이를 준수하고 계승하기를 기대하고 만든 것이다. 조선시대 가훈의 특성은 인성교육, 경제교육으로 분석하고 있고, 현대적으로는 독서교육, 서신교육, 생활교육, 봉사교육으로서의 의의를 갖고 있다고 분석했다(심정렬, 2011).

효행과 유아인성예절의 교육적 가치

① 부모 자녀간은 천륜(天倫)의 관계임을 이해한다.
② 효행을 위한 실천적인 가르침인 공경, 봉양, 시봉, 순종, 형제 친척간의 화목함, 보신, 입신행도, 부모님의 뜻을 받듦 등을 지켜나갈 수 있도록 한다.
③ 효행이란 인성교육의 핵심가치로서 인간의 삶에서 가장 중요하게 여겨야 하는 가치덕목임을 깨닫는다.
④ 효행은 부모로부터 시작하여 친척 이웃 등 웃어른을 섬기는 태도로 이어질 수 있음을 이해하여, 일상에서 어른을 섬기는 도리로 실천할 수 있도록 한다.

'효 교육 내용을 중심으로 한 유아예절교육 프로그램 개발의 기초'(주영애, 1999)에 의하면 효 교육 내용의 개념을 다음과 같이 분류하여 설명하고 있다.

표 9-1 | 전통사회에서의 효 교육 내용의 개념

효의 분류	효 교육 내용의 개념
공경의 효	부모에 대한 존경하는 마음이 가장 소중한 것이며, 이는 예의를 지켜 지극히 행하여야 하는 것으로 부모님께 언어, 태도, 행동을 예의바르게 함으로써 자기 자신은 물론 가정 내의 질서를 유지하고 밖에서도 웃어른을 섬기는 경로효친 사상을 실천하는 것을 말한다.
봉양의 효	자식으로서 부모가 생활해 나가시는 데 필요한 물질적인 면이나 정신적인 면에서 궁핍함을 느끼지 않으시도록 의복, 음식, 잠자리를 보살펴 드리며, 정서적으로도 지원하며 정성을 보이는 것을 말한다.
시봉의 효	항상 부모님의 신상에 관심을 갖고 생활을 살펴 드리면서 모든 일을 상의 드려 부모님 의견을 존중하고 가까이에서 잘 모시는 것을 뜻한다.
순종의 효	부모님께 순종하여 그 뜻을 따르고 모든 일을 행함에 있어서 부모의 허락을 받고 실행하여야 함을 말한다.
형제, 친척 간의 돈목의 효	부모를 잘 섬기고 부모의 마음을 편하게 해 드리기 위해서는 같은 부모에게서 태어난 형제, 자매와 우애가 있어야 하며 나아가 같은 조상으로부터 태어난 친척과도 화목해야 한다.
보신의 효	부모가 낳아주신 자기의 신체를 보호하고 건강을 유지하여 부모님께 걱정을 끼치지 않도록 하는 것이다.

입신행도의 효	건전한 신체와 정신을 가진 한 인격체로 성장하여 떳떳한 사회의 일원으로 자신이 맡은 책임과 의무를 충실히 수행하여 부모님을 기쁘게 해 드리는 것이다.
양지의 효	부모님이 남겨주신 가르침과 뜻을 잊지 않고, 덕행을 실천하여 그 유지를 이어가는 것을 말한다.

출처: 주영애(1999). 효교육 내용을 중심으로 한 유아예절교육 프로그램 개발의 기초. 한국전통생활문화학회지, 2(2), p. 200 참조.

2. 효행을 위한 유아인성예절 동요와 프로그램

1) 적용내용 예시: 효도(孝道)와 유아인성예절 지도

구분	주제	내용	동요
공경의 孝	아버지 어머니를 사랑해요.	• 낳아서 길러주신 은혜를 알아요. • 부모님의 성함을 알아요. • 부모님의 생신을 기억해요.	부모은중경
	웃어른을 공경해요.	• 할머니 할아버지와 이야기를 잘해요. • 어른이 소중히 여기는 물건에 손대지 않아요. • 어른이 오시면 인사를 잘해요.	할아버지 할머니
봉양의 孝	아버지 어머니와 함께해요.	• 매일 매일 아침저녁에 인사드려요. • 부모님과 함께 음식 먹어요.	아침인사해요
시봉의 孝	아버지 어머니께 걱정 끼치지 않아요.	• 집 밖에 나갈 때는 꼭 말씀드려요. • 집에 돌아와서도 인사드려요.	바른 인사말
	어머니 아버지 편찮으시면 살펴드려요.	• 어머니 아버지 편찮으시면, 보살펴 드려요. • 심부름 할 수 있어요. • 집안 일 도울 수 있어요. • 동생을 잘 돌 볼 수 있어요.	아버지 어머니 편찮으시면

순종의 孝	어머니 아버지 뜻을 따라요.	• 어머니 아버지 말씀에 귀 기울여요. • 말씀하시는 중간에 끼어들지 않아요. • 어머니 아버지께서 왜 그렇게 하라고 말씀하셨는지 생각해 보아요. • 어머니 아버지 말씀에 응대할 때 큰 소리 치지 않아요.	부모님 위해
형제 · 친척을 소중히 하는 孝	형제자매는 소중해요.	• 형제자매와 다투지 않고, 서로 도와요. • 형제자매의 물건을 탐내지 않아요. • 물건을 나누어 쓸 수 있어요. • 고마워, 미안해와 같은 인사를 주고받아요.	부모님 위해
	친척과 화목해요.	• 친척과 사이좋게 지내요. • 서로서로 도와요. • 친척의 관계를 알고 있어요.	우리 친척
보신의 孝	우리 몸을 조심해요.	• 몸을 다치지 않게 조심해요. • 다른 친구의 몸을 헤치지 않아요. • 깨끗하게 몸을 씻고, 단정한 몸차림을 해요. • 내가 아프면 아버지 어머니 마음이 더 아파요.	곱게 자라요
입신행도의 孝	당당하고 멋진 어린이가 될래요.	• 다른 사람들과 친하게 잘 지내요. • 내가 할 일은 반드시 해요. • 바르고 당당한 태도를 갖출 수 있어요.	나는 나는 누굴까
양지의 孝	어머니 아버지의 가르침을 알아요.	• 우리 집의 가훈을 말할 수 있어요. • 가훈은 언제나 잘 지키려 해요.	가훈 알죠

2) 적용 동화

(1) 태교이야기

옛날 '주 나라'의 임금님인 '문왕'이라는 분이 계셨답니다. 문왕은 백성들을 잘 보살폈고, 잘 살 수 있도록 많은 노력을 했어요. 그래서 백성들의 사랑과 존경을 받는 훌륭한 임금님이었어요. 이런 문왕에게는 더 훌륭한 어머니인 '태임'이라는 분이 계셨답니다. '문왕'의 어머니는 문왕을 뱃속에 갖고 계셨을 때부터 10달 동안 좋은 생각을 하고, 바른 몸가짐을 하며, 좋은 음식을 드셨대요. 어머니 '태임'은 이렇게 했답니다. 기울어진 곳에 앉지 않았어요. 그리고 좋은 생각만 했대요. 도와줄 사람은 없는지 불쌍한 사람을 도와줄 수 있는 방법은 없는지 생각하셨대요. 또 남의 물건을 탐내지 않았어요. 좋은 것이 있으면 누구나 갖고 싶어 하는데, 문왕의 어머니는 절대로 그런 생각을 하지 않고, 참아내셨답니다. 그리고 모양이 예쁜 음식을 드셨어요. 마지막으로 말하는 것을 조심하셨대요. 다른 사람을 욕하거나, 헐뜯는 이야기는 하지 않으셨대요. 좋은 이야기만 듣고, 좋은 이야기만 하려고 노력하셨대요.

그렇게 힘들게 10달을 보내면서 태어날 '문왕'이 건강하고 멋있게 태어나기를 기도하셨대요. 그런 후 드디어 문왕이 태어났답니다. 어머니 태임이 바라던 대로, 생긴 모습도 멋지고, 마음씨도 좋아서, 문왕이 태어난 것을 모두 기뻐하며, 어머니 태임에게 축하를 드렸답니다.

(2) 서로 도와주는 형제

옛날옛날 아주 먼 옛날 어느 마을에 네 명의 남자 형제가 살고 있었어요.

아주 행복한 마을이었는데 이곳에 별안간 나쁜 병을 앓고 있는 사람들이 생기게 되었어요. 이 집에서 저 집으로 마구마구 병이 옮겨졌어요. 그걸 전염이라고 하는데 많은 사람들이 전염병을 앓고 누워있고, 어떤 사람은 죽기까지 했어요.

네 명의 남자 형제가 살고 있던 이 집에도 전염병이 오게 되었어요. 첫째 형이 먼저 앓게 되었는데, 열이 나고 숨을 쉬지 못할 정도까지 되더니 결국 며칠 있다가 첫째 형이 죽고 말았어요. 그래서 어린 넷째 동생은 이웃 마을로 가서 있으라고 했어요. 그런데 이번에는 두 번째 형이 그 병에 걸리게 되었어요. 셋째의 이름은 곤이였는데, 곤이는 둘째 형을 극진히 간호했어요. '형 아프면 안돼! 죽으면 절대 안돼! 형은 병을 이겨낼 수 있을 거야, 내가 도와줄게.'라고 했어요.

동네 사람들은 '병에 걸리면 죽는거다. 너라도 빨리 동생이 있는 마을로 피신해서 살아라.'라고 했지만, 셋째 동생 곤이는 듣지도 않고 밤낮으로 자지도 않고 곁에서 간호를 했어요. 땀도 닦아주고, 물도 떠다 주고, 죽도 끓여 주고, 약도 주고 했어요.

10일 정도 지났는데, 둘째 형이 열이 떨어지면서 점점 나아지기 시작했어요. 그동안 옆 마을로 가 있던 동생도 다시 돌아왔고, 모두 건강해져서 옛날과 같이 지낼 수 있게 되었어요. 건강을 찾은 둘째 형은 '정말 곤이가 나를 살려 주었구나. 곤이야 고맙다. 그리고 사랑한다.'라고 말했어요. 그것을 본 많은 마을 사람들은 이렇게 이야기했어요.

"형제가 서로 돕고 사랑하는 마음이 죽을 전염병도 이겨냈구나!"라고 하며 곤이를 칭찬했답니다.

(3) 자춘이야기

옛날에 자춘이라는 사람이 있었대요. 그 사람은 아주 효도를 잘하는 사람으로 마을에 있는 많은 사람들이를 '자춘이는 참 효자야.'라고 칭찬을 했대요. 항상 조심하면서 다른 사람에게도 나쁜 일을 하지 않고 잘 지내서, 모두 칭찬했답니다.

그런데 어느 날 자춘이라는 사람은 방에서 나오다가 발을 잘못 디뎌서 제대로 걸을 수가 없었어요. 그래서 몇 달 동안 밖에 나가지 않고 지냈어요. 시간이 지나서 조금씩 발을 움직일 수 있게 되었는데, 얼글은 시무룩했어요. 그래서 사람들이 무엇보았대요. '얼굴 표정이 너무 나쁘군요. 아직도 많이 아픈가요? 아니면 더 큰 병이 걸린건가요?' 자춘은 이렇게 이야기했대요. '아니요. 아버지 어머니께서 제 몸을 낳아 귀하게 길러 주셨는데 저는 몸을 잘 돌보지도 못하고 몸을 다치게 했으니 얼마나 부모님께서 마음이 상하셨을까 생각하니 꼭 부모님 발을 내가 상처 내게 한 것 같아서 마음이 더 아픕니다. 이제 효도를 잘하기 위해서는 무엇보다도 제 몸을 다치지 않게 하는 것이라고 생각했습니다.'라고 했대요. 그래서 사람들은 '자기의 몸을 다치지 않게 하는 것이 큰 효도구나.'라고 생각하게 되었대요.

(4) 심청전 이야기

심청의 어머니는 심청이를 낳은 지 얼마 안 되서 돌아가셨어요. 심청이의 아버지인 심봉사는 앞을 볼 수 없던 장님이었는데, 심청이를 다른 사람에게 젖을 얻어 먹이며 열심히 키웠지요. 심청이는 무럭무럭 자라서 15살이 되었어요.

그러던 어느 날, 심봉사는 길을 걷다가 물에 빠졌는데 지나가던 스님의 도움을 받고 살아날 수 있었어요. 그 스님은 장님인 심봉사에게 부처님께 바칠 공양미 300석을 바치면 눈을 뜰 수 있다고 했어요. 그 이야기를 심청이도 알게 되었고, 심청이는 어떻게든 아버지의 눈을 뜨게 해 드리고 싶어서 제물이 되기로 했어요. 결혼하지 않은 소녀를 필요로 하는 뱃사람들과 거래를 했습니다. 비바람이 심한 바다에 제물로 소녀를 넣으면 비바람을 피해갈 수 있다고 뱃사람들은 믿었어요. 심청이는 자신이 그 제물이 되기로 결심했고, 뱃사람들은 심청이를 데려가는 대신 공양미 300석 값을 심봉사에게 주었어요. 심청이는 비바람이 몹시 치던 날 바다에 뛰어들었답니다.

바다에 뛰어든 심청이는 용왕의 도움을 받아, 돌아가신 어머니도 만나고 연꽃에 태워져 다시 세상 밖으로 나오게 되었어요. 심청이가 탄 연꽃은 뱃사람들에게 발견되어 임금님께 바쳐졌어요. 사람들은 연꽃 속에 심청이가 타고 있다는 사실을 알게 되었고, 임금님은 효성이 지극한 심청이를 왕비로 맞아들였답니다.

효심이 지극한 심청이는 왕비가 되고 나서도 앞을 보지 못하시는 아버지 걱정을 늘 했고, 아버지를 찾기 위해 왕에게 요청을 했어요. 10일 동안 앞을 보지 못하는 봉사들을 위한 잔치를 열게 해달라고 했어요. 마지막 잔칫날, 심봉사가 잔치가 열린다는 소리를 듣고 잔치에 갔어요. 심청이는 심봉사를 바로 알아보고, 심봉사에게 '아버지!!'라고 부르며 달려갔어요. 심봉사는 청이가 살아있다는 것에 감격해서 심청이를 보기 위해 눈을 뜨려고 하자 정말 눈이 번쩍 떠졌어요. 얼마나 기뻤는지 심청이와 아버지는 서로 눈물을 흘렸어요. 이제 심봉사는 더 이상 심봉사가 아니었고, 왕비가 된 심청이와 만나서 행복하게 살았답니다.

3) 적용 프로그램

(1) 효(경로효친)

번호	활동명	하위내용	관련생활 주제	활동유형	대상연령		
					만3세	만4세	만5세
1	부모님의 마음을 기쁘게 해드려요	부모님에 대한 효	나와 가족	이야기 나누기		●	○
2	엄마, 아빠를 초대해요	부모님에 대한 효	나와 가족	행사	○	●	○
3	옛날 이야기	조부모님에 대한 효	나와 가족	음악활동	○	●	○
4	어른께는 높임말을 사용해요	조부모님에 대한 효	나와 가족	자유선택 활동(언어)		○	●
5	할머니, 할아버지를 초대해요	조부모님에 대한 효	나와 가족	행사	●	○	○
6	우리 동네에 계신 할머니, 할아버지	지역사회 인사에 대한 효	우리 동네	현장학습			●
7	아름다운 이야기 할머니	지역사회 인사에 대한 효	우리나라	문학활동 (동화)	○	○	●
8	우리나라 전통예절을 배워요	지역사회 인사에 대한 효	우리나라	동작활동		○	●
9	북두칠성이 된 일곱 형제	부모님에 대한 효	우리나라	문학활동 (동화)		○	●
10	돈 속에 숨어 있는 효 이야기	부모님에 대한 효	우리나라	이야기 나누기			●

■ 대상 연령이 1개일 때 ●, 2개 이상일 때 1순위 연령에 ●, 난이도를 조절하여 활동할 수 있는 연령에 ○표

출처: 교육과학기술부(2011). 유치원 기본과정 내실화를 위한 인성교육프로그램, 6 참조.

(2) '저는 효자랍니다' 유아인성예절 프로그램

지도 목표	■ 효의 개념을 안다. ■ 부모님이 태교를 어떻게 하셨는지 이해한다. ■ 부모님의 사랑에 감사하고, 예절을 지킬 수 있다.

과정	주제	내용	자료
도입	지도자-유아	• 인사 나누기	
	이야기 나누기	• 친구들을 낳아서 길러주시는 분은 누구일까? • 부모님은 우리가 어머니 배 속에 있을 때 어떻게 하셨을까?	
활동 실습	태교이야기	• 태교이야기 창작동화를 들려준다. • 부모님이 태교를 하여 친구들이 세상에 태어나게 되었음을 이야기한다. • 낳아주신 부모님께 감사해야 함을 이야기 나눈다.	동화그림 교구
	부모은중경 동요 배우기	• 율동과 함께 '부모은중경' 동요를 배운다.	노래판
	효의 개념 익히기	• 부모님 존경하기, 공경하기, 말씀 잘 듣기 • 내 몸을 다치지 않게 하기 • 형제끼리 잘 지내기 등을 이야기한다.	글자교구 그림교구
	부모님께 지켜야 할 예절	• 아침저녁 인사드리기, 존댓말 쓰기 • 투정하지 않고 말씀 잘 듣기 • 나는 나는 누굴까? 동요 배우기	노래판
정리	유아와의 상호작용	• 인사말: 안녕히 주무셨습니까? 안녕히 다녀오십시오, 다녀오겠습니다. 다녀왔습니다. 연습해보기 • 존댓말: 어머니, 아버지 호칭 연습하기	글자교구
	마무리 인사	• '부모은중경'노래를 다시 부르며, 의미를 반복하여 이해할 수 있도록 한다. • 인사 나누기-공수자세로 마무리 인사를 나눈다.	노래판
지도 시 유의점		• 개념이해의 난이도에 따라, 차시를 나누어 지도할 수 있다. • 주의집중에 유의한다.	

(3) '아버지 어머니와 함께 해요' 유아인성예절 프로그램

지도 목표	■ 아버지 어머니께 인사 여쭙기를 바르게 한다. ■ 아버지 어머니께 음식을 바르게 대접한다. ■ 부모님 앞에서의 기거동작과 물건 다루기를 알고 실천한다.

과정	주제	내용	자료
도입	지도자–유아	• 인사 나누기	
	이야기 나누기	• 아버지 어머니는 어떻게 모셔야 하는 걸까요? • 옛날 어린이들은 부모님 모시는 방법을 어떻게 배웠을까? • 부모님 모시는 법을 가르쳐 주려 한다고 설명한다.	
활동 실습	부모님께 인사하기	• 아버지 어머니께 아침에 일어나면 인사를 해야 한다는 것을 알려준다. 어떻게 인사하고 있는지 이야기를 나누며 자연스럽게 방법을 알려준다. • 바른 인사하는 방법은 '아버지 안녕히 주무셨어요?''어머니 안녕히 주무셨어요?'임을 안다. • 지도자를 따라 반복 연습해 본다.	글자교구
	동요 배우기	• 율동과 함께 '아침인사해요' 동요를 배운다.	노래판
	음식 대접하기 물건 드리기	• 옛날에 부모님께 반상을 드리는 것을 설명한다. (눈썹 높이까지 올려서 드리는 모습) • 공손하게 부모님께 물건 드리는 것을 실습한다. (물컵을 올린 쟁반을 들고 지도자 앞에 가서, 쟁반을 내려 놓은 후, 물컵을 드리는 것을 실습한다.)	그림교구
	부모님께 책 드리기	• 부모님께 '책'을 전해드리는 실습을 한다	책
정리	유아와의 상호작용	• 부모님께 아침에 어떻게 인사할까요? • 부모님께 물이나 책을 드릴 때는 어떻게 해야 할까요? • 유아들이 배운 내용에 대해 그림교구를 보고 설명해 보도록 한다.	그림교구
	마무리 인사	• '아침인사해요'노래를 다시 부르며, 의미를 반복하여 이해할 수 있도록 한다. • 인사 나누기 – 공수자세로 마무리 인사를 나눈다.	노래판
지도 시 유의점		• 유아들이 실수 하더라도 실망하지 않도록 조심스럽게 독려한다. • 주의집중 하도록 유의한다.	

(4) '어머니 아버지 편찮으시면 살펴드려요' 유아인성예절 프로그램

지도 목표	■ 부모님 편찮으실 때 보살펴 드려야 하는 것이 부모님께 대한 예절임을 안다. ■ 부모님을 도와 집안일을 하는 마음을 갖는다.

과정	주제	내용	자료
도입	지도자-유아	• 인사 나누기	
	이야기 나누기	• 어머니 아버지 편찮으신 경우가 있었나요? 그때 기분은 어떠했나요? • 부모님이 편찮으시면 어떻게 하는 게 좋을까요?	
활동 실습	바른 존대어 배우기	• 엄마 어디 아파? 병났어? 등의 표현은 올바른 표현으로 수정하여 가르쳐 준다. • 어머니께서 병환이 나셨어요. • 글자교구를 보고 따라하며 익힌다.	글자교구
	동요 배우기	• 율동과 함께 '아버지 어머니 편찮으시면' 동요를 배운다.	노래판
	옛가르침 역할놀이	• 부모님을 잘 보살펴드리지 못했을 때를 '불효'라고 생각했음을 알게 한다. • 롤 플레이: 어머니 편찮으신 상황/ 유아 대처하기	글자교구 흰머리띠 물컵,쟁반
	부모님께 지켜야할 예절	• 청소하기 • 정리정돈하기 • 현관의 신발 정리하기 • 부모님 곁에서 심부름하기 • 동생 돌보기(동생과 놀아주기)	그림교구
정리	유아와의 상호작용	• 부모님께서 편찮으시면 어떻게 해야 할까요? • 유아들과 질의, 응답을 통해 내용을 심화한다.	
	마무리 인사	• '아버지 어머니 편찮으시면' 노래를 다시 부르며, 의미를 반복하여 이해할 수 있도록 한다. • 인사 나누기 – 공수자세로 마무리 인사를 나눈다.	노래판
지도 시 유의점		• 역할놀이에 적극 참여하도록 지도에 유의하며, 부모 · 유아 역할을 바꾸어가며 해보도록 한다.	

4) 적용 동요

(1) 부모은중경

부모님의 은공에 대한 내용을 가르치는 불교경전의 글을 인용하여 만든 동요이다. 부모님의 은혜에 대해 자녀를 낳으실 때, 기르실 때, 어떻게 했는지를 상세히 알려주어, 그 감사함을 마음에 깊이 새기도록 한다.

부모은중경

주영애 작사, 곡

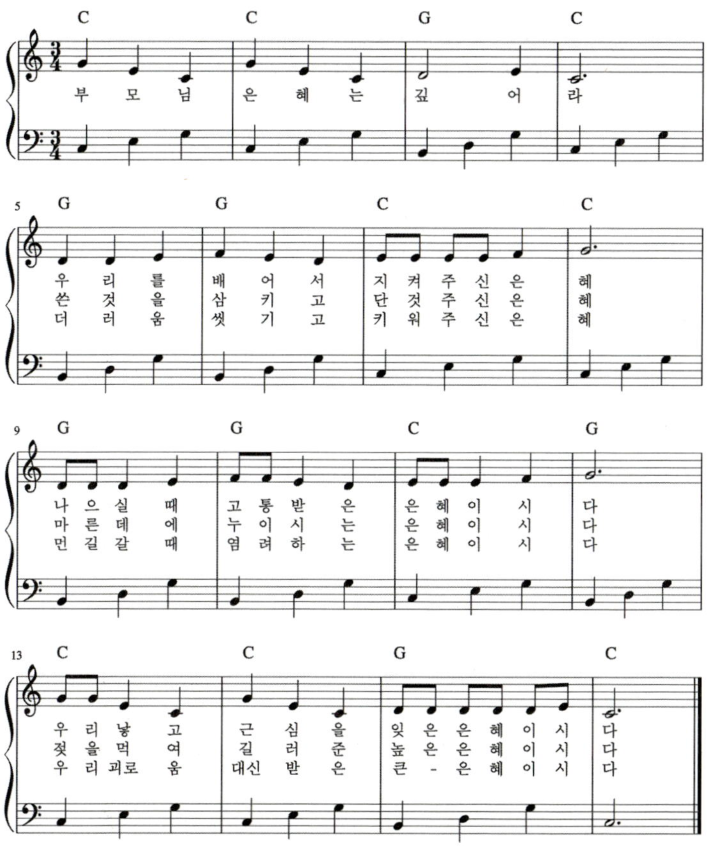

(2) 나는 나는 누굴까?

자신의 존재란 부모님으로부터 존재하게 된다는 것을 깨닫게 한다. 또한 부모님의 은공으로 성장한다는 것을 알게 하며, 항상 부모님께 감사함을 갖도록 한다.

나는 나는 누굴까?

주영애 작사, 곡

(3) 아버지 어머니 편찮으시면

부모님께 대한 효는 곁에서 언제나 살펴드리는 것도 매우 중요하다. 특히 부모님께서 편찮으실 때, 자녀들이 어떻게 해야 하는 지를 일깨우는 내용이다.

아버지 어머니 편찮으시면

주영애 작사, 곡

(4) 곱게 자라요

부모님께 걱정을 끼치지 않는 것이 효(孝)라는 것을 알게 한다. 특히 자신의 몸을 보호하고, 다치지 않게 조심하는 것을 잊지 않도록 지도한다.

곱게자라요

주영애 작사, 곡

(5) 부모님 위해

부모님의 말씀을 잘 듣고 순종하는 효 내용을 담은 동요이다. 구체적으로 유아들의 부모님 말씀을 잘 듣고, 부모님과의 약속을 지키도록 노력하는 태도를 갖도록 지도한다.

부모님 위해...

주영애 작사, 곡

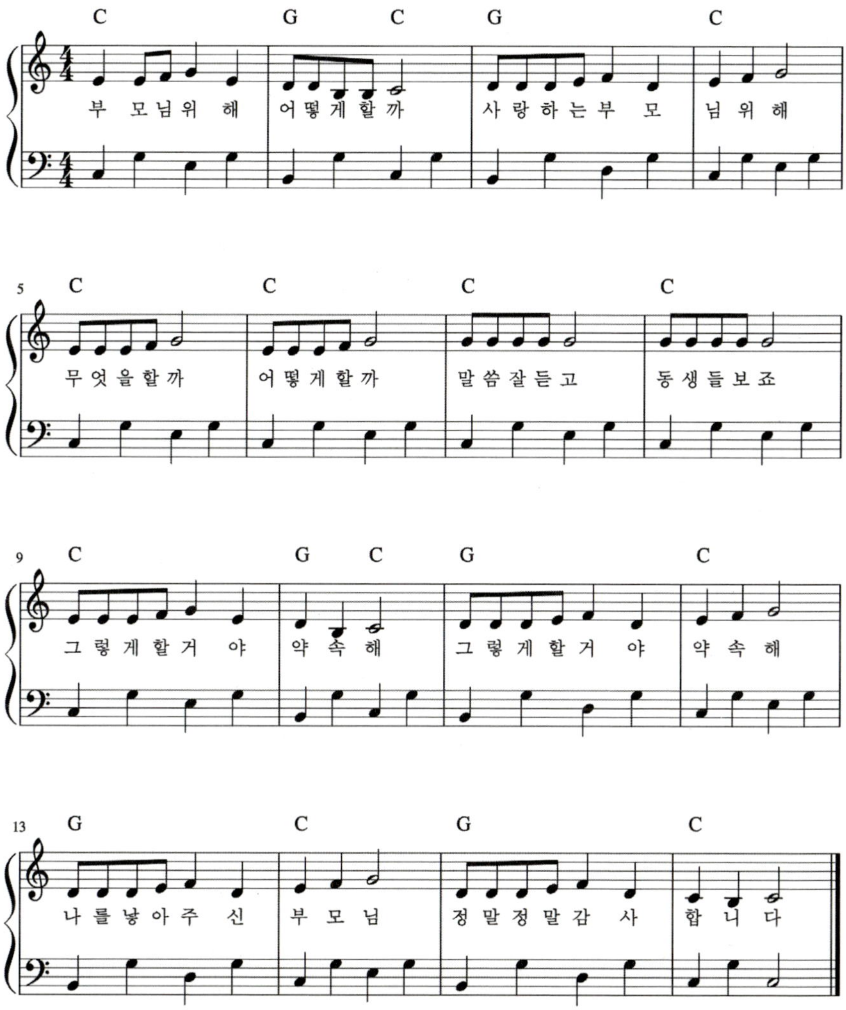

(6) 가훈 알죠

부모님의 뜻은 가훈을 통해서 세대에서 세대로 이어진다. 유아의 각 가정에서 가훈을 먼저 조사해 오게 하여, 가훈을 익히도록 지도할 때 적용할 수 있는 동요이다. 가훈은 선조 때부터 이어온 내용으로 정할 수도 있고, 부모의 가치관과 삶의 경험과 철학을 중심으로 정할 수도 있으며, 종교적인 가치나, 좋은 글귀를 따라서 정할 수도 있다. 정해진 가훈을 따르는 삶을 사는 것은 부모가 돌아가신 후에도 부모의 유지로써 자손들이 받드는 것이며, 부끄럽지 않게 사는 기준이 될 수 있기 때문에 효(孝)의 중요한 내용이 된다.

가 훈 알 죠

주영애 작사, 곡

적용 Point

01 효행과 유아인성예절의 교육적 가치는 무엇인가?

02 효의 내용을 구분해서 설명해 보세요.

03 부모은중경에 나온 부모의 은혜를 읽어 보고, 그 느낀 점을 서로 이야기 나누어 보세요.

04 효의 실천을 위해서 우리가 각자의 입장에서 현재 할 수 있는 활동에는 어떤 것이 있을지 제시해 보세요.

05 유아들에게 추상적인 효가 아니라 실천적인 효를 가르치기 위한 방법에 대해서 논의해 보세요.

CHAPTER 10

한복 입기와 유아인성예절

1. 한복 입기

1) 옷차림예절은 자기관리의 기본

바른 자세와 옷차림 예절을 지키는 것은 자신을 관리하는 기본이다. 오늘날은 시대 변화에 따라 일상복으로 한복이 아닌 서구화된 의복을 착용하고 있다는 점이 다를 뿐 옷을 바르게 입어야 하고, 장소와 경우에 맞추어 입어야 한다는 기본의식에는 과거와도 차이가 없다. 옷차림을 바르게 한다는 것은 어떻게 인성예절과 연관이 있는 것인가?

옷차림은 자신을 관리하는 기본적인 수신(修身)이다. 바른 옷차림을 하는 것은 그 사람의 인격을 그대로 보여 주는 것이다. 비싸고 화려한 옷을 입는 것이 아니라 자기에게 맞는 옷을 바르게 입는 것이 핵심이다. 또한 때와 장소에 맞추어 옷차림을 하는 것은 타인에 대한 배려와 존중의 마음가짐을 갖게 하는 것이므로 인성예절교육과 관계가 되어 있다. 일반적으로 정장차림을 했을 때와 캐주얼 복장을 했을 때의 마음가짐과 행동에는 차이가 있다는 것을 경험해 보았을 것이다. 단정한 옷차림, 깨끗한 옷차림, 사치하지 않는 옷차림, 때와 장소에 맞는 옷차림이 그 기준이 되어야 한다. 바른 차림으로부터 바른 생각과 바른 마음을 기를 수 있다. 즉 바른 옷차림을 하는 태도를 통해서 사회의 질서를 지키고, 함께 지내는 사람에 대한 존중과 배려의 마음가짐이 그대로 드러나게 된다. 그래서도 옛 어른들은 아이들이 어려서부터 사치한 옷을 입고, 과시하거나 허황된 마음이 들지 않도록 거친 옷을 입혔다고 하는 이유도 그러한 연유에서이다.

■ 상황에 맞는 옷차림을 통한 존중과 배려
- 외출할 때는 밖에서의 활동에 맞추어 옷차림을 하고 나가도록 한다.
- 그림을 그리거나, 요리활동, 청소 등을 할 때에는 작업복이나 앞치마 등을 착용한다.
- 잠잘 때나 운동할 때에도 그에 맞는 옷차림을 한다.

■ 깨끗한 옷차림을 통한 존중과 배려
- 얼룩이 묻어 있거나 더러운 옷은 항상 청결하게 세탁하여 입도록 한다.
- 땀에 젖었을 때, 비를 맞았을 때, 운동한 후와 같은 경우에는 함께 있는 사람들에게 불쾌감을 줄 수 있으므로 바로 갈아입도록 한다.
- 신발은 흙이나 먼지가 잘 묻어 있고, 냄새가 날 경우가 많으므로, 항상 청결하게 관리하여 신도록 한다.
- 속옷은 자주 갈아입고, 양말은 매일 갈아 신어 깨끗한 옷차림을 한다.
- 다른 사람에게 부러움을 받는 값비싼 옷을 입는 것보다 깨끗하고, 단정한 차림을 하면서 타인을 존중하고 배려하는 마음을 갖는 것이 더 중요하다.

■ 단정한 옷차림을 통한 존중과 배려
- 어지거나 단추가 떨어지고, 지퍼가 고장난 옷은 수선해서 입도록 한다.
- 몸에 맞는 옷을 입도록 한다. 몸에 딱 달라 붙어 조임이 많은 옷이나, 칫수에 맞지 않게 너무 큰 옷은 보는 사람에게 불쾌감을 줄 수 있으므로 주의한다.
- 즐거운 자리에 초대 받아 갈 때에는 지나치게 화려한 옷차림은 삼가고, 단정하고 그 자리에 맞는 옷차림을 하도록 한다.

《격몽요결(擊蒙要訣)》과 《고암가훈(顧菴家訓)》《사소절(士小節)》 등에는 옷차림과 관련하여, 어떠한 옷차림을 해야 하는지, 옷 입기에 대한 올바른 태도에 대해 언급되어 있다. 화려하고, 값비싼 것이 아니라, 옷 입는 사람에게 적합한 검소한 옷을 입어야 한다는 절제할 수 있는 기본 마음가짐에 대한 가르침이다.

▣《격몽요결(擊蒙要訣)》 지신장(持身章) ▣
의복은 화려하고 사치스러운 것을 위주로 해서는 안 된다. 추위를 막을 만하면 되고….

▣《고암가훈(顧菴家訓)》[12] 의복(依服) ▣
사람의 의복은 마음에 따라서 다르다. 그 마음이 사치스러우면 그 옷도 반드시 사치스럽고 마음이 검소하면 옷도 반드시 순박하기 마련이다. 그런 때문에 그 옷이 사치스러운가 순박한가를 보면 그 마음이 사치스러운가 검소한가를 알게 된다. 여기서 사치스러운 자는 재앙을 불러오고 검소한 자는 복을 불러 온다.

▣《사조절(士小節)》 동규(童規) ▣
어린이의 성품은 깨끗하고 새로운 것을 좋아하는 버릇이 있어서 자기가 스스로 그러한 것을 시험해 보려고 하는데, 이는 사치하는 버릇에 들어가기 쉬우니, 부모는 이를 억제하여 검소하게 바로 잡아서 거칠고 소박한 의복을 입게 할 것이다. 또한 헝클어진 머리와 때묻은 얼굴에 옷과 띠를 잘 정비하지 않는 아이가 있는데, 이는 검소한 것이 아니라 비루한 데 가까워 족히 칭찬할 것이 못되니, 부모는 이를 억제하여 깨끗하게 바로잡아서 그로 하여금 잘 씻고 정비하여 누추하게 되지 않게 할 것이다.

2) 한국문화의 상징, 한복입기와 인성예절

우리 고유의 한복은 韓 style을 대표하는 한국문화의 상징이다. 외국인들이 '한국'이라는 말을 들었을 때 떠오르는 이미지는 '한식', '한복', '비빔밥' 등을 말한다. 요즈음 내외국인들은 한복을 입고 궁궐을 체험하는 관광 상품도 즐기면서 한국의 전통생활문화를 몸소 경험한다. 한복은 색과 선이 아름다우며, 한국을 상징하는 고유의 의상이다. 최근에 한복은 전통의상으로만 존재하는 것이 아니라, '생활한복' '패션한복' 등으로도 널리 착용되고 있다.

유아의 옷입기와 연계한 인성예절지도에서 한복입기를 적용하는 것은 우리문화의 소중함과 자부심을 갖도록 하며, 몸가짐 마음가짐을 조심하도록 하여 구사(九思)를 중심으로한 구용(九容)의 바른 태도를 습득하게 할 수 있는 통합적인 교육으로 활용될 수 있기 때문이다. 교육현장에서 한복입기는 유아들에게 호기심과 즐거움을 주는

12 조선 후기의 고암(顧菴) 이경근(李擎根)이 그의 자손들로 하여금 효도(孝道)의 정신을 길이 간직하게 하기 위하여 남긴 가훈집(家訓集)이다.

프로그램이다. 남아와 여아의 한복은 구성이 서로 다르고 머리쓰개, 신발 등도 각각 다르다. 이러한 한복은 착용 순서에 맞게 바르게 입어야 하는 것뿐 아니라, 때와 장소에 맞추어 착용할 수 있어야 한다.

유아들의 한복에는 주로 색동이 많이 사용된다. 유아 한복에 사용되는 색동의 의미는 몇 가지가 있다. ① 액을 피하려는 주술적인 의미가 있다. ② 오색의 조화를 이루어 어두운 면은 생략하고 밝은 면을 강조하는 길상의 의미가 있다. ③ 유아의 색감 발달을 돕고, 심성이 밝고 곱게 자라도록 미적인 욕구를 충족시켜 준다. ④ 옷감의 재활용을 비롯하여 유아의 무병장수 등의 의미를 담고 있다.

옷 입기와 유아인성예절의 교육적 가치

① 바른 옷차림은 타인에게 예의를 지키기 위한 기본적인 자세임을 알게 한다. 이 세상은 혼자서는 살 수 없는 곳이다. 타인과 어울리면서 사회생활을 하며 살아갈 때, 옷차림은 자신의 역할, 신분을 나타냄은 물론 자신의 이미지와 개성까지 드러내는 것이다. 따라서 자신에게 적합한 옷차림을 하는 것은 자기를 관리함과 동시에 타인을 배려하는 마음까지 담아내는 것이다. 분수에 맞지 않는 옷, 지나치게 화려하고, 값비싼 옷 등은 오히려 자신의 마음을 왜곡시킬 수도 있다. 따라서 옷차림 교육은 유아에게 자신의 이미지를 가꾸어 나아가고, 타인에 대한 기본적인 예의를 가르치며, 절제와 더불어 타인에 대한 배려, 존중의 교육적인 가치를 담고 있다.

② 한복이란 어떤 옷인지를 알게 하는 유아인성예절 지도는 유아에게 한국인으로서의 자아정체감을 확립시키며, 우리문화에 대한 자긍심을 심어 주는 문화교육이자 역사교육의 가치를 담고 있다.

③ 한복의 명칭과 한복 입는 순서, 한복 입은 자세 등을 가르치는 유아인성예절지도는 유아에게 질서 지키기와 절제하기, 바른 몸가짐하기 등의 문화적, 역사적, 통합교육으로써의 효과를 가져온다.

표 10-1 | 남아의 한복

색동저고리	풍차바지	조끼

마고자	오방장	까치두루마기

전복	복건	호건

사규삼	배자	남아한복 착용
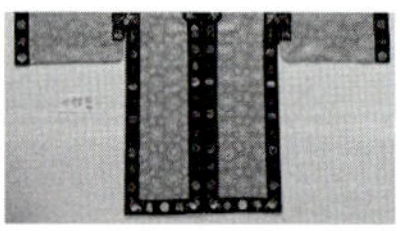		

출처: 성신여자대학교 박광훈 복식박물관 자료.

표 10-2 | 여아의 한복

색동저고리	속풍차바지	속치마
	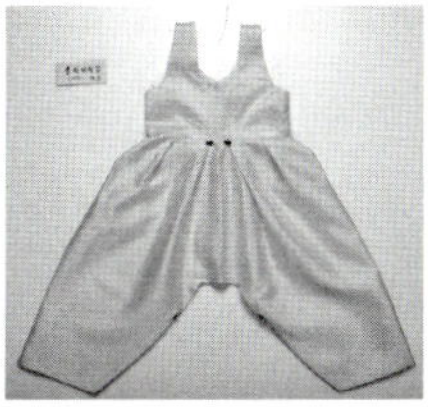	
연두색 당의	여아 까치두루마기	치마

조바위	굴레	타래버선

배씨댕기	운혜	여아 한복착용

출처: 성신여자대학교 박광훈 복식박물관 자료.

3) 한복 입기와 유아인성예절지도

(1) 한복을 입고 침착한 마음과 태도 갖기

한복을 입었을 때는 단정하고 다소곳해야 한다. 몸을 반듯하게 하고 침착한 마음과 태도를 갖는다. 한복을 입은 후의 자세와 몸가짐은 일반 옷차림을 했을 때보다 더 주의하도록 한다. 한복은 색상이 화려하고, 아름다워 사람들의 눈에 잘 띄는 옷차림이다. 따라서 다소곳하고, 조용하며 바른 몸가짐을 하지 않으면, '배움이 없다'는 인상을 심어줄 수도 있고, 고품격의 아름다운 한복의 미(美)를 감소시킬 우려가 있다. 평소에 자주 입는 편한 옷차림과 다르게 한복은 격에 맞추어 의례나 의식이 있는 날 입는 경우가 많다. 따라서 좀 더 품격을 갖추고 주의하려는 마음가짐을 갖는다면, 한복차림에서 자연스럽게 예의를 지키려는 태도가 표현될 수 있다.

(2) 한복을 입고 머리 모양을 단정하게 하기

여아는 머리를 묶고 뒤 댕기나 배씨 댕기를 하면 단정해 보인다. 남아도 머리 모양을 반듯하게 빗고, 복건이나 호건을 쓴다. 예로부터 예의에 맞는 옷차림을 하기 위해서는 '의관을 갖춘다.'라는 말을 했다. 옷을 입고, 머리에 쓰개까지 써야 비로소 올바른 옷차림을 했다는 의미였다. 머리모양은 그 사람의 몸차림에서 가장 중요한 이미지를 결정짓는다. 특히 한복에는 단정한 머리모양이 필수이다. 단정하지 못한 머리 모양은 올바른 마음가짐을 갖지 못하고 자기관리나 절제의 인성도 갖추지 못한 것으로 보이기 쉽다.

(3) 한복을 입을 때는 속옷을 바르게 갖춰 입기

한복은 치마저고리, 바지저고리만 입으면 잘 입은 것으로 잘못 아는 경우가 많다. 그러나 한복은 속옷과 겉옷을 모두 바르게 갖추어 입어야 옷매무새도 좋을 뿐 아니라, 한복을 입은 사람의 삼가고 조심하는 태도를 더 돋보이게 한다. 제대로 갖춘 옷차림을 하지 않았을 때는 그 마음가짐도 옷차림대로 나타나는 것을 쉽게 보게 된다. 따라서 한복을 입을 때는 속치마, 속바지 등 속옷을 바르게 갖춰 입어야만, 한복의 아름다움이 자연스럽게 겉옷에서 표현될 수 있다는 점을 알 수 있도록 해야 한다.

(4) 한복 입은 후 조용히 사뿐사뿐 걷기

한복을 입은 후에는 실내외에서 뛰어다니지 않고, 사뿐사뿐 걷기를 생활화해야 한다. 특히 여아의 경우는 치마 길이가 길어서, 뛰거나 빠른 걸음으로 걷게 되면 치맛단을 밟아서 넘어질 우려가 있기 때문이다. 또한 남아들은 활동성이 많아 옷고름이 풀어지는 경우도 흔하다. 따라서 한복입기와 구용의 바른 몸가짐을 연계하여 지도하면 유아들이 자연스럽게 몸가짐을 조심하게 된다.

(5) 입는 순서에 맞추어서 한복입기

여아는 속바지→속치마→겉치마→속저고리→겉저고리→고름매기 순으로 입는다. 격식을 갖춘 차림을 하기 위해서는 여아는 치마저고리 위에 마지막으로 당의를 입는다. 남아는 바지→저고리→조끼→마고자의 순으로 입는다. 바지는 짧은 사폭이 왼쪽으로 위치하도록 입는다. 마지막으로 두루마기를 입는다. 한복은 두루마기까지 입어야 정식차림을 한 것이다. 마고자까지만 입고 두루마기를 입지 않으면, 양복의 상의를 입지 않은 것과 같다.

(6) 한복 입고 공수자세로 바르게 서기

공수할 때 남아는 왼손이 위로 오게 하고, 여아는 오른손이 위로 오게 하여 두 손을 맞잡는다. 한복을 입고 공수할 때에는 맞잡은 두 손이 허리 위치보다 조금 높은 위치에 놓여지도록 하여 일반 옷을 입고 공수했을 때보다는 조금 더 정중하게 자세를 취한다.

한복 입기와 유아인성예절 지도 시 교육현장에서 자주 나오는 몇 가지 질문들

① 여아는 생활한복에서 바지를 입는데, 잘못된 것인가요?

우리나라의 전통한복에서 바지는 남녀가 공통으로 착용했던 것이나, 시대가 변화하면서 여자의 바지는 점차 속옷으로 변화하게 되었다. 그러나 여아의 경우도 생활한복으로 활동을 편하게 하기 위해 바지를 입는 것도 무방하다. 여아가 생활한복으로 바지를 입고 왔을 경우, 유아들이 '남자 옷 입었대요.'라고 놀리는 경우가 있을 때, 예로부터 여자도 바지를 입을 수 있었다는 것을 알려 주도록 한다.

② 까치두루마기를 입고 온 유아가 있다면 어떻게 할까?

대부분 여아는 치마저고리, 남아는 바지저고리와 마고자를 입고 오는 경우가 많다. 까치두루마기까지 잘 갖추어 입고 온 유아가 있다면, 지도자는 앞으로 불러내어 유아들에게 보여 주고, 바른 옷차림임을 설명해 주도록 한다.

③ 생활한복은 무엇이고, 전통한복은 무엇인가요?

전통한복은 우리나라 고유의상의 기본형이고, 생활한복은 우리한복의 장점을 살려, 일상에서 편리하게 입을 수 있도록 긴 고름 대신 매듭단추를 이용하거나, 둥글고 긴 저고리의 배래선을 대신하여 직배래로 만들고, 저고리의 길이도 허리까지 내려오도록 만든 옷이다. 요즈음 전통한복은 주로 가정의 행사가 있을 때 주로 입고, 생활한복은 편리하게 일상에서도 입는다.

2. 한복 입기를 위한 유아인성예절 동요와 프로그램

1) 적용내용 예시: 옷차림과 유아인성예절 지도

주제	내용	인성함양
옷을 바르게 입어요	• 옷은 깨끗하고 단정하게 입어요. • 때와 장소에 맞는 옷을 입어요. • 화려한 옷만 좋아하지 않아요. • 혼자서도 옷을 바르게 입을 줄 알아요.	질서 예절 책임 배려
옷을 바르게 정리해요	• 나의 옷은 스스로 정리해요. • 옷을 잘 개킬 줄 알아요. • 옷을 용도에 따라 분류할 수 있어요.	예절 자율

2) 적용 동요

(1) 우리의 옷 한복

한복은 우리 고유의 옷이므로 한복에 대한 자부심을 느낄 수 있도록 함과 동시에 한복의 명칭 등을 올바로 알 수 있도록 지도한다. 여아의 치마저고리, 남아의 바지저고리는 우리옷의 기본이 되는 것이다.

우리의 옷 한복

주영애 작사, 곡

(2) 한복멋쟁이

한복을 입게 되면, 일반 옷을 입었을 때보다 몸가짐을 더욱 주의하여 품위 있는 기상을 보일 수 있도록 해야 한다. 바른 몸가짐을 할 때 한복의 아름다움과 가치가 더 잘 드러날 수 있다는 것을 알게 한다.

한복멋쟁이

주영애 작사 | 김태윤 작곡

3) 적용 프로그램: '한복 입기' 유아인성예절 프로그램

지도 목표	■ 한복은 우리 고유의 옷임을 알고, 우리 옷에 대한 자부심을 느끼도록 한다. ■ 한복을 명칭을 바르게 안다. ■ 한복을 바르게 입는 실천적인 예절에 대하여 익힌다.

과정	주제	내용	자료
도입	지도자-유아	• 인사 나누기	
	이야기 나누기	• 한복은 어느 나라 옷일까? • 한복의 좋은 점은 무엇일까? • 한복을 입으면 왜 기분이 좋아질까?	
활동 실습	한복은 우리나라의 옷	• 한복은 옛날부터 입어온 우리 고유의 옷이다. • 남녀의 한복은 어떻게 구성이 되어 있는지 익힌다.	남녀 한복 사진 자료
	한복 명칭 알기	• 율동과 함께 '우리의 옷 한복' 노래를 배운다. • 노래에서 나오는 한복 명칭을 익힌다.	한복사진 글자교구 노래판
	한복 입기	• 남아의 한복 입는 순서 익히기 • 여아의 한복 입는 순서 익히기	입는 순서 그림교구
	한복 입고 바른 몸가짐	• 한복 입고 공수하기, 바르게 앉기 • 한복 입고 조용히 걷기 • 한복 입고 인사하기 등을 실습하여 익힌다.	지도자 시연
정리	유아와의 상호작용	• 한복 입고, 실천예절을 배워 본 유아들에게 어떤 느낌이 들었는지 질문하고, 응답하는 상호작용을 하여 한복에 대한 자부심과 긍정적인 이미지를 갖도록 한다.	
	마무리 인사	• '우리의 옷 한복' 노래를 다시 부르며, 의미를 반복하여 이해할 수 있도록 한다. • 인사 나누기 – 공수자세로 마무리 인사를 나눈다.	노래판
지도 시 유의점		• 옷을 바르게 입는 것은 자신의 몸과 마음을 바르게 하는 것에서부터 시작된다는 것을 알게 한다. • 지도자는 가능한 한복을 착용하고 지도하도록 한다. • 유아들의 전통한복, 생활한복 등에 대해서도 설명해 준다. • 간혹 조끼와 마고자 등을 잘못 입고 오는 유아들이 있는지 미리 파악하여, 지도 전에 바르게 입히도록 한다. • 1차시에 한복은 우리나라의 옷, 한복 명칭 알기, 2차시에는 한복 입기, 한복 입고 바른 몸가짐하기로 나누어 지도할 수 있다.	

적용 Point

01 옷을 바르게 입는 것은 어떻게 입는 것인지 설명해 보세요.

02 옷입기와 유아인성예절의 교육적 가치는 무엇인가요?

03 남아와 여아의 한복 명칭에 대해 이야기해 보세요.

04 한복을 입을 때 지켜야 할 예절에는 어떤 내용이 있으며, 그것은 인성함양과 어떤 관계가 있는지 설명해 보세요.

05 한복을 착용하고 바른 몸가짐을 갖추어 보세요.

| CHAPTER **11** |

밥상머리교육과 유아인성예절

1. 밥상머리교육
2. 밥상머리교육을 위한 유아인성예절 동요와 프로그램

1. 밥상머리교육

1) 밥상머리교육은 인성예절교육

밥상머리에서 배우는 교육이란 가족이 모여 함께 식사하면서 대화를 통해 가족 사랑과 인성을 키우는 것을 강조한다. 음식을 먹는다는 것, 가족이 함께 모여 식사를 한다는 것은 단순한 생존을 위한 행위가 아니다. 음식을 먹는 행위를 통해 인간은 Maslow가 말하는 생존의 욕구를 충족하는 것뿐만 아니라, 소속과 사회적 욕구, 나아가 자존과 자아실현의 욕구까지 충족한다. '음식을 먹는다'는 것은 음식과 식사행위와 관련한 시대적 사회적 정치적 역사적 의미를 담고 있는 것이며, 인간의 사회화 과정에 영향을 미치는 규범적, 교육적 의미까지 내포하는 중요한 행위이다.

밥상머리교육은 자녀의 사회성과 도덕성 발달을 돕고, 학교적응을 돕는다. 또한 유아들의 자아존중감과 조망수용능력 향상에도 기여하게 된다. 어린이는 자신의 존재 의미를 음식을 먹는 행위를 통해 확인(Faghauer, 1960)한다고 한다. 이러한 과정에서 가족원으로서 식사법을 몸에 익히게 되며, 부모와 함께하는 식사시간에서 가족 간의 유대감을 나누고 행복감을 느끼게 된다. 이 시간은 가족의 정체성을 함양하고, 가치관과 목표를 형성하게 하며, 가족식사에서 이루어지는 예절, 형식, 문화 등을 통해 한 가족임을 공유하게 하는 힘을 갖고 있다. 밥상머리교육이 오늘날 갑자기 회자되고 있는 것은 아니다. 이미 밥상머리에서 배우는 예절교육은 전통사회로부터 강조되어 왔던 가정교육의 핵심이며 인성교육이었다. 우리 사회에서 통용되는 말 중에는 '예절교육은 밥상머리교육에서부터'라는 말도 있다. 밥상머리교육을 통하여, 음식을 서로 나누고, 절제도 배우며 같이 식사하는 사람에 대해 배려하고 존중하는 등 기본 인성을 함양하게 된다.

2) 밥상머리교육은 문화교육

음식을 먹는 행위나 예법은 문화의 차원에서 이해할 필요가 있다. 음식과 관련된 행위에는 관념적 요인이 포함되어 하나의 문화현상이 나타나며 함께 모여 음식을 먹는 행위에는 사회조직과 관련된 요소들이 포함되어 있다. 또한 음식을 먹는 사람의 지위와 명성, 식사를 통한 의견교환, 음식물의 증여와 분배, 축제나 향연, 그리고 의례 등에서의 음식물의 매개 작용 등이 음식을 먹는 행위에서 문화적 차원이 포함된 요소들이다(문미옥 외, 2001). 음식문화는 사회 환경이나 문화요소들에 의해 변화의 과정을 거치게 된다. 따라서 음식문화는 정신문화와 물질문화까지 내포하고 있는데, 음식과 도구, 음식을 만드는 기술 등에는 소속되어 있는 사회의 가치관, 신앙, 예술, 법, 세계관까지도 포함되어 나타나게 된다. 따라서 음식을 먹는 행위에는 이러한 문화적인 요소와 규범 등이 포함되고, 이러한 과정에서 나눔과 배려, 존중, 협동 등의 가치가 함축적으로 공유되며, 세대를 통해 계승 된다.

급격한 사회변화와 글로벌 환경의 영향에 따라 우리의 식생활 문화도 크게 변화하여 이미 '한국식' 또는 '전통식'이라고 보기 어려운 서구화의 특징이 많아지고 있어, 고유의 밥상머리 예절교육이 주목받지 못하고 있다. 한식의 상차림, 올바른 수저사용법 등은 오히려 별도로 배워야 하는 내용이 되고 있다고 해도 과언이 아니다. 특히 우리나라가 다문화 사회로 진입 되면서 전 세계의 음식문화가 공존하고 있고, 한국의 전통사회로부터 통용되어 오던 식사예절과는 거리가 있기 때문일 수도 있다. 또한 각 가정에서는 외식의 비중이 높아지고 있다는 연유도 크다 할 것이다. 한편 유치원이나 보육시설에서는 식판을 이용한 식사를 제공하는 경우에는 가정환경, 교육환경, 사회환경에서 일관된 고유의 상차림에 근거한 밥상머리 예절교육을 실천하기에는 어려움이 있다.

교육부와 서울대학교 학부모정책연구센터가 공동 개발한 '밥상머리교육 학부모용 길라잡이'(2015)에서도 '전통에서 배우는 밥상머리교육'의 의미를 제시하고, 밥상머리교육을 통해 얻게 되는 자녀들의 예의바른 행동을 제안하였다. 즉 인성중심 교육을 통해서 서로 배려하고 함께하는 공동체적인 인간으로 성장할 수 있도록 교육 패러다임을 전환하고자 하는 데에 목적을 둔 것이다.

3) 우리 문화에서 배우는 밥상머리 인성예절교육

우리의 음식문화에는 상징적인 의미가 많이 담겨 있다. '밥'에는 생명과 끈기의 의미와 심리상태까지 나타내는 의미가 담겨 있다. 죽음을 의미하는 '밥숟가락을 놓는다.'의 표현, '밥술이나 뜬다고 큰 소리 치냐?'라고 하여 재산을 과시하는 사람을 냉소적으로 표현하는 말, '밥맛이 떨어진다'라고 하여 심리적인 말까지 밥과 얽힌 상징적인 표현은 '밥'이 생명을 유지시키는 주식이라는 의미를 넘어 음식 하나를 통해서도 다양한 우리민족의 문화를 엿볼 수 있는 단서다. '보리죽'에는 애달픈 농민들의 삶이 녹아있는 표현이기도 하고, 동지에 먹는 팥죽은 붉은 색으로 '악귀를 쫓는다'는 의미가 담겨 있기도 하다. 탕평채에는 사색당파가 한창일 때에 영조가 탕평책을 쓰면서 상징적으로 네 가지 색이 들어간 음식으로 조화를 이루라는 의미를 넣은 음식이라는 것, 여러 가지 나물과 재료를 넣어 섞어 새로운 맛으로 탄생하는 비빔밥은 하나가 됨을 상징하는 등 우리 음식 문화에는 조상들의 삶의 모습과 소망 등이 그대로 담겨있다. 음식문화와 더불어 배우는 밥상머리 인성예절교육은 매우 흥미로운 교육적 소재가 될 수 있다.

전통사회에서는 밥상머리 예절교육은 부모와 조부모의 책무로 이루어졌었다. 어머니가 자식을 낳아 기본적으로 가르쳐야 할 교육내용은 전통사회 규범서인 《내훈(內訓)》의 모의장(母儀章)과 《사소절(士小節)》 부의편(婦儀篇) 교육(敎育)에 잘 명시되어 있다. 이 중에 특히 밥상머리교육으로는 자녀로 하여금 음식을 탐하는 것을 금하도록 가르치라는 절제의 훈육이었던 것이다. 웃어른과 함께 식사하기, 올바른 수저사용법, 자기절제와 음식을 대하는 태도, 발달 수준에 맞는 가르침 등은 유아를 위한 밥상머리교육의 중심 내용이 되어 왔다.

4) 웃어른과 함께 하는 식사

《사소절(士小節)》 동규(童規)에는 어른을 모시고 식사할 때의 예법이 설명되어 있다. 음식을 먹을 때는 단정하고 깨끗한 모습을 갖추어 자신을 낮추고 상대방을 높이는 겸손한 식생활 습관을 형성하도록 했다. 우리 문화는 '장유유서(長幼有序)'의 생활문화를 형성해 왔다. 한편으로 어른을 공경하는 것만으로 잘못 이해하는 경우도 있으나, 아랫사람은 윗사람을 공경하고, 윗사람은 아랫사람을 존중하며, 배려하려는 깊은 뜻이 담겨있음을 뜻한다. 이런 의미에서 전통사회에서의 유아들은 어른들과 음식을 함께 먹으며, 삶의 질서인 장유유서의 가치를 배움과 동시에 그에 따른 예법, 배려, 존중 등의 인성을 함양했던 것이다. 유아는 이를 기초로 체득화된 식사예법을 타인과의 식사에서도 바르게 지켜가는 모습을 갖출 수 있게 되었다.

▣ 《사소절(士小節)》 동규(童規) ▣

어른을 모시고 식사를 할 때 먹자마자 수저를 내던지거나 급히 먼저 일어나지 말라…. 어른이 식사를 하는 것을 보고 침을 흘리면서 바라봐서는 안 되고, 비록 주지 않더라도 원망하지 말아야 한다. 맹자는 '먹고 마시는 것만 존중하는 사람은 남들이 친하게 여긴다.'라고 하였다…. 음식을 먹거나 말을 하지 않으면서 입을 항상 딱 벌리고 있는 것은 바른 몸가짐이 아니다.

▣ 《동몽수지(童蒙須知)》 ▣

웃어른 앞에서 음식을 먹을 때는 반드시 가볍게 먹고 천천히 삼켜서 먹는 소리를 내지 말아야 한다. 음식을 먹는 예절은 많고 적은 것과 좋고 나쁜 것을 비교하여 다투지 말아야 한다.

5) 수저사용법

숟가락은 상고시대에는 중국, 일본, 한국이 모두 사용하였으나, 지금까지 숟가락 문화를 이어온 나라는 우리나라뿐이다. 1800년에 독일 상인이 지은 《조선기행》에는 '매우 긴 자루를 가진, 토기 아니면 나무로 만든 숟가락을 사용하고 있다. 따라서 중국사람 처럼 식기를 가까이 대고 밥을 긁어 넣는 식이 아니고, 숟가락으로 음식을 떠서 젊잖게 입에 운반하게 되니, 그 양상이 중국보다 훨씬 우아하고 아름답다.'고 기록되어 있다. 그리고 박지원의 《열하일기》에서는 '중국에 숟가락이 없는 데 놀랐다.'라고 하였다(문미옥 외, 2001). 이렇듯 우리나라에서 숟가락 사용은 오랜 세월 유지되어, 탕류, 찌개류, 장류와 같은 물기가 많은 음식을 쉽게 먹을 수 있게 하였다.

《동몽수지(童蒙須知)》에는 올바른 수저사용법에 대하여 언급하고 있다. 《성학집요(聖學輯要)》와 《소학(小學)》 입교(立敎)에는 오른손으로 먹도록 가르치라고 명시되어 있다. 가르침을 따르지 않았을 때는 왼손잡이가 되고, 이는 부모의 가르침을 따르지 않는 것이라 하여 불효라고 지탄을 받기도 했다. 오른손잡이의 대원칙을 준수하며 성장하게 되면 품위를 가지게 되므로, 유아들에게는 엄격하고 까다로운 식사예절이 요구되었다. 오늘날 좌뇌와 우뇌의 균형적인 발달을 위해 엄격한 오른손 사용을 강조하지는 않지만, 우리의 식탁예법에서는 오른손 사용이 중요하게 교육되었음을 알 수 있다.

▣ 《동몽수지(童蒙須知)》 ▣

음식을 먹을 때는 숟가락을 들면 반드시 젓가락을 놓고, 젓가락을 들면 반드시 숟가락을 놓으며, 먹기를 마치면 숟가락과 젓가락을 상 위에 놓아야 한다.

6) 자기절제

음식은 적당히 먹어야 하며, 자기 입에 맞는 것만 골라 먹는 일이나, 입에 맞지 않는 음식이라고 하여 버리는 일 등은 경계하도록 가르쳐왔다. 또한 음식을 먹을 때도 순서와 격식이 있으니, 절제하여 먹도록 하였다. 한상차림으로 준비되는 한국의 상차림에서 음식을 절제하여 먹는 것은 매우 어려운 일이었다. 따라서 조부모는 손자녀와 함께 식사하면서 음식예법과 절제의 훈련을 함께 시켜왔던 것이다.

▣ 《사소절(士小節)》 소학(小學) ▣

- 무나 배나 밥을 먹을 때는 자주 씹어 사각사각 소리를 내지 말고, 국수나 국이나 죽을 먹을 때는 갑자기 들이마셔 후루룩 후루룩 소리를 내지 말고 물을 마실 때는 목구멍 속에서 꿀꺽꿀꺽 소리 나게 하지 말라.
- 밤참을 많이 먹지 말고, 먹은 뒤에 곧 눕지 말며, 음식부스러기를 혀로 핥지 말라.
- 아침 먹기 전에 낯을 씻어야 하고, 손으로 음식을 집어 먹고 나서 옷섶에 닦지 말며, 땀난 손으로 먹을 것을 쥐지 말라.

7) 음식을 대하는 태도

음식을 대할 때는 비록 화를 낼 만한 일이 있어도 반드시 기운을 가라앉혀 마음을 안정하고, 성난 소리를 지르지 말고, 갑자기 수저를 내던지지 말고, 탄식하지 말라는 등의 태도를 가르쳐왔다. 또한 식사를 모두 마치고 나서는 반드시 수저를 가지런하게 놓도록 하는 등 바른 예를 갖추도록 하였다.

전통사회에서 지켜오던 옛 어른들의 음식을 대하는 태도와 더불어 가정과 교육기관에서 함께 지도하는 밥상머리 예절교육의 내용을 제시한다면 '수저사용법', '좋은 음식만 탐하지 않기', '웃어른과의 식사예절 지키기', '음식을 마련해 주신 분께 감사하기', '고르게 나누어 먹기', 음식을 먹을 때 불쾌한 말 안 하기' 등을 적용할 수 있다.

표 11-1 | 전통사회 밥상머리 예절교육과 인성함양 핵심덕목과의 관계

ㅇ 수저사용법 배우기	禮, 孝, 존중, 배려
ㅇ 좋아하는 음식만 탐하지 않기	禮, 孝, 존중, 배려, 절제
ㅇ 웃어른과의 식사 예절 지키기	禮, 孝, 존중, 배려, 절제
ㅇ 음식을 마련해 주신 분께 감사함 표하기	禮, 존중, 배려, 소통
ㅇ 음식 먹을 때 더럽고 불쾌한 말 안하기	禮, 배려, 소통
ㅇ 고르게 나누어 먹기	禮, 배려, 협력

전통사회 사대부 집안에서 지켜온 '식시오관'(食時五觀)

송나라 황정견이 제시한 내용을 조선조 후기 실학자 이덕무(李德懋)가 《청장관선서》 제60권 앙엽기 7의 '식계'에 소개한 내용이다. 이는 빙허각 이씨의 《규합총서》에서도 언급되어 있다.

〈옛 어른들이 식사할 때마다 생각하는 다섯 가지 마음〉

첫째, 밥이 완성될 때까지 드는 노력과 밥이 어디서 나왔는가를 헤아려야 한다.
둘째, 자신의 덕행이 완성되었는지 결여되었는지를 헤아려서 공양(供養)을 받아야 한다.
셋째, 마음을 절제하여 지나친 탐욕을 없애는 것으로 근본을 삼아야 한다.
넷째, 바른 처사와 좋은 약(정당하게 먹는 밥)으로 건강을 요양해야 한다.
다섯째, 도덕(道德)을 완성해야만 밥을 먹을 자격이 있다.

8) 발달수준에 맞춘 가르침

밥상머리교육은 유아의 연령별 발달 특성을 고려해서 제공하는 것이 효과적이다. 전두엽이 발달하는 3~6세에는 종합적인 사고가 발달하므로 밥상에서 가족들이 나누는 대화를 귀담아 듣도록 하고, 순서에 맞게 말을 하는 것, 다른 사람의 마음을 읽고 배려하는 것 등에 대해 실제적으로 교육할 수 있다. 또한 부모와 형제, 자매와 함께 음식을 먹으면서 상호작용을 통해서 지속적이고 반복적인 가치관을 형성하며 자아 정체성을 확립해 나아갈 수 있다.

표 11-2 | 유아의 연령별 음식 먹는 예절

유아기(3~5세)	아동전기(3~7세)
• 음식을 흘리지 말 것 • 음식을 헤집어 먹지 말 것 • 국과 밥을 일정한 비율로 동시에 먹을 것 • 숟가락은 너무 멀리, 또는 너무 가까이 집지 말 것 • 먹기 전에 자기 몫을 덜어 놓지 말 것 • 음식을 입에 물고 있지 말 것 • 음식을 먹는 식사시간에 일어서지 말 것	• 맛있는 반찬만을 먹지 말 것 • 남의 음식을 탐하지 말 것 • 어른보다 먼저 수저를 들지 말 것 • 음식을 흘리거나 남기지 말 것 • 음식을 손가락으로 집어 먹지 말 것 • 국과 밥을 균형있게 먹을 것 • 식사 도중에 화장실 출입을 금할 것 • 남의 집에서 음식을 함부로 먹지 말 것

출처: 한국정신문화연구원(1983). 한국의 교육 고전 연구, 87-88, 100-101 참조.

발달수준에 맞추어 밥상머리교육을 해야 한다는 가르침은 전통사회의 훈육서에서도 강조되었다.

유아들이 수저 사용을 잘 하도록 할머니가 주관이 되어 가르쳤다. 유아들은 할머니께 훈련 받았는데 음식을 흩트리거나 흘리는 것도 너그럽게 허용되면서 서서히 배워나갔다. 대게 3~4세 경에는 숟가락만 사용하도록 요구되다가, 이 시기가 지나면 젓가락도 사용하도록 허용되었는데, 6~7세 경에는 능숙하게 젓가락을 사용하는 기능을 습득하였다. 이 시기는 성인들과 같은 상에서 음식 먹는 훈련을 받았는데, 반찬투정이나 끝까지 제 몫을 남기지 않고 다 먹어야 훗날에 잘 살고 특히 마지막 밥숟가락을 먹어야 명(命)이 길다고 하여 엄격한 식탁훈련을 거치게 되었다. 음식을 입에 넣고 울거나 말하는 것은 이때도 허용되지 않지만, 보다 본격적인 식탁예절은 5~6세 경에 철저하게 훈련되었다(주영애 · 원미연, 2016) .

가정과 교육기관에서 밥상머리 예절교육을 일관성 있게 지도하는 방법

식사 전 지켜야 할 예절

- 손을 깨끗이 씻고, 바른 자세로 앉기
- 부모(교사)가 주도하여 음식을 준비해 주신 분(종교적인 기도나 음식을 준비해 주신 선생님, 음식을 생산해 주신 분 등)께 감사하는 마음으로 인사하게 하고, 식사 시작하기
- 부모(교사)가 먼저 드신 후 식사 시작하기

식사 중에 지켜야 할 예절

- 수저는 한 손으로 함께 잡지 않기, 부모나 교사는 자신의 습관을 살피어 주의하기
- 부모(교사)는 음식을 먹는 자녀(유아)의 태도와 건강상태를 살피면서 음식을 잘 섭취하는 지를 살피기
- 부모(교사)는 자녀(유아)가 즐겁고 편안한 마음을 갖고, 바른 자세로 앉아서 먹도록 지도하기
- 부모(교사)는 자녀(유아)가 함께 음식을 먹는 사람들과 속도를 맞추어 먹도록 지도하기
- 부모(교사)는 자녀(유아)가 한 가지 음식만 탐하여 먹지 않도록 지도하기
- 젓가락으로 음식을 뒤적이지 않도록 지도하기

식사 후에 지켜야 할 예절

- 음식을 다 먹고 난 후, 부모(교사)가 허락할 때 식사 자리에서 일어나서, 식기를 정리하도록 지도하기
- 가정이나 교육기관에서도 음식만 먹고 나면, 어른의 허락없이 무조건 자신의 식기를 설거지 통에 가져다 놓고, 일어나 버리는 경우는 자제하기
- 식사 후에 감사의 인사를 나눈 후 자리에서 일어나기

9) 한식의 특징과 상차림

(1) 한식의 특징

- 사계절이 뚜렷한 기후조건으로 인하여 제철에 나오는 식재료가 다르므로, 계절음식이 발달해 있다.
- 벼를 중심으로 한 곡물을 주식으로 한다.

- 고추장, 된장, 간장, 김치 등 발표식품이 발달되어 있다.
- 주식과 부식이 명확히 구분되어 있다. 주식은 밥, 죽, 국수, 만두, 떡국, 수제비 등이 있고, 부식으로는 주식과 함께 먹는 여러 가지 찬물로 국, 찌개, 구이, 전, 조림, 볶음, 나물, 젓갈, 찜, 전골, 김치 등 찬품이 있다.
- 한식은 모든 음식이 한 번에 한 상에 차려서 나오는 공간전개형이다.
- 한식의 종류와 조리법이 매우 다양하다. 주식 부식이외에 후식과 기호음식, 저장발효식품, 건조저장식품 등이 많다.
- 음식 맛이 다양하고 향신료를 많이 사용한다. 갖은 양념이라 하여, 간장, 설탕, 파, 마늘, 깨소금, 참기름, 고춧가루, 후춧가루 등을 고루 넣는 음식이 많다. 음식을 만든 후에 음식 위에 올리는 달걀황백지단, 실고추 등 고명도 발달 해 있다.
- 명절식과 시식의 풍습이 있다. 명절과 잔치, 제사 등 행사에는 많은 음식을 장만하여 이웃과 친척 간에 나누어 먹는 미풍이 있다.
- 약식동원(藥食同源)의 기본정신이 있다. 입으로 먹는 음식은 몸에 약이 된다는 것으로 일상의 음식에 한약재가 되는 재료들이 쓰이기도 했다. 잣, 인삼, 생각, 대추, 밤, 오미자, 구기자, 당귀 등이다.

(2) 한식 상차림

- 상의 맨 앞줄에는 밥을 왼쪽에 놓고, 국을 오른쪽에 놓는다.
- 수저는 상의 오른쪽 끝부분에 놓는다.
- 수저를 놓을 때는 숟가락을 앞, 젓가락이 뒤로 가도록 놓는다.
- 수저는 수저받침이나 휘건 위에 올려놓기도 한다. 휘건은 우리나라 고유의 냅킨이다.
- 상을 차릴 때는 오른쪽에는 따뜻한 음식과 싱거운 음식을 놓고, 왼쪽에는 찬 음식과 간이 센 음식을 기준으로 하여 차린다.

• 생선 가시나 고기 뼈를 발라 놓기 위한 그릇인 토구는 왼쪽에 놓는다.

10) 한식을 먹는 예절

• 어른이 먼저 상석에 앉으시면 따라서 앉는다.
• 출입문에서 먼쪽, 상의 한가운데로 병풍이나 그림 등을 등지는 부분이 높은 자리이다.
• 바른 자세로 앉고, 상위에 손이나 팔꿈치를 올려놓지 않는다.
• 음식을 먹기 전에 머리를 숙여 감사의 인사를 하고 먹는다.
• 어른이 먼저 숟가락을 들고 드시면, 그 후에 따라서 먹기 시작한다.
• 숟가락으로 국이나 김치 국물을 먼저 떠먹은 후에 밥을 먹는다.
• 숟가락과 젓가락을 동시에 한손으로 쥐고 먹지 않는다.
• 반찬의 양념을 털어 내거나 뒤적거리며 골라 먹지 않는다.
• 좋아하는 음식만을 탐하여 먹지 않는다.
• 밥이나 국을 먹을 때 그릇을 들지 않고, 상에 놓은 상태에서 숟가락으로 떠서 먹는다.
• 음식은 흘리지 않게 한입에 들어갈 정도만 먹는다.
• 음식이 입 안에 있을 때는 말하지 않는다.
• 음식 먹는 속도는 다른 사람이 먹는 속도와 잘 맞추되, 너무 늦거나 빨리 먹지 않는다.
• 다른 사람보다 식사가 빨리 끝났을 경우는 숟가락을 국그릇 위에 걸쳐 놓았다가 모두 식사가 끝난 다음에 내려 놓는다.
• 음식을 먹기 전후에 트림을 하거나 밥상 앞에서 이를 쑤시지 않는다.
• 음식을 모두 먹은 후에도 상차림 그대로 놓아두어야 하며, 그릇을 포개어 놓거나 위치를 바꾸거나 하지 않는다.

• 음식을 다 먹은 후에는 음식 맛에 대한 칭찬과 함께 준비해 주신 분께 감사의 인사를 한다.

최근 연구(정정희 · 최은실, 2016; 주영애 · 원미연, 2016)에서는 밥상머리교육이 다음과 같은 교육적 효과를 갖는다고 제시하고 있다.

밥상머리교육과 유아인성예절의 교육적 가치

① 밥상머리교육은 부모와 자녀의 안정적 애착 형성을 통한 정서발달을 이룬다. 밥상 앞에서 이루어지는 부모와 자녀의 대화는 다른 어떠한 상황에서보다 마음을 따뜻하게 하고 정서적으로 안정되게 하며, 수평적인 상호작용이 가능하도록 한다. 이러한 부모와 자녀 간의 안정적 애착은 아동의 자아 존중감 발달과 밀접한 관련성이 있고, 이후의 리더십, 사회성 발달뿐 아니라, 학업성취에도 긍정적 영향을 미치게 된다.

② 밥상머리교육은 건전한 뇌 발달을 촉진하고 지능개발을 가능하게 한다. 하버드 대학에서 이루어진 연구 중 가족이 자녀교육을 위해 투자하는 시간과 함께 식사하는 시간은 아동의 뇌 발달과 인지발달에 긍정적 영향을 미치는 것으로 밝혀졌다(김숙경, 2014). 콜롬비아 대학 연구소 연구(CASA, 2010)에서도 대학에서 학점을 높게 받는 학생들은 주당 가족 간의 식사횟수와 시간이 비교집단에 비해 유의미하게 많은 것으로 나타났다. 일본 아키타 현이 전국 학력평가에서 가장 높은 성적을 받았는데, 그 원인을 조사한 결과, 다른 지역보다 아키타 지역 사람들이 가족들과 함께 식사하는 시간이 많은 것을 가장 큰 이유로 밝힌 바(아베노보루, 2009) 있다.

③ 밥상머리교육은 아동의 언어발달에 효과적이다. 식사시간에 가족 간의 대화는 아동의 어휘발달과 문법 습득 및 의사소통 능력 증진에 매우 중요한 역할을 한다(교육과학기술부, 2012). 부모가 자녀에게 동화책을 읽어 줄 경우 나타나는 어휘의 수는 140개 가량 되었으나, 가족 간의 대화에서 나오는 어휘 수는 1,000개에 달하는 것으로 나타났다.

④ 밥상머리교육은 다른 사람과 골고루 음식을 나누어 먹는 가운데 인내와 절제 그리고 배려를 배우게 되고, 바람직한 인성을 기르게 된다. 즉 자기절제의 훈육과 공동체 삶과 나눔, 배려, 소통 등의 가치를 담고 있다. 음식을 나누면서 공동체적 유대감을 느낄 수 있는 가장 기초적이며 의미 있는 교육이다. 한국인의 식문화(食文化)는 예절을 중시하고 음식을 통해 남과 정(情)을 나누고자 하는 의식이 강하여 인본주의적인 성격이 강하다. '식사를 같이 한다'는 것은 다른 사람을 배려하고, 존중하며, 정서적으로도 함께한다는 뜻이 강하다.

⑤ 밥상머리교육은 자녀의 바른 식습관을 형성하고, 영양의 균형적 섭취를 통해 신체적으로도 건강

한 발달을 도모한다. 부모는 자녀가 좋아하는 음식, 맛있는 음식만 탐하지 않고, 골고루 섭취할 수 있도록 세세하게 식습관 지도를 하여, 건강에 좋은 식재료를 활용한 음식을 마련해 주는 노력을 기울인다.

⑥ 밥상머리교육은 부모와 조부모의 가정교육과 책무를 일깨운다. 유아의 식습관과 자기조절력은 어머니의 양육 행동 간에 관계가 있음을 볼 수 있어, 밥상머리교육을 위해서는 부모의 역할이 변함없이 중요하다.

⑦ 밥상머리 예절교육은 인성교육진흥법에서 강조하는 예(禮), 효(孝), 책임, 존중, 배려, 소통, 협력 등의 7가지의 핵심가치를 함양하게 하는 통합적인 교육적 의의를 갖는다. 일상에서 실천할 수 있는 융합교육적인 의미를 밥상머리교육에서 찾을 수 있다.

2. 밥상머리교육을 위한 유아인성예절 동요와 프로그램

1) 적용내용 예시: 음식 먹는 예절과 유아인성예절 지도

주제	내용	인성함양
음식 먹는 예절 지켜요	▪ 어른이 먼저 수저를 드신 다음에 먹어요. ▪ 음식을 준비해 주신 분께 감사인사를 하고 먹어요. ▪ 음식을 뒤적거리지 않아요. ▪ 음식을 먹지 않고 입속에 넣고 있지 않아요. ▪ 음식을 입에 넣고 말하지 않아요. ▪ 음식을 흘리지 않고 먹을 수 있어요. ▪ 수저를 바르게 사용해요. ▪ 음식은 천천히 함께 먹는 사람과 속도를 맞춰서 먹을 수 있어요. ▪ 음식을 먹고 난 후에는 '잘 먹었습니다'라고 인사할 수 있어요. ▪ 여러 사람과 즐겁게 음식 먹을 수 있어요.	예절 존중 배려 절제 소통
알맞게 먹어요	▪ 자기 양에 맞게 먹어요. ▪ 자기가 좋아 하는 음식만 먹지 않아요. ▪ 맛있는 것만 골라 먹지 않아요. ▪ 욕심껏 빨리 먹지 않아요. ▪ 음식을 나누어 먹을 수 있어요.	절제 나눔

2) 적용 동요

(1) 음식 예법

유아들이 음식을 먹을 때, 어른이 먼저 드시도록 해야 하며, 수저사용을 바르게 해야 할 것, 소리 내지 않고 먹을 것, 반찬을 뒤적이지 않을 것, 바른 자세로 먹을 것 등의 예절을 일상에서 실천하여 체득화되도록 한다.

음식 예법

주영애 작사, 곡

(2) 우리 나눠 먹어요

유아들은 음식을 먹으며 자기 절제와 나눔의 가치를 체득할 수 있다. 자기가 원하는 음식만 탐하거나, 남과 나누어 먹을 줄 모르고 자신의 욕심만 채우게 되면, 함께 사는 공동체 사회에서의 나눔의 가치를 배울 수 없다. 음식을 먹는 데에서부터 절제와 나눔의 가치를 배우도록 해야 한다.

우리 나눠 먹어요

주영애 작사

김태윤 작곡

3) 적용 프로그램: '음식예법 있대요' 유아인성예절 프로그램

지도 목표	▪ 우리나라의 음식문화와 장점를 이해한다. ▪ 음식먹을 때의 예법을 안다. ▪ 음식먹을 때의 예법을 지키며, 효를 실천할 수 있다.

과정	주제	내용	자료
도입	지도자-유아	• 인사 나누기	
	이야기 나누기	• 친구들이 좋아하는 음식에는 어떤 것이 있나요? • 옛날부터 우리나라에서는 어떤 음식을 먹었을까요? • 우리 음식을 먹어본 느낌은 어떤가요?	
활동 실습	한식의 좋은 점	• 한식은 옛날부터 우리나라에서 먹었던 음식이다. • 한식은 건강을 지킬 수 있는 음식이다.	한식 사진 자료
	음식예법 동요배우기	• 율동과 함께 '음식예법' 노래를 배운다.	노래판
	음식 먹는 예절배우기	• 밥 먹을 때 숟가락부터 사용하기 • 반찬 뒤적거리지 않기 • 입안에 음식 가득 넣고 말하지 않기 • 젓가락 바르게 사용하기 • '아버지, 어머니 진지 드세요' 말하기	그림교구 글자교구
	수저 사용법 익히기	• 숟가락 젓가락 사용하기 실습	지도자 시연
정리	유아와의 상호작용	• 음식 먹는 예절에 대한 ○×퀴즈로 심화한다. • 집에가서 음식예법을 지킬 것을 약속한다.	개인용 ○×판 준비
	마무리 인사	• '음식예법'노래를 다시 부르며, 의미를 반복하여 이해할 수 있도록 한다. • 인사 나누기-공수자세로 마무리 인사를 나눈다.	노래판
지도 시 유의점		• 손유희 적용하기 아빠 아빠 밥먹어 아니야 아니야, 아버지 진지 잡수세요. 엄마 엄마 밥먹어 아니야 아니야, 어머니 진지 잡수세요. 그리고 우리도 맛있게 냠~냠 • 수저사용에서 유아의 발달을 고려하여, 좌절감을 느끼지 않도록 주의해서 지도한다.	

적용 Point

01 밥상머리교육과 인성예절교육과는 어떠한 관계가 있나요?

02 오늘날 우리의 음식문화가 급변하고 있는 가운데에도 한식음식예법을 인성교육에 접목해야 하는 까닭은 무엇인지 설명해 보세요.

03 식시오관이란 무엇인지 이야기하고, 그 의미와 가치를 설명해 보세요.

04 가정과 유아교육기관에서 일관성 있게 지도해야할 밥상머리교육에는 어떤 것이 있을까요?

05 한식을 먹는 기본적인 예절에 대하여 제시해 보세요.

CHAPTER 12

세시풍속과 유아인성예절

1. 세시풍속
2. 세시풍속 이해를 위한 유아인성예절 동요와 프로그램

1. 세시풍속

1) 소통과 협동을 통한 공동체 의식 함양

세시풍속은 문헌상 삼국시대로부터 조선, 근대와 현대에 이르기까지 예로부터 지금까지 지켜오고 있는 민족문화의 면모를 엿볼 수 있는 주기전승적인 행사이다. 세시풍속은 다른 말로 '연중행사'라고도 하는데, 이는 일 년이라는 시간 축을 중심으로 이루어지기 때문이다. 즉 한 해의 시간을 구분하고 날짜의 순서를 정해서 나가는 방법인 역법 체계와 함께 자연환경의 변화, 생업활동의 주기적인 변화, 종교적인 기념일 등이 세시풍속의 날짜를 정하는 중요한 근거가 되었다. 우리나라는 오랫동안 농경생활에 적합한 세시풍속행사를 지켜오면서 공동체 사회의 유대감을 갖도록 했고, 자연에 순응하는 삶의 지혜를 터득해 왔다.

우리나라와 같이 농업을 주된 생업경제로 삶을 꾸려온 경우, 농사력이 일 년의 시간에 따라서 각종 세시풍속이 이루어지는 경우가 대부분이었다. 특히 연초에는 농작의 풍요를 위해서, 파종기에는 그 실물의 생명력의 숙성을 위해서, 그리고 수확기에는 추수에 대한 감사를 위해서, 다양한 행사들이 이루어진다. 정초, 단오, 추석 등에 이루어지는 많은 의례들이 그것이다. 사람들은 이때에는 평소의 일손을 쉬고, 세시음식을 마련하기도 하고, 명절 옷으로 갈아입으며, 가족이나 동족 단위의 제사, 또는 마을 단위의 축제를 지내기도 한다. 이러한 연중행사들은 단순히 생활에 활기를 줄 뿐만이 아니라 사회적인 결합을 재확인시키는 역할을 했다(장주근, 1984).

그러나 현대사회는 산업화, 도시화가 일반화되어, 농경의 세시풍속이 시대적으로 맞지 않는다고 여기는 사람들도 많아졌고, 따라서 세시풍속에 대해 의미를 부여하지 않는 경우도 많다. 우리의 세시풍속을 지키기보다는 오히려 소비문화와 연결하여,

발렌타인데이, 빼빼로 데이 등 데이시리즈[13](주영애, 2015)를 유행시키기도 한다.

그렇지만 세시풍속은 조상숭배의 뜻과 행위를 수반하며, 설, 한식, 단오, 추석 등은 지금까지 지켜오고 있는 주기적인 행사이자, 명절로 한국의 세시풍속을 대표한다. 이러한 명절은 공동체 사회의 유대감을 갖게 하며, 연대의식을 함양하여 '함께하는 문화', '나누는 문화', '우리 문화의식' 등을 심어 주는 인성교육 내용을 함축하고 있다. 마을 중심으로 행해 졌던 세시풍속 놀이나 활동, 다례, 고사(告祀)등은 특히 민족적인 연대의식과 한민족에게 뿌리 깊게 남아 있는 '우리' 의식을 형성하는 데 기여했다.

따라서 유아에게 세시풍속과 연계된 인성예절 지도를 하는 것은 '한민족 공동체 의식'을 심어주며, 소통과 협동의 가치를 체득화, 내면화시키는 데에 도움을 줄 수 있다.

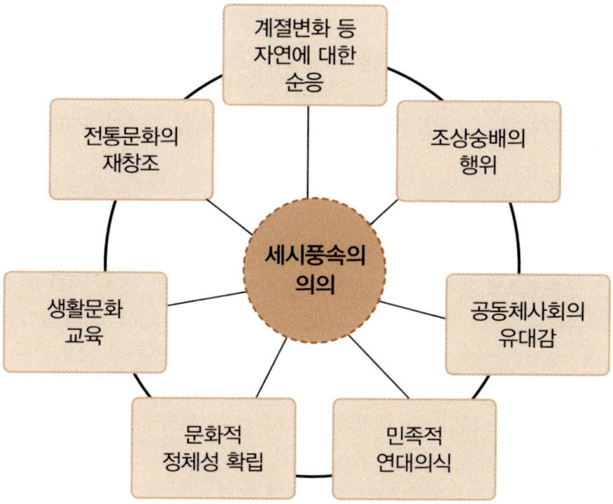

13 데이시리즈(Day-serise)란 자본주의 문화, 그리고 주기성을 지닌 세시풍속과의 만남이 될 수 있으나, 이는 자본주의의 소비문화와 직결된다. 전통사회에서처럼 신성한 의례로서의 성격은 없지만, 이들이 주기성을 지닌 도시 풍속으로 정착하고 세시풍속으로 자리 잡을 가능성을 전혀 배제할 수도 없다. 그러나 이는 조심스럽게 지켜볼 일이다. 박환영 교수(2006)는 국경일과는 또 다른 형태이지만, 부분적으로는 대중적인 성격을 띤 현대판 연중행사로 세시풍속과 비교해서 구분해야 할 필요성이 있다고 지적한 바 있다.

세시풍속과 유아인성예절의 교육적 가치

① 세시풍속을 통해 유아들은 계절의 변화에 따른 생활의 주기성을 익힐 수 있다. 각 계절마다의 특성을 알고 해마다 반복되는 계절을 느끼며 자연을 통해 생활의 주기성과 생활문화를 익힐 수 있다.
② 유아들은 다양한 놀이와 건강한 먹을거리를 경험할 수 있다. 공동체 의식과 사회성을 배우며, 절기와 계절에 나는 건강한 먹을거리를 통해 우리 농산물의 중요성을 인식하고 우리 고유의 전통음식을 맛보는 경험을 할 수 있다.
③ 우리 고유의 미풍양속은 부모와 유아에게 자연스럽게 전달되고 가정과 지역사회로 확산되어 세시풍속에 대한 관심과 참여의 공간을 넓히게 되고 지역과 교류할 수 있게 된다.
④ 조상숭배 및 혈연중심의 사회생활 등 윤리의식과 공동체 의식을 고취시켜, 효의식과 더불어 세대 간의 소통, 배려, 질서, 협동 등의 인성을 함양하게 한다.

2) 세시풍속의 시대에 따른 변용

우리 조상들이 세시풍속을 언제부터 지켜왔는지는 정확히 알 수 없지만, 조선 후기의 《경도잡지(京都雜誌)》[14], 《동국세시기(東國歲時記)》[15], 《열양세시기(列陽歲時記)》[16]

14 《경도잡지(京都雜誌)》는 내용으로 보아 조선 영조 · 정조 때 지어졌다고 추정되는 것으로, 유득공(1748~ 1807)이 18세기 말 서울 사람들의 각종 생활상에 대한 다양한 정보를 수록하였다. 2권 1책으로 되어 있다. 1권은 풍속편으로 의복, 차와 담배, 과일, 노래와 광대, 시문, 시화 등 당시의 여러 풍속과 문물제도를 19항목으로 나누어 약술하였고, 2권은 세시편으로 정월부터 세밑까지 각 세시풍속의 내용을 당시 한양의 세시를 19항목으로 분류하여 약술하고 있다. 이 책은 그 내용이 주로 사대부의 생활문화에 국한되어 있고, 일반 백성의 생활상에 대한 기록이 없는 것과 우리 민속의 뿌리를 지나치게 중국에 결부시키려는 경향이 있는 것이 흠으로 평가되고 있다(국립민속박물관 편 조선시대세시기 Ⅲ, 2007, p.42).

15 《동국세시기(東國歲時記)》는 조선 순조 때의 학자 도애 홍석모(1781~1850) 가 지은 것으로 1책으로 되어 있다. 세시풍숙 연구자들이 세시기로 가장 많이 인용하는 책이다. 책의 맨 앞에 있는 이자유의 서문이 1849년(헌종 15)9월 13일에 씌여진 점으로 보아 이 책은 1849년에 완성된 것으로 추정되고 있는데, 이때라면 홍석모가 사망하기 1년 전이다. 이 책은 1월부터 12월까지 1년간의 세시풍속들을 월별로 순서대로 기록하고 있는데, 단오 · 추석 등과 같이 날짜가 분명한 것들은 모두 항목을 별도로 설정하여 설명하였고, 날짜가 분명하지 않은 풍속들은 매월마다 월내라는 항목을 만들어 이 안에 기술하고 있다. 《경도잡지》와 《열양세시기》에서 '경도(京都)'와 '열양(洌陽)'이 서울을 뜻하는 바와 같이, '서울'이라는 한계성이 있지만 《동국세시기》는 전국을 대상으로 세시풍속에 관한 자료를 집성한 것으로 의미가 크다.

16 《열양세시기(列陽歲時記)》는 조선 순조 때 김매순(1776~1840)이 1819년 한양의 연중행사를 기록한 책

등을 통해 그 풍속 내용을 찾아볼 수 있다. 우리의 세시풍속은 농경에서 공업으로, 공업에서 정보화로 변모하는 과정에서 그 의미나 풍속이 잊혀 지거나 변용되기도 하고, 행사 자체가 생략되기도 하였다. 그럼에도 불구하고 설이나 추석 명절은 '민족의 대이동'을 시키는 중요한 행사로 여겨지고 있다. 농경사회의 세시풍속이 변모하고 있지만, 전혀 다른 형태의 세시로 대치되었다고 보기는 힘들다.

표 12-1 | 조선시대 절기별 농가 행사와 주요 세시풍속

음력	24절기	농가 행사	주요 세시풍속
1월	입춘 우수	농기구 정비, 소 보살피기, 보리밭 거름주기, 눈밭둑 태우기	설빔, 차례, 세배, 복조리, 세화, 횡수막이, 쥐불놀이, 토정비결, 직성 보기, 과수나무 돌 끼우기, 널뛰기, 윷놀이, 연날리기, 입춘체 붙이기, 오곡밥 먹기, 달불이, 안택고사, 복토 훔치기, 부럼, 귀밝이술, 더위 팔기, 용알 뜨기, 대보름 쇠기, 달맞이, 줄다리기, 석전, 답교, 기세배 볏가릿대
2월	경칩 춘분	봄보리갈이, 목화밭갈이, 담배모종, 과수나무, 뽕나무 옮겨 심기	영동 할머니 볏가릿대 허물기, 머슴날, 콩 볶기, 좀생이 보기
3월	청명 곡우	가래질, 써래질, 못자리 준비, 기장 · 조 · 콘 심기, 들깨 모종, 보리밭 김매기, 뽕밭 관리, 과수 접붙이기	한식, 묘제, 삼짇날, 화전놀이, 장 담그기
4월	입하 소만	목화 · 뽕나무 관리, 수수 · 참깨 관리, 풀베어 거름 만들기, 무논 써레질, 이른 모내기	초파일, 연등, 등 띄우기, 줄불놀이
5월	망종 하지	보리타작, 모찌기, 누에칙, 모내기, 들깨 심기, 담배 모종	산맥이, 단오, 단오부채, 쑥호랑이, 천중부적, 단오치장, 창포, 그네뛰기, 씨름, 봉숭아 물들이기.
6월	소서 대서	보리 · 밀 · 귀리 베기, 콩 · 팥 · 조 · 기장 갈이, 김매기, 삼매기	유두천신, 삼복, 천렵

으로 1권으로 되어 있다. 이 책에는 서울의 세시풍속 80여 종을 월별로 구분, 해당절후 및 그에 따른 풍속에 함께 간략히 소개되어 있다. 주로 서울의 풍속을 다루었는데, 그 연원을 중국 풍속에서 찾았다(국립민속박물관 편 조선시대세시기 Ⅲ, 2007, p.99).

7월	입추 처서	꼴 배기, 허수아비 세우기, 밭거름 주기, 무 · 배추 갈이, 목화밭 관리.	칠석 고사, 백중날, 백중놀이, 호미씻이, 우란분재, 두레 길쌈
8월	백로 추분	목화 · 고추 말리기, 박따기, 참깨 · 담배 · 녹두수확, 보리밭 갈이	벌초, 추석차례, 거북놀이, 소놀이, 근친, 강강술래
9월	한로 상강	벼 베기, 조 · 팥 · 콩 거두기, 이삭줍기, 목화타기, 기름짜기	중양절, 중양제사
10월	입동 소설	무배추 거두기, 기망, 메주 쑤기, 곶감 만들기	말날, 시제, 성주고사
11월	대설 동지	가마니 짜기, 외양간 살피기	동지, 동지고사, 동지차례
12월	소한 대한	술 빚기, 두부 만들기	납일, 제석, 묵은세배, 나례, 수세

출처: 이리경(2017). 외국인 유학생 대상 한국 세시풍속문화 체험교육콘텐츠 연구. 성신여자대학교 대학원 박사학위논문.

세시풍속은 예로부터 그 기능상 종교적 기능, 윤리적 기능뿐만 아니라, 사회적 기능, 정치적 기능, 오락적 기능, 예술적 기능, 생산적 기능이 담겨 있다. 즉 세시풍속은 개인과 개인의 관계에서 맺게 되는 개별적 의미를 넘어 공동체 사회와 함께하는 문화적 특성을 지닌다. 세시풍속은 집안, 마을, 사회가 함께 하는 놀이, 음식, 문화가 그 중심이 되었다. 설날이나 추석 명절에 함께 만드는 음식이나, 윷놀이, 줄다리기, 강강술래, 연날리기 등의 세시놀이는 매우 인간적이고 관계지향적인 교류를 바탕으로 하며, 그를 통한 강한 연대의식을 함양한다.

따라서 유아의 인성예절지도에서 세시풍속을 접목한 공동체 삶에 대한 연대의식과 협동, 소통, 배려, 책임 등의 가치덕목을 함양할 수 있도록 지도할 필요가 크다.

3) 세시풍속 행사와 놀이

표 12-2 | 세시풍속 행사와 놀이

구분	세시 민속 행사와 놀이	대표적인 세시음식
설날	차례. 세배, 윷놀이, 제기차기, 복조리 달기	떡국
정월대보름	줄다리기, 지신밟기, 달맞이, 쥐불놀이, 널뛰기,연날리기	오곡밥, 나물, 부럼[17]
입춘	농사점, 입춘축(건양다경), 입춘하례	오신반[18]
삼월삼짇날	화전놀이, 풀피리, 풀각시놀이	진달래화전
한식	한식차례	찬밥
사월초파일	연등놀이, 탑돌이, 불꽃놀이	미나리 강회
단오절	창포물 머리감기, 단오선만들기, 씨름, 그네, 줄다리기	수리취떡, 앵두화채
유두	유두천신제	편수, 수단
칠월칠석	칠석제, 용왕제	밀국수, 밀전병
추석	차례, 강강수월래, 소놀이	올벼송편, 토란탕
중양절	단풍놀이	국화전
동지	팥죽뿌리기, 술래잡기	동지팥죽
섣달그믐	묵은세배, 守歲, 윷놀이	골동반, 동치미

최근 연구(주영애, 2012)에 의하면, 유아교육 현장의 교사들은 세시풍속 교육을 하는 가장 중요한 이유로 '전통생활문화를 계승하고 발전시키기 위해(50.9%)', '우리민족의 주체성을 확립하기 위해(30%)'라고 여기고 있으며, 세시풍속교육으로는 각 절기에 따른 예의범절(43.2%), 전통음식(24.7%), 민속놀이(22.6%) 등을 가르치는 것으

17 부럼이란 음력 정월 보름날 아침에 까서 먹는 잣, 밤, 호두, 은행, 땅콩 등의 견과류 또는 견과류를 먹는 풍속을 말한다. 깨물면서 1년 동안 무사태평하고 만사가 뜻대로 이루어지며, 부스럼이 나지 말라고 기원한다.

18 입춘 절식이라 하여 궁중에서는 오신반을 수라상에 얹고, 민가에서는 세생채(細生菜)를 만들어 먹었다. 오신반(五辛盤)은 겨자와 함께 무치는 생채 요리로 추운 겨울을 지내는 동안 결핍되었던 신선한 채소의 맛을 보게 하는 것이다. 《경도잡지》, 《동국세시기》에 의하면 경기도 산골지방에서 움파, 갓, 승검초 등 햇나물을 눈 밑에서 캐내어 임금님께 진상했는데, 궁중에서는 이것으로 오신반(다섯 가지의 자극성이 있는 나물로 만든 음식)을 장만하여 수라상에 올렸다고 한다(한국민속대백과사전).

로 나타났다. 그럼에도 불구하고 이와 같은 교육을 할 때 가장 어려운 점은 '어떻게 가르쳐야 할지 방법을 모른다(30.3%)'는 점과 '교육자료 부족(27.9%)', '내용을 정확히 알지 못함(24.2%)', '유아들이 흥미를 느끼지 못함(13.9%)' 등으로 그 문제점을 지적하였다. 따라서 유아교육 현장에 보다 적극적으로 세시풍속과 인성예절 지도 프로그램이 도입되고 다양한 자료가 제공되어야 한다.

표 12-3 | 국립민속박물관에서 진행하고 있는 세시풍속 체험 프로그램

구분		국립민속박물관
설날	행사	설날 아침 차례상 차려보기, 설빔입고 기념촬영, 윷점, 토정비결보기, 복조리, 연날리기, 댕기, 열두 띠 곡물액자 만들기, 농악공연
	음식	설 음식 떡국 나누기, 가래떡과 한과 나누기
	놀이	전통놀이(쌍륙, 고누놀이), 민속체험놀이(투호, 제기차기, 팽이치기, 윷놀이)
대보름	행사	무사태평 기원 지신밟기, 북청 사자탈춤 공연, 부럼, 오곡밥, 나물, 복쌈 등 시식, 절식 실물 전시, 연, 버선무늬, 솟대, 피리 만들기, 소원쓰기
	음식	귀밝이술 마시기, 약밥 먹기, 보름 묵은 나물, 부럼 깨기
	놀이	더위팔기, 다리 밟기, 나무 아홉짐 지기, 복토 훔치기, 줄다리기, 지신밟기, 볏가릿대 세우기
단오	행사	하회 별신굿 공연, 날뫼북춤 공연, 단오부적 찍기, 단오부채, 인장, 애호 향주머니, 장명루, 창포샴푸 만들기, 창포물머리감기
	음식	수리취떡 만들기
추석	행사	사물놀이, 농악 공연, 강강술래, 클레이로 추석 차례상 미니어처 만들기, 민화 공예, 종이 활용하여 추석빔 접어보기, 거북, 농기, 한지쟁반, 매듭장신구, 배씨댕기머리띠 만들기
	음식	송편 만들기, 식혜 나누기, 차례상 차리기
	놀이	거북놀이, 꼭두각시놀음, 돼지씨름, 팔씨름, 투호, 팽이, 제기차기, 굴렁쇠 굴리기
동지	행사	동지고사(팥죽고사)
	음식	팥죽 나누기

4) 유아인성예절 지도에 적용할 수 있는 명절과 풍습

구분	설	대보름	단오	추석
시기	음력 1월 1일	음력 1월 15일	음력 5월 5일	음력 8월 15일
의미	복된 한 해가 되기를 기원	가정의 행운과 풍년농사 기원	풍작을 기원	수확의 기쁨을 조상께 감사하고 이웃과 나눔
인성예절 지도적용	효, 감사 가족화목	나눔과 협력	공동체 삶 나눔과 협력	효, 감사, 나눔 가족화목
음식	세찬(떡국)	밤, 잣, 호두, 땅콩, 오곡밥, 나물, 약식	수리취떡, 앵두화채, 보리수단	햇과일, 송편 토란국, 배숙
행사, 놀이	차례, 세배, 윷놀이, 연날리기, 널뛰기, 제기차기, 복조리 팔기 등	달맞이, 다리밟기, 부럼깨기,더위팔기, 줄다리기,쥐불놀이, 북청사자놀음 등	창포물에 머리감기, 단오부채 선물, 씨름, 그네 뛰기, 탈춤, 사자춤, 가면극 등	차례, 달맞이, 강강수월래, 거북이놀이, 소놀이, 그네뛰기, 제기차기, 널뛰기, 투호 등
기대 효과	• 세시음식 만들어 나누어 먹기: 나눔 실천하기 • 세시풍속 놀이하기: 공동체 의식 공유하기 • 가족모임: 효의식 함양하기, 가족유대감 키우기 • 세시풍속 즐기기: 우리의 생활문화 익히기, 민족의 정체성 함양하기			

2. 세시풍속 이해를 위한 유아인성예절 동요와 프로그램

1) 설날

(1) 적용 동요

설날은 음력 정월 초하룻날로 한해의 첫날로 원(元日), 원단(元旦), 정초(正初)라고도 불리며 남녀노소, 귀천의 구분 없이 설빔으로 갈아입고, 조상에게 정초차례를 지내고 어른들께 세배한다. 세찬(歲饌)은 차례상에 오르고 명절 때에 먹는 음식이다. 가래떡을 썰어 넣고 끓인 떡국은 우리나라의 대표적인 설음식이다.

설날

주영애 작사, 곡

(2) 적용 프로그램: '설날' 유아인성예절 프로그램

지도 목표	■ 설날이 어떤 날인지 알며 가족 유대감을 나눌 수 있다. ■ 설날에 지켜야 할 예의범절에 대하여 이야기하고 익혀 본다. ■ 설날의 음식, 민속놀이, 차례지내기 등 공동체문화에 대해 이야기할 수 있다. ■ 설날의 민속놀이(제기차기, 윷놀이)를 하며, 협동과 질서를 익힌다.

과정	주제	내용	자료
도입		• 인사 나누기	
이야기 나누기	이야기 나누기	• 설날이란 언제인가? • 설날은 무엇을 하는 명절인가? 유아들이 생각나는 것을 자유롭게 이야기하도록 한다.	
활동 실습	설빔이란?	• 설빔이란 무엇을 말하는 것인가? • 남아, 여아의 한복 입는 법을 바르게 익힌다. • 한복입고 바른 몸가짐 하기(공수, 앉기, 걷기 등)에 대해 익힌다.	지도자의 바른자세
	설날 음식은?	• 대표적인 설날 음식인 '떡국'에 대해 알아본다.	글자, 그림교구
	설날 행사는?	• 차례지내기, 성묘하기에 대해 알아본다. • 어른들께 세배하는 방법을 알아본다. • 조상님께 인사드리기: 절을 배워본다.	지도자의 시연(세배)
	설날에 하는 명절놀이는?	• 윷놀이, 제기차기, 연날리기, 널뛰기, 투호 등 놀이를 알아본다. • 팀을 나누어 윷놀이와 제기차기를 해 본다.	윷, 윷판, 말 2개 제기 2개
	설날 지켜야 할 예의범절	• 차를 타고 어른들을 뵈러 갈 때, 투정하지 않는다. • 오랜만에 뵙는 어른들께 바르게 세배한다. • 설날 음식을 준비하시는 분들 옆에서 뛰어다니거나 음식을 먼저 집어 먹는 일은 하지 않는다.	
	설날노래	• 율동과 함께 '설날' 노래를 배운다.	노래판
정리	유아와의 상호작용	• 설날명절의 의미, 음식, 옷, 행사, 놀이 등 알게 된 내용에 대해 유아들과 상호작용하면서 질문과 응답으로 유아들이 이해했는지 재확인한다.	
	마무리 인사	• '설날' 노래를 다시 부르며, 의미를 반복하여 이해할 수 있도록 한다. • 인사 나누기 – 공수자세로 마무리 인사	
지도시 유의점		• 유아들이 산만하지 않도록 주의집중시킨다. • 지도자는 바른 공수법, 한복차림, 절 시연에 주의한다. • 유아의 연령과 발달단계를 고려하여 설교육 내용을 몇 회기로 나누어 지도할 수 있다.	

2) 정월대보름

(1) 적용 동요

정월대보름은 음력 정월보름날로 상원(上元)이라고 한다. 대보름의 절식으로는 약밥, 오곡밥, 묵은 나물과 복쌈, 부럼, 귀밝이술 등을 먹는다. 이날 행해지는 제의와 놀이로서는 지신밟기, 별신굿, 안택고사, 용궁맞이, 기세배(旗歲拜), 쥐불놀이, 사자놀이, 관원놀음, 들놀음과 오광대탈놀음 등이 있다.

정월대보름

주영애 작사, 곡

(2) 적용 프로그램: '정월대보름' 유아인성예절 프로그램

지도 목표	■ 대보름이 어떤 날인지 안다. ■ 대보름날 먹는 세시 음식을 알고, 부럼을 친구들과 나눌 수 있다. ■ 대보름날 민속놀이를 알고, 공동체사회와 협력 가치의 중요성을 알 수 있다.

과정	주제	내용	자료
도입		• 인사 나누기	
이야기 나누기	이야기 나누기	• 대보름은 언제인가요? • 대보름은 무엇을 하는 명절인가?	
활동 실습	대보름의 의미	• 대보름은 새해를 맞이하여 처음 맞이하는 보름달을 보는 때임을 알려준다. • 대보름은 1년 내내 행복하고 농사도 잘되고, 건강하기를 기원하는 날이다.	
	대보름 음식	• 오곡밥, 나물에 대해서 설명한다. • 부럼– 땅콩 잣 호두 밤을 먹는 것을 말한다. • 오곡밥, 나물, 부럼을 먹은 이유를 알려준다.	실물교구
	대보름 놀이	• 달맞이하기–밝고 둥근 큰 보름달 보기, 소원 빌기 • 줄다리기, 쥐불놀이, 북청사자놀음 설명	그림교구
	정월대보름 동요	• '정월대보름' 동요를 배운다.	노래판
정리	유아와의 상호작용	• 정월대보름 명절의 의미, 음식, 놀이 등 알게 된 내용에 대해 유아들과 상호작용하면서 질문과 응답으로 유아들이 이해했는지 재확인한다.	
	마무리 인사	• '정월대보름' 동요를 다시 부르며, 그 의미를 반복하여 이해할 수 있도록 한다. • 인사 나누기 – 공수자세로 마무리 인사	노래판
지도 시 유의점		• 유아들이 산만하지 않도록 주의집중시킨다. • 유아의 연령과 발달단계를 고려하여 대보름 음식, 놀이 등의 내용을 몇 회기로 나누어 실습과 함께 지도할 수 있다. • 오곡밥과 나물로 점심을 준비하여, 프로그램과 연계할 수 있다.	

3) 단오

(1) 적용동요

단오는 음력 5월 5일로 연중 4대 명절(설날, 한식, 단오, 추석)의 하나로 성대히 지내는데, 순우리말로는 '수릿날'이라고도 한다. 5월 단오 행사는 창포물에 머리 감고, 단오부채를 만든다. 단오의 절식으로는 수레바퀴 모양으로 만들어진 수리취떡이 있다. 단오놀이로는 씨름, 그네뛰기 등을 한다.

단오날

주영애 작사,곡

(2) 적용 프로그램: '단오' 유아인성예절 프로그램

지도 목표	■ 단오가 어떤 날인지 안다. ■ 단오 때 먹는 세시 음식을 알고, 놀이를 통해 협동, 질서 등을 익힌다. ■ 단오 부채를 만들며, 우리 문화의 소중함을 안다.

과정	주제	내용	자료
도입		• 인사 나누기	
이야기 나누기	이야기 나누기	• 단오라는 말을 들어 본 적이 있나요? • 단오는 무엇을 하는 명절인가?	
활동 실습	단오의 의미	• 단오 명절에 대해 이야기한다. • 옛날 할머니 할아버지는 농사를 짓고 사셨는데, 농사를 잘 지어 풍년이 되게 해달라고 차례로 지내고, 놀이와 행사를 하며 즐겁게 지낸 날이다.	
	단오 동요	• '단오' 동요를 배운다. 단오의 의미를 안다	노래판
	단오음식	• 수리취떡 • 수리취 떡살 문양으로 물감 찍기를 적용한다.	물감, 찍기 종이
	단오행사	• 씨름, 그네뛰기, 탈춤, 창포물에 머리감기 • 단오선(시원하게 여름 맞이하기) 만들기	그림교구 부채만들기
	단오 동요	• '단오' 동요를 부르며, 의미를 반복하여 익힌다.	노래판
정리	유아와의 상호작용	• 단오 명절의 의미, 음식, 놀이 등 알게 된 내용에 대해 유아들과 상호작용하면서 질문과 응답으로 유아들이 이해했는지 재확인한다.	
	마무리 인사	• '단오' 동요를 다시 부르며, 그 의미를 반복하여 이해할 수 있도록 한다. • 인사 나누기－공수자세로 마무리 인사	노래판
지도 시 유의점		• 유아들이 단오선을 만들 때 산만하지 않도록 유의하며 발달정도를 살펴서 마무리 짓도록 살핀다. • 유아의 연령과 발달단계를 고려하여 대보름 음식, 놀이 등의 내용을 몇 회기로 나누어 실습과 함께 지도할 수 있다. • 창포물에 머리감기도 실습으로 계획해 볼 수 있다.	

4) 추석

(1) 적용 동요

추석은 음력 8월 15일로 속칭 가윗날, 한가위 등으로 일컬어지는 우리 고유의 명절이다. 햇곡식과 햇과일을 준비하여 추석차례를 지내고 성묘를 한다. 추석은 풍요에 감사하고 조상께 추원보본(조상의 덕을 추모하여 자기의 근본을 잊지 않고 제사를 지내며 은혜를 갚음)하는 날이다. 추석의 절식으로는 올해 추수한 쌀로 빚은 송편(올벼송편)과 토란국이 으뜸이다. 추석놀이로는 거북놀이, 소맥이놀이, 줄다리기, 사자놀이 등이 있다. 추석은 덥지도 춥지도 않아서 살기에 가장 좋은 계절이므로 우리의 속담에는 '더도 말고 덜도 말고 한가위만큼만'이라는 말이 있다.

추석은 한가위

주영애 작사, 곡

(2) 적용 프로그램: 추석과 유아인성예절 프로그램

지도 목표	■ 추석은 우리나라의 고유 명절로, 가족 친지가 모여 조상님께 인사드리고, 사랑을 나누는 날로 공동체의 나눔을 실천해야 한다는 것을 안다. ■ 차례 지낼 때, 돌아가신 조상님께 드리는 절을 바르게 할 수 있다. ■ 한복을 바르게 입고, 공수하며, 바른 자세의 예의범절을 몸에 익힌다. ■ 추석 음식, 민속놀이, 차례 지내기 등을 이해하며, 협동, 배려 등을 익힌다.

과정	주제	내용	자료
도입		• 인사 나누기	
이야기 나누기	이야기 나누기	• 추석이란 언제 인가? • 추석은 무엇을 하는 명절인가?	
활동 실습	추석빔이란?	• 추석빔이란 무엇을 말하는 것인가? • 남아, 여아의 한복 입는 법을 바르게 익힌다. • 한복 입고 바른 몸가짐하기(공수, 앉기, 걷기 등)에 대해 익힌다.	지도자의 바른자세
	추석음식은?	• 햇곡식, 햇과일, 토란국, 송편 등 추석음식에 대해 알아본다.	글자, 그림교구
	추석 행사는?	• 차례 지내기, 성묘하기에 대해 알아본다. • 조상님께 인사드리기: 절을 배워본다.	지도자의 시연
	추석에 하는 명절놀이는?	• 강강수월래, 제기차기, 윷놀이, 널뛰기, 투호 등 놀이를 알아본다.	글자, 그림교구 투호 실물
	추석노래	• 율동과 함께 '추석은 한가위' 노래를 배운다.	노래판
정리	유아와의 상호작용	• 추석명절의 의미, 음식, 옷, 행사, 놀이 등 알게 된 내용에 대해 유아들과 상호작용하면서 질문과 응답으로 유아들이 이해했는지 재확인한다.	
	마무리 인사	• '추석은 한가위 '노래를 다시 부르며, 추석의 의미를 반복하여 이해할 수 있도록 한다. • 인사 나누기－공수자세로 마무리 인사	
지도시 유의점		• 유아들이 산만하지 않도록 주의집중 시킨다. • 지도자는 바른 공수법, 한복차림, 절 시연에 주의한다. • 유아의 연령과 발달단계를 고려하여 추석 내용을 몇 회기로 나누어 지도할 수 있다.	

5) 적용내용 예시: 다례와 세시풍속의 유아전통문화교육 통합프로그램[19]

회기	프로그램명	활동 명	활동내용	전통문화 내용 요소	예절동요
1	설날	의미와 유래	한복 입는 법, 명칭 세배하는 방법	세배, 덕담 설빔, 세찬	설날, 수용공 족용중
2		전통놀이	윷놀이 동화듣기 윷놀이	전통놀이	설날, 수용공 족용중
3		전통음식	방앗간에서 가래떡 뽑기 가래떡 썰기 떡국 만들어 먹기	떡국 만들기	설날, 수용공 족용중
4	정월 대보름	전통놀이	부럼에 대해 알기 달맞이, 더위팔기	부럼, 오곡밥, 귀밝이술, 묵은 나물	정월대보름, 수용공, 족용중
5		전통놀이	연 만들기, 줄다리기	전통놀이	정월대보름, 수용공, 족용중
6		대보름 음식	귀밝이술 마시기, 부럼먹기, 약식 만들어 먹기	약식 만들기	정월대보름, 수용공, 족용중
7	다례	차실 예절	녹차씨앗 관찰하기, 녹차마시기	구사, 구용	다례, 인사해요 두용직
8		차의 효능	동화듣기, 녹차마시기	구사, 구용	다례, 인사해요 목용단
9	단오	의미와 유래	동화듣기, 단오 알기	창포, 단오선 수릿날	단오, 수용공 족용중
10		전통놀이	단오부채, 쑥포프리 만들기 씨름하기	전통놀이	단오, 수용공 족용중
11		단오 음식	수리취떡 만들기 진달래 화전 만들기	화전, 수리취떡	단오, 수용공 족용중

19 박영자(2015). 幼兒傳統文化敎育 통합프로그램 개발 및 효과–茶禮와 歲時風俗을 중심으로–. 성신여자대학교 대학원 박사학위논문, p.57에서 제시한 프로그램 예시임.

12	다례	차 도구	차 도구 명칭 알기 말차 마시기	구사, 구용	다례, 인사해요 기용숙
13		차 우리기	성경애 하는 마음 갖기 연차 마시기	구사, 구용	다례, 인사해요 구용지
14		차의 종류	동화듣기 녹차, 우롱차, 홍차 마시기	구사, 구용	다례, 인사해요 성용정
15	추석	의미와 유래	성묘하기, 차례상 차리는 법	추석빔, 차례상	추석, 수용공 족용중
16		전통놀이	동화듣기 강강술래 널뛰기	전통놀이	추석, 수용공 족용중
17		추석 음식	송편 만들기	솔잎, 송편	추석, 수용공 족용중
18	다례	전통 다식	다식 만들기 국화차 마시기	구사, 구용	다례, 인사해요 색용장
19		부모님께 차 드리기	부모님께 차 드리기	구사, 구용	다례, 인사해요 입용덕

적용 Point

01 세시풍속은 유아인성예절교육에 왜 필요한 것인지 설명해 보세요.

02 유아교육현장에서 이루어지고 있는 세시풍속교육의 실태를 조사해 보세요.

03 세시풍속 인성예절 프로그램을 현장에 적용해 보고, 평가해 보세요.

04 공동체 나눔, 협력, 질서, 존중, 배려 등의 인성핵심 덕목 함양을 위해 세시음식, 세시놀이를 중심으로 유아인성예절지도 프로그램과 교구를 만들어 보세요.

05 세시풍속과 유아인성예절지도를 위한 '창작동화'를 만들어 보세요.

| CHAPTER **13** |

전통 茶와 유아인성예절

1. 전통 茶
2. 전통 茶 예절교육을 위한 유아인성예절 동요와 프로그램

1. 전통 茶

1) 다례교육과 유아인성예절과의 관계

차(茶)는 육체적인 피로를 풀고 정신을 맑고 건강하게 만드는 것뿐만 아니라, 정신을 건강하게 하여 인생을 살아가는 데 즐거움을 주는 중요한 요소(박경숙, 2016)이다. 이뿐 아니라 차와 관련한 예의범절을 배우고 익힐 수 있으며 우리의 전통 문화를 계승하는 가치도 담고 있다. 즉 우리는 고유의 차를 준비하는 과정에서 찻 자리를 준비하는 법, 다구를 다루는 법, 차를 우리는 법, 정중하게 손님을 대접하는 법, 다른 사람들과 함께 차를 마시는 법, 등 다양한 행위를 중심으로 하여 심신을 수련하고 관련된 예법을 익혀 왔다. 예로부터 우리민족은 차를 단순한 음료로만 바라보지 않고, 심신수련과 인성을 연마하고 예술의 경지까지 이르게 하는 심오한 과정으로도 인식해 왔다. 즉 선조들은 ① 건강에 이롭고 ② 사색공간을 넓혀주고 마음의 눈을 뜨게 해주고 ③ 사람으로 하여금 예의롭게 하기 때문에 차를 즐겼고, ④ 졸음을 방지하고, ⑤ 머리를 맑게 하며 마음의 기운을 안정시키며, ⑥ 병을 치료하고 각성작용과 기억력을 증진시키는 등 마음의 수양에도 도움을 주는 것으로 생각하였다.

최근에는 유아의 인성교육을 위해 전통차를 접목한 '유아다례'교육에 관심이 모아지고 있다. 유아다례교육은 유아의 친사회적 행동에서 긍정적인 변화에 효과가 있으며(김현란 외, 2014), 인성 함양은 물론 기본생활습관 향상, 자아확립, 공동체의식 함양, 신체발달, 사회성 발달, 정서지능 발달에도 효과가 있는 것(박은혜, 2014; 박영자, 2015; 차아미, 2015; 노현옥, 2016)으로 나타나고 있다. 또한 유아의 주의집중력과 자기조절력, 자존감(양지현, 2012; 한영희, 2012)도 향상시키는 것으로 보고되고 있다. 즉 다례활동은 유아의 인성발달에 전반적으로 긍정적인 영향을 준다.

다례에는 기본적으로 예(禮)와 인(仁)을 기반으로 인간의 본성을 다스릴 수 있도록 도움을 주는 내용이 담겨 있다. 차를 우리는 과정에서 정성(誠)과 공경(敬)을 다하는 마음과 자연의 일부인 차(茶)를 맑고 깨끗하고 정직하게 다루려는 마음을 갖고, 절제와 인내심을 기르며, 함께 차(茶)를 마시는 타인에 대하여 배려하고 존중하는 마음 등 인성교육의 핵심적인 덕목을 요구하고 있다. 유아들은 다례활동을 통해서 자기중심적 사고에서 확장하여 이타심, 배려, 절제, 존중 등의 가치를 익히고, 생활에서 실천할 수 있는 소중한 우리의 전통생활문화를 함께 습득할 수 있다. 따라서 유아다례와 접목된 인성교육은 교육적으로 큰 시너지 효과를 발휘한다. 유아의 발달 단계를 고려하여, 찻잔에 차 따르기, 다구 명칭 알아보기, 차 대접하기, 차 우리기 등을 적용하도록 하여, 그 과정 중에 배려, 존중, 책임, 인내 등의 인성핵심 덕목을 함양할 수 있게 유아인성예절교육에 적용해 보도록 한다.

2) 차(茶)의 연구분야

차를 연구하는 분야는 크게 건강증진과 기호음료로써의 차와 종교적 심신수련 도구로써의 차, 문화적 가치를 담은 차로 구분하여 볼 수 있다. 식품학, 식품공학을 중심으로 건강증진과 기호음료로 연구하는 분야에서는 건강 증진을 위한 차의 효과성을 연구하며, 나아가 차의 효능을 활용한 다양한 제품개발까지 확장하여 연구하고 있다. 한편 차와 관련한 역사, 고전 등 인문학적 고찰을 하고, 종교 활동으로 연계하여 심신 수련의 과정을 연구하는 분야가 있다. 또한 차를 생활문화와 교육적으로 접근하는 하여 차산업 활성화, 차의 소비, 차 교육, 차문화 콘텐츠 개발 등 실용화를 위한 연구 분야가 있다.

예절다도를 전공으로 하는 특수대학원이 성신여자대학교에 1999년도에 개설된 이후, 차학(茶學)에 있어서 차문화(茶文化) 연구가 활성화되기 시작했고, 그후 각 대학원과 학부에 전공학과들이 생겨나 다양한 연구들이 진행되고 있다. 유아를 대상으로 한 차(茶)교육이 접목된 것도 이러한 연구의 과정속에서 그 효과성이 검증되면서 크게 주목을 받고 있는 것이다.

표 13-1 | 차 연구 분야

건강증진과 기호음료	차는 비타민, 아미노산, 폴리페놀, 카데킨 등 건강에 유용한 성분을 갖고 있어, 암 발생 억제효과, 콜레스테롤 제거효과, 혈압상승 억제작용, 충치예방효과 등 건강에 도움을 줄 뿐만 아니라, 기호음료로서의 가치도 갖고 있다. 차를 연구하는 과학적 연구를 통하여 다양한 차를 개발하고 있고, 차의 성분과 효능을 활용한 녹차치약, 녹차클렌징 등 생활용품 등도 개발되어 판매되고 있다. 신차개발과 차 생산의 과학화 등을 연구하고 추진한다.
종교적 심신수련 도구	차의 역사로 볼 때, 불교문화의 발달과 더불어 성장해 왔고, 종교적 심신수련의 도구로도 활용되고 있다. 그러나 오늘날 불교뿐만 아니라, 기독교, 천주교 등에서도 차를 활용한 심신수련과 명상, 종교행사 등에 널리 활용되고 그 효용가치에 대해서 연구되고 있다.
문화적 가치	차 문화의 발달 과정을 인문학적 사회학적으로 접근하여 연구하며, 차와 예절, 차의 역사와 고문헌 연구, 차 교육 프로그램 개발, 차의 교육적 효과, 차 문화행사, 차생산과 소비, 차와 스토리텔링 등 다양한 측면에서 연구되고 있다. 특히 차 교육적 측면에서 유아다례부터, 청소년다례, 규방 다례 등 교육대상별 프로그램 개발과 교육효과성 연구 등이 이루어지고 있다. 한편으로 지역의 차 축제, 차 문화행사, 차 판매, 차 문화 마케팅 등 문화산업의 일환으로 실천적 활동이 이루어지고 있다.

3) 차의 유래와 종류

차의 유래에 대한 여러 설이 있으나, 육우의 《다경(茶經)》을 보면, 중국 염제 신농씨(불꽃 임금)가 하루에 100여 가지의 풀잎, 나뭇잎의 효능을 알아보는 과정에서 독초를 씹고 중독되었을 때, 차 잎을 씹었더니 그 독이 풀어져 그때부터 차를 마시게 되었다고 전해지고 있다. 이외에도 달마대사의 기원설도 있다. 우리나라의 차에 대한 기록은 《삼국사기》에서 찾아 볼 수 있다.

차는 정통차와 대용차로 나누어 말할 수 있다. 정통차(正統茶)란 차나무에서 딴 잎으로 만든 것을 말하며, 대용차(代用茶)란 일반적인 마실 거리를 통칭하는 것이다.

차나무의 학명은 카멜리아 시넨시스(Camellia sinensis)로, 측막태좌목(側膜胎座目) 차나무과(茶-科)에 속한 나무다. 열대, 아열대, 온대 지방에서 자라며 사철 잎이 푸른 상록수(常綠樹)다. 중국이 원산지로 알려져 있으며, 변종이 많아서 저마다 그 나무나 잎의 크기, 색깔, 모양이 다르다. 크게 대엽종(大葉種)과 소엽종(小葉種)으로 나뉘는데, 한중일(韓中日) 등 동아시아 지역의 차나무는 대부분 소엽종이고 인도 아삼(Assam) 등지의 차나무가 대엽종이다(주영애 외, 2011).

우리나라의 차에 대한 기록은 《삼국유사》에 따르면, 경덕왕 23년(765년) 3월 삼짇날 경주에서 다회를 열었다는 기록이 있고, 《삼국사기》 신라본기에는 흥덕왕 3년(828년) 대렴공이 당나라에서 차 종자를 가져와 지리산에 심었다는 기록이 있다. 신라시대 최치원의 《동문선(東文選)》에는 '차를 얻었으니 근심을 잊게 되었다'고 하여 차를 마시면 시름이 없어지고 마음이 편안해진다고 하였다.

또한 고려시대에는 불교문화의 발전과 함께 차 문화가 널리 확산되었고, 가장 사랑받는 기호음료가 되었다. 고려사에는 임금이 손수 불공을 위한 말차를 제조했고, 모든 국가의식에 《진다의례(進茶儀禮)》가 이루어졌음을 알 수 있다. 또한 《고려도경》에는 거리에 다점이 있어 일반 백성에게 차를 팔았다는 기록도 있다. 고려시대 익재 이제현의 《익재집(益齋集)》에는 '송광 스님이 햇 차를 보내준 은혜에 답하여 붓 가는 대로 써서 방장실에 부침'이라는 칠언고시의 서두에서 차로써 병을 고쳤음을 노래하고 있고, 포은 정몽주는 '차 마시는 버릇으로 세상일을 잊는다.'고 하였다.

조선시대에 이르러서는 불교의 쇠퇴로 인하여 차의 수요도 급격히 줄어들었으나, 조선시대 양반가와 문인들을 중심으로 차 문화가 이어져 왔다. 조선 초기 한재 이목은 《다부(茶賦)》에서 차의 등급을 '몸을 가볍게 할 수 있는 것이 상품이요, 오랜 병을 낫게 할 수 있는 것이 중품이요, 시름을 달래 줄 수 있는 것이 그 다음 품이라' 하여 차의 효능에는 병을 낫게 해주는 신체적 효능과 마음을 달래주는 정신적 효능까지 언급(정영선, 2003)되어 있다. 한편 조선 후기 다산 정약용이 강진에서 차 생활을 했던 기록, 다산과 혜장 스님과의 만남, 초의선사의 《다신전》, 《동다송》 등이 전해지고 있다. 조선후기 정약용, 혜장 스님, 초의선사, 추사 김정희 등은 우리나라 차 문화의 맥을 이어온 중요한 인물이다.

筡	標	蔎	茗	荈	茶

그림 13-1 | 문헌상 차의 명칭으로 사용된 한자어

표 13-2 | 차의 종류

색에 따른 분류	백차(白茶)	솜털이 덮인 차의 어린 싹을 덖거나 비비기를 하지 않고 그대로 건조시켜 만든 차로, 차 잎이 은색의 광택을 낸다. 백호은침이나 백모단 등이 있다. 중국 복건성이 주산지이다.
	녹차(綠茶)	차 잎을 따서 바로 증기로 찌거나 솥에서 덖어 발효가 되지 않도록 만든 불발효차이다. 증제차, 옥로차, 덖음차, 현미녹차 등이 있다. 주로 한국, 중국, 일본에서 생산된다.
	황차(黃茶)	차 잎의 색상과 우려낸 수색, 그리고 차 찌꺼기의 세 가지 색이 모두 황색을 띤다. 녹차 제조 과정에서 녹차와 오룡차의 중간에 해당하며, 카데킨 성분의 50~60%가 감소되므로 차 맛이 순하고 부드럽다.
	청차(青茶)	차 잎의 모양이 검고 용처럼 구부러져 있다고 하여 오룡차라고 불리며 독특한 향을 가진다. 발효 정도는 가장 가벼운 백차와 강한 홍차의 중간에 위치한다.
	홍차(紅茶)	발효 정도가 85% 이상으로 떫은 맛이 강한 차로, 영국과 영국식민지였던 연방 국가들에서 많이 소비된다. 인도의 다즐링(dazzeling), 중국의 기문(祈門), 스리랑카의 우바(Uva) 홍차가 세계 3대 홍차로 유명하다.
	흑차(黑茶)	중국의 운남성, 사천성, 광서성 등지에서 생산되는 후 발효차로 차 잎이 흑갈색을 나타내고 수색은 갈황색이나 갈홍색을 띤다.
채취 시기에 따른 분류	우전(雨前)	곡우(양력 4월 20일~21일) 날 직전에 나온 차를 말한다.
	세작(細雀)	우전 다음에 어린 잎으로 차를 만드는 것이다. 보통 4월 말 정도에 나온다.
	중작(中雀)	세작 생산이 끝난 뒤인 입하 뒤부터 음력 5월 중순 쯤 나온 차이다. 차 잎의 크기와 여리고 굳은 정도의 분류에서 세작과 대작 중간 크기의 차 잎을 덖어서 만든 차이다. 세작보다는 싸지만, 대작보다는 비싸다.
	대작(大雀)	제일 큰 잎이며, 채다 기간은 5월 말까지가 보통이다.

제다 방법에 따른 분류	잎차	차나무의 잎을 그대로 볶거나 찌거나 발효시켜 찻잎의 모양을 변형시키지 않고 원래대로 보전한 것이다.
	가루차	가루차는 시루에서 쪄낸 차잎을 그늘에서 말린 다음 가루를 내어 만든 차이다.
	고형차 (덩이차)	차 잎을 시루에 넣고 수증기로 익혀서 절구에 넣어 떡처럼 찧어서 틀에다 박아낸 고형차이다.
제다 방법에 따른 분류	불발효차	차 잎을 바로 솥에서 덖거나 증기로 쪄서 산화효소를 파괴시켜 녹색이 그대로 유지되도록 만든 차이다.
	반발효차	차 잎의 효소 산화처리를 부분적으로 행한 차이다. 발효 정도가 10~65%이며, 쟈스민차, 장미꽃차, 치자꽃차, 오룡차가 속한다.
	발효차	발효란 차 잎 중에 함유되어 있는 떫은 맛을 내는 폴리페놀이라는 성분이 차잎에 존재하는 산화효소의 작용에 의하여 황색이나 홍색을 띠는 성분으로 바뀌면서 색과 맛 향 등이 변화되는 과정을 말한다. 발효 공정을 거쳐 85% 이상 발표시켜서 만든 차이다.
	후발효차	차 잎을 가열처리한 후 미생물을 발효시켜 끝마무리 한차이다. 보이차는 후발효차의 대표이다.

4) 차의 성분과 효능

차는 건강증진, 기호음식, 기능성 식품으로의 기능을 갖고 있다.

표 13-3 | 차의 기능

1차 기능 (영양소 공급)	차는 저칼로리 식품으로 체내에 비타민과 미네랄을 제공한다. 하루에 10잔 이상(1~1.5L)을 마시면 1일 필요한 비타민의 80% 이상을 보충할 수 있다.
2차 기능 (기호식품)	차는 사색을 도와주는 고급 기호식품이다. 삶의 질을 높여주는 문화음료이자 건강음료라 할 수 있다.
3차 기능 (건강유지와 증진)	차는 신체의 생체조절을 통해서 질병 발생을 사전에 방지할 수 있는 기능성 식품이라 할 수 있다.

차는 콜레스테롤의 제거효과와 혈압상승억제 효과, 식중독 예방, 충치예방, 암 발

생 억제 효과 등 다양한 효능을 갖고 있다. 뿐만 아니라 차는 실생활에서 다양하게 응용될 수 있다. 아이들이 넘어졌을 때 차를 부스러뜨려 바르거나, 우유 물로 차물을 쓰면 좋다. 또한 차 찌꺼기는 모아 두었다가 냉장고 탈취제로 사용하고, 음용기간이 지난 차는 목욕물로도 사용해도 유용하다.

5) 차를 마시고 대접하는 예절

차를 다루는 다법은 차를 가르치는 곳이나 차 교육자마다 조금씩 다를 수 있다. 그러나 차를 다룰 때 가장 기본적이고 공통적으로 지켜야 할 예절은 크게 다르지 않다. 공통적인 사항은 일반적으로 생활다례를 하거나, 유아다례를 가르칠 때에는 무리 없이 유용하게 활용할 수 있다.

(1) 차 마시는 예절

- 차는 색과 향과 맛을 즐기도록 한다.
- 주인이 차를 우리는 동안에는 손님은 조용히 기다리도록 한다.
- 주인이 차를 권하면 손님은 가볍게 답례의 인사를 하고 차를 마신다.
- 손잡이가 없는 찻잔은 오른손으로 잔을 살짝 감싸 쥐고, 왼손으로는 잔의 아랫부분을 조심스럽게 받쳐서 들고 차를 마시도록 한다.
- 찻물이 뜨겁다고 하여 '후후' 불거나 '후룩후룩' 소리를 내어 마시는 일은 하지 않는다.
- 차는 한 번에 다 마시지 않고, 두세 번에 나누어 마시도록 한다.
- 찻잔을 비웠을 때는 주인이 차를 더 권한다면, 그에 대해 응대하고, 받도록 한다.
- 말차(가루차)를 마실 때는 먼저 나온 다식을 먼저 먹고 난 후에 차를 마시도록 한다.

(2) 다담 나누기

찻 자리에서 나누는 이야기를 다담(茶談)이라고 한다. 차(茶)를 마실 때에는 품격에 맞는 이야기를 주고받아야 하며, 사람들의 뒷 담화나 근거 없는 이야기 등을 하지 않도록 주의해야 한다. 덕담, 아름다운 이야기, 시와 그림 이야기, 계절이야기 등을 나누면서, 고운 마음과 이해심을 넓히도록 한다.

- 좋은 차를 준비해 준 주인에게 감사의 뜻을 전한다.
- 차 맛의 색이나, 향, 차를 즐기는 사람들의 마음에 대해 이야기할 수 있다.
- 다담의 소재는 자연의 아름다움을 말하거나, 시, 그림, 문화, 예술 등으로 한다.
- 사람에 대한 험담이나, 복잡한 세상사의 이야기는 잠시 피하는 것이 좋다.
- 차를 대접하는 주인은 따뜻한 마음을 나눌 수 있는 분위기를 이끌어 가도록 해야 한다.

(3) 차 대접하는 예절

- 손님께 차를 준비하여 대접할 때에는 차의 종류에 대하여 말씀 드리고, 어느 차를 드실지를 여쭈어 준비한다.
- 따뜻한 차를 내기 위해서는 미리 찻잔을 예열해야 한다. 더운 물을 찻잔에 부어 따뜻하게 찻잔을 덥힌 후에 차를 우리고, 담아 내야 한다.
- 찻잔에 차를 담고, 찻잔 받침에 얹어서 다반에 담아 놓고, 찻상을 들고, 차를 드실 분 앞에 다가가, 정해진 자리에 찻잔 받침과 찻잔을 놓아 드린다.
- 차를 더 드시겠는지를 여쭙고, 차를 두 번 내지 세 번 더 우려 대접할 수 있다.
- 차와 더불어 준비된 다식을 함께 대접하면 좋다.

(4) 차를 우리는 예절

차는 전통다기를 이용하여 기품 있는 몸가짐과 마음가짐을 갖고, 예절을 지켜 우린다. 차를 우리는 과정을 통해서 몸가짐과 마음가짐을 바르게 하는 것뿐 아니라, 차문화에 내재되어 있는 인내, 배려, 책임감의 인성덕목(곽미숙, 2015)을 키울 수 있다. 3인을 중심으로 한 《성신다법》에서 녹차를 우리는 방법(주영애 외, 2015)은 다음과 같다.

- 손님과 차를 우리는 사람(팽주)은 자리에 앉는다. 팽주의 왼쪽이 상객(上客)이다.
- 앉은 채로 인사한다.
- 찻상보를 접는다.
- 수주의 물을 숙우(물식힘 그릇)에 따른다. 물을 너무 뜨겁지 않게 한다.
- 숙우의 물을 차관(다관)에 따른다.
- 차 우릴 물을 숙우에 따른다.
- 찻잔을 예열한다.
- 차호(차통)의 차를 차시(차숟가락)로 떠내어 다관에 넣는다.
- 숙우의 물을 다관에 따른다.
- 찻잔에 예열한 물을 퇴수기(물버림 그릇)에 버린다.
- 차를 찻잔에 따른다.
- 차탁 위에 찻잔을 받쳐 손님께 드린다.
- 손님과 인사를 나누고 차를 마시며 다담을 나눈다.
- 손님께 다식을 드린다.
- 두 번째 차 우릴 물을 숙우에 따른 후, 숙우의 물을 다관에 따른다.
- 손님께 차를 드린다.
- 다 드신 후 다구를 정리한다.
- 찻상보를 덮는다.
- 팽주와 손님은 앉은 채로 인사한다.

차를 다루는 기본적인 과정을 익히고, 유아의 관심과 발달정도를 고려하여, 차를 매개로 한 인성예절교육을 실시한다. 유아들이 흥미를 잃지 않도록 지도해야 하며, 특히 유아가 잘하고 싶지만, 실수를 하여 좌절을 느끼지 않도록 지도자의 조력이 필요한 실습지도에 유의한다.

6) 다구의 종류

유아 다례지도를 위한 기본적인 다구의 종류와 명칭을 참고하여 지도한다.

다관	찻잔	찻잔받침(차탁)
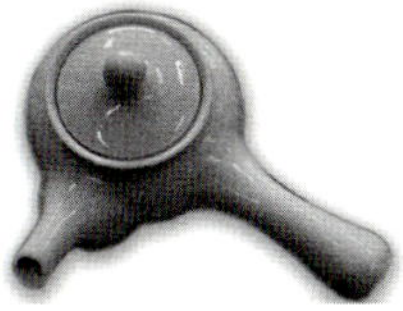		
차통	숙우(물식힘 그릇)	차숟가락(차시)

다건	찻상	찻상보

차뚜껑 받침	찻상세트	
	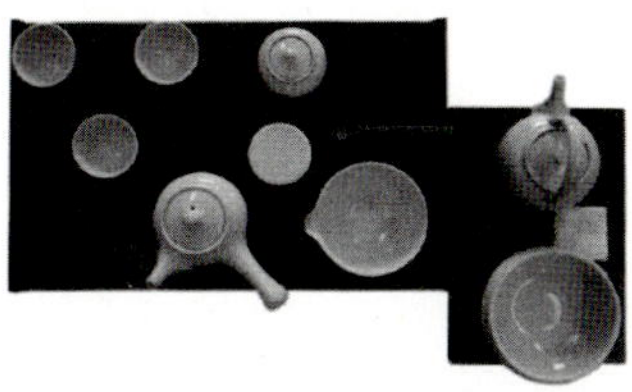	

7) 차와 명상

명상은 호흡을 가다듬고 자세를 바로 하여 마음을 안정되고 차분하게 한다. 현대에는 부적절한 생활습관과 운동부족, 스트레스의 과중함으로 심신의 균형을 잃고 있는 사람들이 많다. 명상은 이러한 상황에서 심신의 균형을 찾고 자유로움을 느끼며, 두려움을 극복하고 삶의 활력을 주는 데 유용하다. 특히 차를 우리고 마시는 과정 중에 하는 명상을 '차명상법'이라 하는데, 차를 통해 명상의 힘을 촉진시키고, 극대화할 수 있게 된다. 차를 우리기 전, 다관 속에서 차를 우려내는 과정, 그리고 우려낸 차를 마시는 과정, 다 마신 후에 각각 잠시 명상을 하는 시간을 갖는다.

차는 집중력을 증대시키고 각성 작용을 하는 효능을 갖고 있으므로 차를 마시는 사람들에게 정신을 맑게 해줌과 동시에 건강에도 유익하다. 차를 마시고 난 후 무겁고 지친 몸과 마음이 가벼워지고 활력을 얻을 수 있다. 차 명상을 통해서 자신을 맑은 정신과 행복감으로 이끌 수 있다. 이와 같은 차 명상은 유아들에게 적용한다면, 몸과 마음을 고요히 가다듬게 하며, 주의력 집중의 훈련을 위해서도 유의미한 프로그램으로 유용하다. 특히 산만하고, 주의집중을 잘하지 못하는 유아들에게 차 명상은 좋은 교육이 될 수 있다.

요가와 차 명상 복합프로그램을 개발하여 적용한 결과(주영애 외, 2013a, b), 청소년들의 행복감 향상과 중년 취업주부의 정서상태와 행복감에 긍정적인 영향을 미치는 것으로 나타났다. 또한 유치원교사의 차 명상 프로그램이 교사의 심리적 안녕감 증진에 기여한다(박경숙, 2016)는 연구 결과도 있다. 명상활동이 유아의 자아존중감과 유치원 적응능력, 스트레스 및 공격성에도 영향을 미치며(김오순, 2008), 아동의 정서와 행동 사회성에도 긍정적인 영향을 미치는 것(박미경, 2009)으로 나타나고 있다.

■ **차 명상 중의 행다 시 유의점**

- 물 흐르는 것과 같이 자연스럽게 하며, 움직임은 간결하게 한다.
- 준비된 차의 성품에 맞춰 좋은 차맛을 낼 수 있도록 정성을 다한다.
- 차와 물, 차도구 등이 자신과 잘 어울려서 하나가 되도록 즐긴다.

■ **명상 중에 마시는 차**

- 눈으로 마시는 차(色) – 오미자, 목련, 연꽃 등의 꽃차
- 향으로 마시는 차(香) – 국화, 매화, 박하, 장미 등 향기가 높은 차
- 맛으로 마시는 차(味) – 녹차, 홍차, 청차, 백차, 흑차 등

■ **차 명상이 주는 효과**

- 피로를 덜어 준다.
- 오감으로 느끼는 차 한잔의 명상은 긴장을 완화시켜 준다.
- 몸의 이완작용으로 편안한 상태로 만들어 준다.
- 불안, 걱정, 공포감을 줄여주며, 만족감과 자긍심을 기른다.
- 수면의 질이 향상되고, 면역력이 높아진다.
- 일상에서의 활기가 생기고, 행복감이 상승한다.

지운(2009)의 차 명상의 방법을 소개하면 다음과 같다.

첫째, 알아차림 명상이다. 찻잔의 차를 마시는 과정에서 할 수 있고, 단순한 움직임만을 알아치리기 위해 찻잔 등의 도구만 이용할 수 있다. 동작 하나하나를 자각하는 것으로 평소에는 무의식적으로 하는 작은 음직임을 모두 알아차리면서 행동하는 것이며 정신이 항상 깨어 있으면 행동이 조심스러워져서 실수가 적어진다. 내 눈 앞의 찻잔을 가져오는 것은 순식간에 할 수 있는 일이지만 최대한 천천히 음직이며 살펴봄으로써 평소에 느끼지 못했던 느낌들을 알아차릴 수 있다. '알아차린다'는 것은 자기가 하는 것을 스스로 아는 것이다. 이렇게 알아차리면 머릿속에서 일체 생각이 일어나지 않게 되어 고요와 평온이 일어나며 의식이 명료해지고 깨어난다. 알아차림 명상은 통찰명상, 즉 마음 챙김(mindfullness) 명상이다.

둘째, 색 · 향 · 미 명상이다. 찻물 색, 차 향기, 차 맛을 응용하여 명상에 드는 것을 말한다. 찻물 색을 보고 맑고 투명한 빛깔이 자신의 마음이라고 명상한다. 그 빛깔을 무한하게 확대하여 호수, 바다, 하늘로 연상해 가면서 자신의 마음도 그와 같다고 생각하는 것이다. 향기명상은 차 향기가 자신의 몸 냄새를 정화한다고 연상한다. 차 한모금과 함께 자신의 몸에 들어온 차 향기가 들숨 날숨을 반복하면서 차향기로 감싸진다고 생각하여 맑고 향기롭게 된다는 연상을 한다. 이 과정을 통해서 마음이 편안해지고, 몸이 이완되면서, 기분이 좋아진다.

셋째, 행복명상이다. 사랑을 나누어 행복한 마음을 키우고자 하는 것으로, 사랑을 나누고 기쁨과 행복으로 평온한 마음을 갖게 한다.

이러한 차명상의 과정을 유아들에게 적용해 본다면, '차'를 매개로 하여, 마음을 가라 앉히고, 자신을 인식하게 하며, 심신을 수련하는 기회를 제공하게 될 것이다.

전통 차(茶)와 유아인성예절의 교육적 가치

① 유아는 전통 차 교육을 통하여 심신의 안정과 단정한 몸가짐을 체험할 수 있다. 즉 자기관리와 수양을 위한 매체로 '차'를 활용할 수 있음을 깨닫게 된다.
② 유아들은 차를 우리는 과정에서 조심하고 절제하며, 인내심을 기르며, 물건 다루는 예법을 익숙하게 익히게 된다.
③ 차를 우려 어른께 대접하는 과정에서 어른을 모시는 예의범절을 익히고, 다른 사람과 나누어 마시는 중에 타인에 대한 배려와 나눔의 의미를 깨달으며, 인성을 도야한다.
④ 예로부터 즐거운 우리의 차문화의 소중함을 깨닫고, 우리문화에 대한 자긍심을 함양한다.

2. 전통 茶 예절교육을 위한 유아인성예절 동요와 프로그램

유아를 위한 전통 차 예절교육은 유아들로 하여금 바른 몸가짐과 마음가짐을 갖도록 해준다. 다구를 다루면서 물건 다루기의 예법을 익히고, 차를 우려 대접하면서 어른을 모시는 태도도 익히게 된다. 또한 한복을 입고 차를 다루게 되면, 바른 옷차림에 대한 예법을 익히고, 나아가 조심하는 태도를 갖게 된다. 그리고 무엇보다 우리 고유의 전통문화를 체험하면서, 문화적 가치의 소중함을 터득하도록 해준다.

전통 茶 유아인성예절 지도 내용

- 우리 전통 차의 장점을 알고, 색과 향과 맛을 보며 차를 바르게 마시는 방법 알기
- 다양한 차의 종류 체험해 보기
- 다구의 명칭과 다구를 다루는 방법 익히기
- 다구를 다루면서 구용(아홉 가지 바른 몸가짐) 익히기
- 차 명상 해보기
- 한복입고 어른께 차 대접하는 법 익히기
- 학부모 참여 수업에서 부모님과 함께 차 예절 배우기
- 차와 함께 먹는 다식 만들어 나누어 먹기
- 다화를 꽂아보고, 아름다운 찻자리 만들어 보기
- 차 예절 경연 대회 참여해 보기

1) 적용내용 예시: 유아다례교육

차의 이해 영역	차의 개념과 역사, 차음식 알기, 전통차의 좋은점, 각 나라의 차, 차나무 생김새, 차의 종류, 차의 보관과 관리, 차 만드는 분들의 고마움 알기
차의 실제 영역	차잎 비교하기, 다구 감상하기, 다건 접기, 녹차 우리는 순서 알기, 손님 주인 되어 보기, 다기의 명칭과 사용법, 녹차 티백우리기, 차 우리기, 차실에 입실하기, 다식 먹기, 손님과 차 마시기, 차 대접하기, 찻상 정리하기, 우려낸 차 활용하기, 다식 만들어 대접하기, 차 그릇 만들기, 다구 다루기, 어머니와 다례배우기, 다례발표, 찻상차리기, 차 만들기, 찻상보 접기, 다구 배열하기, 차 유적지 견학하기
차문화영역	세시풍속 알기와 전통문화 이해하기, 차 시조 감상하기, 차 음악 감상하기, 다화 감상하기, 전래 놀이와 동요부르기

출처: 박정현 · 주영애(2012). 보육교사교육원생들의 유아다례교육에 대한 인식 및 요구도. 생활문화연구, 26(1), p. 27 참고.

2) 적용 동요

(1) 다례

〈다례〉는 차 예절교육에서 가장 기본적으로 활용할 수 있는 예절동요이다. 유아들을 조용히 집중시키고, 차를 마시는 방법에서 찻잔을 드는 방법, 차는 급히 마시는 것이 아니라, 색, 향, 맛을 음미하는 것임을 알게 한다. 또한 차를 마실 때에는 마음을 조용히 가다듬고, 안정적인 정서를 갖도록 하는 데 유용하게 활용할 수 있다.

다례

주영애 작사, 곡

C C C G C
마 음 을 고 요 히 고 요 히 하 세 요
5
C C C G C
우 리 의 전 통 차 마 시 기 해 봐 요
9
C C C G C
손 을 받 쳐 잔 을 들 고 조 용 조 용 히 색 과 향 과 맛 을 한 번 느 껴 보 세 요
13
C C C G C
마 음 을 고 요 히 고 요 히 하 고 요

(2) 다례 배워요

〈다례 배워요〉는 깨지기 쉬운 도자기로 되어 있는 다구를 다루는 차 예절이 유아들에게 적용하기에는 위험할 수 있다고 우려하기도 한다. 그러나 유아는 다구를 다루면서 오히려 더욱 집중하며 조심하는 태도를 익히게 된다. 또한 호기심 많은 유아들이 한복을 입고 다례를 배우는 시간을 매우 즐겁고 흥미로워 한다. 친구들과 즐겁게 배우는 차 예절교육이 될 수 있도록 적용해 볼 수 있다.

다례 배워요

주영애 작사, 곡

(3) 다례가 무엇일까?

〈다례가 무엇일까?〉는 교사와 유아가 서로 대화를 주고받는 형식으로 만들어진 예절동요이다. 다례의 개념을 이해하고, 단정한 태도와 마음가짐 등을 익히도록 하는 데 활용될 수 있다.

다례가 무엇일까?

주영애 작사, 곡

(4) 어머니 차를 준비했어요

〈어머니 차를 준비했어요〉는 전통 차 예절을 중심으로 한 부모교육이나 학부모 참여교육에 활용할 수 있는 동요이다. 유아와 부모가 함께 대화하듯이 노래를 부르면서 유아는 부모님께 차를 대접하는 태도와 마음가짐을 스스로 표현해 볼 수 있도록 하며, 차를 대접 받는 부모는 차를 우려 대접하는 유아의 정성에 대해 감사함을 전달하게 하는 노래이다.

어머니 차를 준비했어요.

주영애 작사, 곡

3) 적용 프로그램

(1) 어머니와 함께 다례로 배우는 유아인성예절 프로그램

지도 목표	■ 어머니께 정성스러운 마음으로 차를 대접해 본다. ■ 차와 다구를 다루면서 물건다루는 예법을 익힌다. ■ 효, 인내, 책임, 배려 등의 인성덕목을 함양한다.

과정	주제	내용	자료
도입		• 인사 나누기	
이야기 나누기	이야기 나누기	• 차를 준비하는 바른 마음가짐은 무엇일까? • 차는 어떤 마음으로 대접해야 할까? • 다구는 어떤 마음으로 다루어야 할까?	
활동 실습	다구의 명칭	• 실물 다구를 보고 명칭을 다 같이 알아본다.	어머니와 유아의 다구 셋트
	다구 다루는 방법 알기	• 다관에 차를 따르는 방법을 안다. • 어머니가 먼저 해보고, 유아가 다시 해 본다.	지도자 시연
	차 준비, 어머니께 차 드리기	• 다관에 차를 넣고 물을 넣어 우린다. • 차를 우리는 동안 '어머니 차를 준비했어요' 노래를 배우고, 함께 부른다. • 찻잔에 차를 따른다. • 다구를 조심히 다루는 예법을 지키도록 한다. • 어머니께 차를 드리도록 한다. • 어머니와 함께 차의 색, 향, 맛을 보며 마신다.	지도자 시연 노래판
정리	어머니와 유아와의 이야기 나누기	• 차를 준비해서 마셔본 마음에 대해서 이야기 나누어 본다. • 다구 다루면서 조심하는 태도, 어머니께 정성드려 대접해 본 경험에 대해 이야기 나눈다.	조용하게 이야기하기
	마무리 인사	• 차를 준비하는 마음이 어떠했나요? • 어머니들은 어떤 느낌이 드셨나요? • 다구를 함께 정리한다. • 인사 나누기-공수자세로 마무리 인사	어머니들의 협조

지도 시 유의점	• 다구를 다루면서 '물건다루는 예법'을 실천하도록 한다. • 지도자는 어머니와 유아가 茶를 중심으로 상호작용하도록 한다. • 어머니에게 유아가 의지해서 주의가 산만해지지 않도록 한다. • 아버지 참여 수업에도 적용할 수 있다.

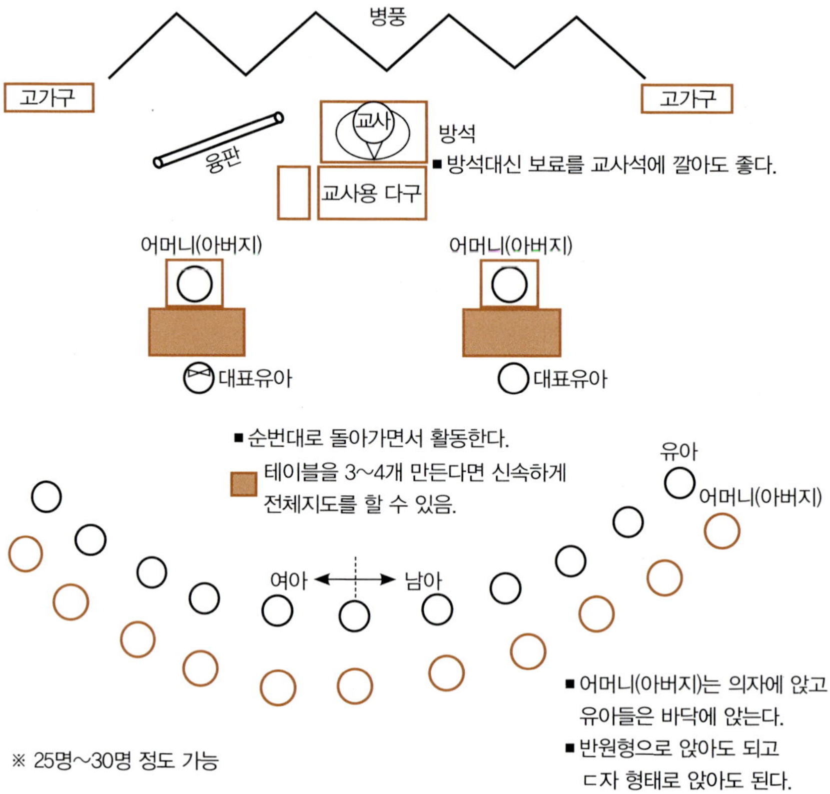

그림 13-2 | 유아다례 부모 참여수업 시 배치 예시

(2) 전통 茶 마시기와 유아인성예절 프로그램

지도 목표	
	■ 다구를 조심하면서 다루어 물건다루는 예법을 동시에 실천한다. ■ 차를 마시면서 안정되고 바른 마음가짐과 예법을 익힌다. ■ 우리 고유의 전통 차의 좋은 점을 안다. ■ 다른 사람을 존중하며 서로 차를 나누는 마음과 배려심을 경험한다.

과정	주제	내용	자료
도입		• 인사 나누기	
이야기 나누기	이야기 나누기	• 차를 마셔본 경험이 있는가? 맛은 어떠했는가? • 차를 마시기 위해서는 무엇 무엇이 필요할까? • 차를 마시면서 바른 마음가짐과 예법을 익히고, 서로 나누는 마음을 느껴본다는 것을 알려준다.	
활동 실습	茶 마시기를 위한 준비	• 茶 마시기 위한 준비 도구에는 무엇이 있을까? (茶, 물, 불, 다구, 찻자리 등 설명) • 茶 마시기 위한 가장 중요한 것은 무엇일까? (조용하고 안정된 바른 마음, 예절, 나누는 마음)	찻자리 준비
	차 마시는 법	• '다례'노래를 불러 차 마시는 마음가짐을 익힌다.	노래판
	다구 알기	• 다구 명칭 알려주기 (다관–차 주전자, 찻잔, 찻잔받침)	다구 실물
	차 준비, 차 마시기	• 다관에 차를 넣고 물을 넣어 우린다. • 찻잔에 차를 따른다. 곁에 있는 친구에게 권한다. • 다구를 조심히 다루는 예법을 지키도록 한다. • 차의 색, 향, 맛을 보며 마신다.	지도자 시연
정리	유아와의 상호작용	• 차를 준비해서 마셔본 마음과 느낌에 대해서 이야기 나누어 본다. • 다구 다루면서 조심하는 태도, 남을 존중하고 배려하는 마음이 중요함을 이야기해 준다.	
	마무리 인사	• '다례'노래를 다시 부르면서 조용한 분위기로 마음을 안정시킬 수 있도록 한다. • 인사 나누기–공수자세로 마무리 인사	노래판

지도 시 유의점	• 다구를 다루면서 '물건다루는 예법'을 실천하도록 한다. • 지도자는 '茶'를 마시는 자체 보다는 차를 준비하고 마시는 과정에서 느끼는 마음의 평온함, 안정 등을 느낄 수 있도록 차분히 진행한다. • 유아의 연령과 발달단계를 고려하여 다구의 이해, 차 우리고 마시기 등을 2회 차로 나누어 지도하여, 유아들이 더 큰 흥미를 갖도록 할 수 있다. • 다례 지도시에 필요한 다구세트와 자료들을 교육전에 철저히 준비하고, 교육후 정리도 유아의 연령을 고려하여 함께해 볼 수 있다.

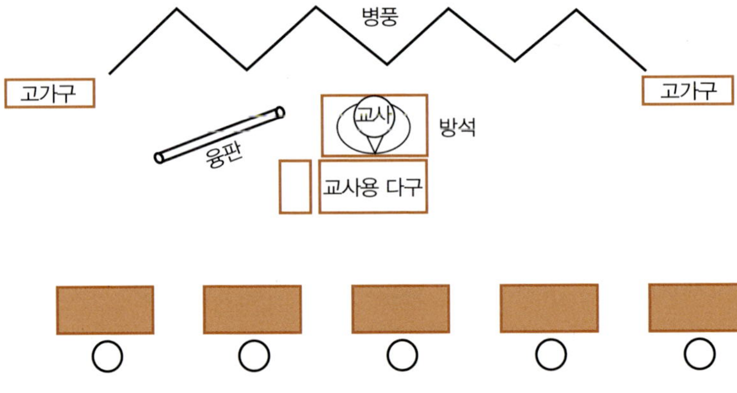

※ 5명~10명 단위로 지도

그림 13-3 | 유아다례교육 시 배치 예시

4) 적용 동화

(1) 신농 할아버지의 신기한 풀[20]

옛날, 옛날 각종 나뭇잎을 즐겨 먹던 신농 할아버지가 살고 계셨어요.

신농 할아버지는 달콤한 사탕이나 과자보다 산이며 들에서 돋아나는 풀을 뜯어 먹는 것을 좋아하셨지요.

"음. 이풀음 아주 향이 좋군. 쩝쩝쩝"

"하~ 매워 이 풀은 왜 이렇게 매운거야? 잘 기억해 두었다가 매운 맛을 개고 싶을 때 이 풀을 조금 넣으면 아주 좋겠군."

할아버지는 여러 가지 풀들을 먹어보며 풀도 맛과 냄새가 있고, 모두 다르다는 것을 알게 되었어요. 밤이 되면 집에 돌아와 먹어본 풀들을 종이에 적어서 책을 만드셨어요.

그러던 어느 날 "오늘은 어떤 풀을 먹어볼까?" 하시면서 색이 곱고 작지만, 향이 진한 풀을 보고, "오호 신기한 풀이로군." 하시면서 풀을 뜯어 한입 물어 드셨어요.

그때, "음. 맛이 왜 이러지, 윽!" 하시면서 신농 할아버지는 그만 땅에 쿵! 하고 쓰러지고 말았어요. 여러 마을에서 유명한 의원들이 할아버지를 치료하려고 와서 살펴보았지만, 고칠 수가 없었어요. 그것은 할아버지가 드신 풀이 나쁜 '독초'였기 때문이었어요.

할아버지는 너무 아팠지만, "내가 죽기 전에 좋아하는 풀밭에 가서 쉬고 싶다"고 하시면서 풀밭으로 가셨어요. 힘도 없었지만, 온 힘을 다해서, 풀이 많은 곳에 가서 누우셨어요. "여기에 있으면 정말 좋겠다. 바람도 시원하고, 풀향기도 좋구나." 할아버지는 풀밭에 누워서 깊은 잠에 빠졌어요.

'쿨쿨' 잠을 자는데, 할아버지가 자는 동안 할아버지의 이마 위로 산들바람이 불어

---

20 김정신 · 정해은 · 조희진(2004). 유아예절교육. pp. 174–175 참조, 일부 보완.

오면서, 잠자는 할아버지 입으로 '뽀로롱' 하고 무엇인가 들어왔어요. '사각사각' 할아버지는 참 좋은 향과 맛을 가진 잎이구나 하면서 드셨어요.

할아버지는 그 잎이 있는 곳으로 찾아갔어요. 힘들었지만, 그 잎을 먹으면서 점점 머리도 맑아지고, 몸이 낫기 시작했어요. 그래서 그 신기한 나뭇잎을 찾아내어, 사람들에게 알려주었어요. 할아버지의 이야기를 듣고 사람들은 그 잎을 먹고 싶어 했지만, 쉽지 않았어요.

그래서 신농할아버지는 사람들이 먹을 수 있는 방법을 찾아내게 되었어요. 따뜻한 물에 잎을 넣고, 물 색깔이 녹색으로 변하게 되면, 그것을 마셨어요.

지금 우리들이 우려서 마시는 녹차가 바로 신농 할아버지가 찾아낸 것이었답니다.

적용 Point

01 다례교육은 유아인성예절지도와 어떤 관계가 있는지 설명해 보세요.

02 차의 종류를 색, 채취시기, 제다방법, 발효정도에 따라 어떻게 구분하는지 제시해 보세요.

03 차 마시는 예절에 대해 설명해 보세요.

04 실제로 전통 茶를 다루는 다례를 체험해보고, 어떤 느낌이 들었는지 다담을 나누어 보세요. 그리고 어떤 점에서 다례를 유아인성예절교육에 접목해야 할지 그 이유에 대하여 이야기 나누어 보세요.

05 차명상을 응용한 유아인성예절 프로그램을 구안해 보고, 적용해 보세요.

참고문헌

〈논문 및 도서 자료〉

강선보 외 6인 (2008). 인성교육. 파주: 양서원.

곽미숙 (2015). 청소년의 통일 · 인성교육을 위한 전통문화의 재발견과 차문화의 적용. 성신여자대학교 문화산업대학원. 석사학위논문.

곽영숙 (2010). 통합적 음악 감상활동이 유아의 음악적 개념에 미치는 영향. 이화여자대학교 교육대학원 석사학위논문.

교육과학기술부 (2011). 유치원 기본과정 내실화를 위한 인성교육프로그램. 교육과학기술부.

교육과학기술부 (2012). 유아인성교육을 위한 교사용 부모상담 가이드북. 교육과학기술부, 육아정책연구소.

구현진 (2004). 존중의식 함양을 위한 도덕과 교수–학습 자료 개발에 관한 연구. 한국교육대학교 교육대학원 석사학위논문.

권정윤, 황인주 (2013). 유아를 위한 비폭력 의사소통 프로그램이 또래 유능성과 공감능력에 미치는 효과. 유아교육연구, 33(1), 361–387.

김명진 (2011). 유아인성교육을 위한 학부모의 인식에 관한 연구. 경북대학교 교육대학원 석사학위 논문.

김무곤 (2003). NQ로 살아라. 서울: 김영사.

김미라 (2011). 전통유아예절교육의 현대적 활성화 방안 연구. 미래유아교육학회지, 18(2), 201–222.

김선주 (2014). 보육교사의 표정언어와 대인관계문제의 상관관계 연구. 성신여자대학교 대학원 박사학위논문.

김선주 (2016). 대학생 인성수준 및 요구도에 따른 인성교육 방안에 관한 연구. *The Korean Journal of the Human Development*, 23(2), 1–19.

김성미, 김현주 (2015). 동요를 활용한 통합적 인성교육활동이 유아의 정서지능과 공감 능력에 미치는 영향. **한국보육지원학회지, 11**(2), 239-260.

김숙자, 김현정 (2012). 전통적 가치의 현대적 재해석을 통한 유아인성교육 프로그램 개발 방향 모색. **아동교육, 21**(3), 19-34.

김승신 (2000). 유아들의 생활예절 행동 변화에 관한 반성적 실천 연구. 경남대학교 대학원, 박사학위논문.

김어진 (2016). 유아인성교육에 대한 교사들의 경험 및 어려움. 성신여자대학교 교육대학원 석사학위논문.

김영규 (2004). 글 없는 그림책을 활용한 이야기 꾸미기 활동이 유아 언어창의성에 미치는 영향. 숭실대학교 대학원 석사학위논문.

김영옥 (2012). **삼성복지재단 삼성어린이집원장워크숍 연수자료**. 서울: 크레듀.

김오순 (2008). 명상활동이 유아의 유치원 적응능력과 스트레스에 미치는 영향. **명상치료연구, 2**, 141-198.

김은정 (2011). 영유아 손자녀 양육에 참여하는 조모의 양육 스트레스: 취업모 맞벌이 가정을 중심으로. 이화여자대학교 대학원 박사학위 논문.

김정신, 정해은, 조희진 (2004). **유아예절교육**. 서울: 교문사.

김지영 (2016). 동화를 활용한 통합적 인성교육활동이 유아의 창의적 인성에 미치는 영향. **유아교육학논집, 20**(5), 331-351.

김지영, 박찬옥 (2013). 일상적 내러티브를 활용한 극화활동이 유아의 자기조절력과 배려적 행동에 미치는 영향. **유아교육연구, 33**(6), 21-37.

김지영, 이예숙 (2016). 유아의 창의적 인성과 민주시민의식에 관한 연구. **유아교육학논집, 20**(4), 295-313.

김향은 (2000). 조선시대 아동교육서를 통해 본 전통아동교육원리. **민족문화연구, 39**, 427-428.

김현란, 유혜숙, 강성현 (2014). 유아다례프로그램이 친사회적행동에 미치는 효과. **한국산학기술학회논문지, 15**(7), 4111-4121.

김현정 (2015) 조부모의 맞벌이 가족 손자녀 양육에 대한 인식 유형: Q방법론의 적용. **한국사회복지조사연구, 44**, 211-240.

김현정, 김숙자, 윤나리 (2013). 동화를 활용한 인성교육 활동이 유아의 자아개념과 친사회적 행동에 미치는 효과. 유아교육학논집, 17(3), 31-53.

김혜경 (2006). 엄마와 함께하는 유아 음악 프로그램의 실제 및 어머니의 인식. 신라대학교 교육대학원 석사학위 논문.

김희태 (2012). 자유선택활동에서의 유아들의 의사소통의 의미. 유아교육학논집, 16(4), 303-326.

노미숙, 권경숙 (2015). 동화를 통한 가정연계 인성교육이 유아의 자기조절능력과 친사회적 행동에 미치는 영향. 에니어그램 연구, 12(1), 9-34.

노현옥 (2016). 다도활동 프로그램이 유아의 인성발달에 미치는 효과. 경남과학기술대학교 대학원 석사학위논문.

문무경 (2016). 한국인 부모됨 인식과 자녀양육관. 육아정책연구소, 2016년 제2차 육아선진화포럼.

문미옥 외 5인 (2001). 유아를 위한 한국전통음식문화교육. 서울: 학지사.

문화체육관광부 (2013). 한국인의 의식 · 가치관 조사 보고서. 서울: 문화체육관광부.

민중서림 (2010). 민중실용국어사전. 서울: 민중서림.

박경숙 (2016). 유치원교사의 심리적 안녕감 증진을 위한 차명상 프로그램 개발. 동의대학교 대학원 박사학위논문.

박미경 (2009). 차명상이 아동의 정서 및 행동과 사회성에 미치는 효과에 관한 연구. 차문화학, 9, 147-168.

박상희 (1999). 가정에서의 자녀교육에 관한 연구 -조선시대 훈육서를 바탕으로-. 성신여자대학교 대학원 박사학위논문.

박상희, 주영애 (2001). 전통생활문화의 계승차원에서 본 유아사회교육. 파주: 양서원.

박서정, 김순옥 (2003). 아동의 친사회적 행동에 관한 연구:부모와의 상관관계를 중심으로. 성균관대학교 생활과학연구소, 6, 151-172.

박아청 (2003). 유아의 애착과 자기이해의 발달에 대한 일고찰. 아동교육, 12(2), 19-33.

박영자 (2015). 유아전통문화교육 통합프로그램 개발 및 효과: 다례와 세시풍속을 중심으로. 성신여자대학교 대학원 박사학위논문.

박은혜 (2014). 다례활동이 유아의 인성발달에 미치는 효과. 남부대학교 교육대학원 석사하위논문.

박인선 (2017). 대학 인성교육의 재고-인성교육의 현황 및 인성 실천도를 중심으로-.

성신여자대학교 대학원 박사학위논문.

박정현, 주영애 (2012). 보육교사교육원생들의 유아다례교육에 대한 인식 및 요구도. **생활문화연구**, 26(1), 23-43.

박혜린 (2013). 인성교육에 대한 어머니의 인식이 유아의 인성특성에 미치는 영향. 우석대학교 교육대학원 석사학위논문.

복대형 (2010). 좌전(左傳)에 나타난 례(禮) 의식의 변화 고찰. **한문고전연구**, 20, 193-222.

손수민, 김희환 (2016). 인성교육에 대한 아버지의 인식과 참여 실태가 유아의 인성특성에 미치는 영향. **미래유아교육학회지**, 23(2), 367-388.

송선화 (2011). 유아의 나눔 인식에 따른 대인관계성향에 관한 연구. **유아교육연구**, 31(4), 99-117.

송영진 (2003). 어머니의 사회성 지도와 유아의 사회적 인성발달의 관계. 충남대학교 교육대학원 석사학위논문.

신희정 (2014). 九容九思의 幼兒敎育的 適用에 관한 硏究, 원광대학교 동양대학원 석사학위논문.

심정열 (2011). 조선시대 가훈연구. 공주대학교 대학원 박사학위논문.

양금자, 황선영, 김경란 (2016). 인성 관련 동화를 활용한 정서표현 활동이 유아의 친사회적 행동 및 대인문제해결사고에 미치는 영향. **생태유아교육연구**, 15(3), 265-289.

양지현 (2012). 다례교육이 유아의 주의집중력과 자기조절력에 미치는 효과. 성균관대학교 생활과학대학원, 석사학위논문.

오새니, 이경옥 (2016). 배려중심의 유아 인성교육 프로그램 개발연구. **열린유아교육연구**, 21(5), 137-159.

오세봉 (2015). 영유아 효교육에 대한 교사 인식조사. **사회복지경영연구**, 2(1), 153-172.

오진아 (2007). 손자녀를 돌보는 조모의 삶의 질 구조모형. **아동간호학회지**, 13(2), 201-211.

우남희, 김영심, 이은정, 김현신 (2010). 한국 어머니들의 아동발달에 대한 인식과 자녀사교육의 실제. **생태유아교육연구**, 9(2), 81-104.

유아예절연수자료집 (1999). 작은손바른손 유아예절교육원.

유아예절지도사례 (2000). 작은손바른손 유아예절교육원.

유안진 (1994). 한국의 전통육아방식. 서울: 서울대학교출판부.

유안진 (1997). 한국전통사회의 유아교육. 서울: 서울대학교 출판부.

유안진 (1997). 한국전통사회의 유아교육. 서울: 정민사.

유지수 (2000). 달크로즈의 통합교수법에 관한 연구. 대구가톨릭대학교 교육대학원 석사학위논문.

육순진 (2000). 유아기 음악교육이 인성에 미치는 영향. 부산여자전문대학 논문집, 22, 265-275.

윤선영, 정혜숙 (2010). 유아의 자아존중감에 미치는 부모의 양육태도 탐색. 유아교육학논집, 14(5), 27-54.

이규림 (2013). 인성 동화를 활용한 철학활동이 유아의 언어능력과 친사회적 행동에 미치는 영향. 어린이문학교육연구, 14(4), 355-373.

이길표, 주영애 (1999). 전통가정생활문화연구. 서울: 신광출판사.

이리경 (2017). 외국인 유학생 대상 한국 세시풍속문화 체험교육콘텐츠 연구. 성신여자대학교 대학원 박사학위논문.

이미식 (2000). 정의와 배려의 윤리적 논쟁과 도덕교육에 대한 함의. 부산대학교 대학원 박사학위논문.

이숙희 (1999). 아동음악감상 교육의 이해와 접근. 유아교육학논집. 3(1), 51-68

이영미 (1989). 조선조 여성의 가정교육에 대한 현대적 재조명. 성신여자대학교 대학원 박사학위논문.

이윤경 (2003). 보살핌 윤리가 갖는 의미에 관한 연구. 이화여자대학교 대학원 석사학위논문.

이은희 (2016). 유아인성교육 중심 노인-유아 세대통합 프로그램의 효과. 동의대학교 대학원 석사학위논문.

장희선 (2012). 한국인의 정직과 전통적 가치의 갈등양상 및 해소방식에 관한 연구. 서울대학교 대학원 박사학위논문.

전도근, 김영옥, 김정일, 이민수 (2016). 청소년들을 위한 인성교육지도방법론. 파주: 교육과학사.

정모근 (2003). 인성교육과 실과교육. 한국실과교육학회 학술대회논문집, 29-49.

정선영 (2015). 음악활동을 통한 유아인성교육프로그램 개발 및 적용. 경성대학교 대학원 박사학위논문.

정영선 (2003). 한국의 차문화. 서울: 너럭바위.

정희영 (2015). 가정연계 인성덕목관련 그림책 대여 활동이 만 4세 유아의 인성발달에 미치는 효과: 질서, 나눔, 존중을 중심으로. 미래유아교육학회지, 22(3), 1-20.

주영애 (1998). 사소절 동규에 나타난 어린이 예절교육에 관한 내용분석. 한국전통생활문화학회지, 1(1). 1-11

주영애 (1999). 효교육 내용을 중심으로한 유아예절교육 프로그램개발의 기초. 한국전통생활문화학회지, 2(2). 197-208

주영애 (2001). 유아를 위한 다례교육 프로그램 모형 개발. 여주대학교 논문집, 9(1), 117-130.

주영애 (2009). 유아예절연구의 동향 분석, 한국가정관리학회지, 27(5), 43-57

주영애 (2012). 전통생활문화교육에 대한 인식과 실행: 보육현장의 세시풍속교육을 중심으로. 한국가정관리학회지, 30(3), 193-208

주영애 (2015). 세시풍속과 데이시리즈 문화에 대한 세대별 인식 비교. 유학연구, 32, 375-400.

주영애 (2015). 전통생활문화교육에 대한 관심도와 실천도에 관한 연구. 유학연구, 33, 471-496.

주영애 외 6인 (2011). 세계의 차문화. 서울: 성신여자대학교 출판부.

주영애, 김선주 (2001), 유아언어예절교육 프로그램 모형 개발, 한국여성교양학회지, 8, 187-205.

주영애, 김선주, 박상욱 (2010). 매너와 이미지메이킹 플러스. 서울: 신정출판사.

주영애, 박상희 (1999). 조선시대 동몽교재에 나타난 수신예절교육 내용 고찰. 한국여성교양학회지, 6, 149-174.

주영애, 박상희 (2000). '예절이란 무엇일까' 프로그램을 통해 본 유아의 예절 행동 연구. 한국전통생활문화학회지, 3(1), 19-31.

주영애, 박상희, 김선주 (2002). 유아를 위한 효교육 프로그램 모형 개발. 한국전통생활문화학회지, 5(1), 45-69.

주영애, 원미연 (2016). 조선시대 규범서에 나타난 밥상머리 예절교육 내용에 관한 고찰. 대한가정학회지, 54(4), 415-426.
주영애, 이영숙 (1997). 부모와 교사를 위한 유아의 생활예절. 파주: 양서원.
지성애 (2016). 유아 자기조절 교육 실태와 교사의 인식 분석. 열린유아교육연구, 21(4), 497-521.
지숙영 (2012). 그림책을 통한 협동 미술활동이 유아의 정서지능과 친사회적 행동에 미치는 영향. 성신여자대학교 교육대학원 석사학위논문.
지희진 (2013). 대학교양 인성 교육에 대한 대학생 인식 탐색. 교양교육연구, 7(5), 433-466.
차아미 (2015). 다례교육활동이 유아의 기본생활습관 형성에 미치는 효과. 호남대학교 교육대학원 석사학위논문.
최미숙 (2006). 유아교육과 졸업반 학생들의 공감적 이해와 배려지향적 도덕성이 교사 역할 수행 인식에 미치는 영향. 유아교육연구, 26(5), 425-443.
최원호 (2016). 인성교육개론. 서울: 학지사.
최은주 (2012). 표준보육과정에 기초한 정서지능 교육활동이 유아의 친사회적 행동과 자아존중감에 미치는 영향. 위덕대학교 대학원 석사학위논문.
최재석 (1985). 한국가족연구. 서울: 일지사.
최혜순, 이경자 (2013). 유아전통교육의 이론과 실제. 서울: 신정출판사.
최혜진, 김선영 (2015). 유아의 자기조절능력과 공감능력이 대인관계형성능력에 미치는 효과: 공감능력의 매개효과. 열린유아교육연구, 20(5), 323-345.
한국교육심리학회 (2000). 교육심리학용어사전. 서울: 학지사.
한국사전연구사 (1997). 유아교육사전.
한국심리학회(http://www.koreanpsychology.or.kr)
한국정신문화연구원 (1983). 한국의 교육 고전 연구.
한국학중앙연구원. 한국민족문화대백과.
한영희 (2012). 다례교육프로그램이 유아의 자존감에 미치는 영향에 관한 연구. 서울교육대학교 대학원 석사학위논문.
허정아, 김정미 (2013). 유아의 배려지향적 도덕성 양상에 대한 연구. 미래유아교육학회지, 20(1), 277-298.
현미숙 (2016). 유아 인성교육에 대한 학부모의 인식 및 만족도 연구: 수원교구 가톨릭

유치원을 중심으로. 강남대학교 교육대학원 석사학위논문.

홍영윤 (2017). 외국인의 한국생활문화 친숙도와 방문행동의도의 관계: 생활문화자원을 중심으로. 성신여자대학교 대학원 박사학위논문.

황선희 (1998). 유아의 책임감훈련 수준과 자기가치 수준이 친 사회적 행동과 자기지향적 행동에 미치는 영향. **영유아교육연구**, 1(0), 167-185.

〈고문헌 자료〉

家禮輯覽

顧菴家訓

戒女書

擊蒙要訣

京都雜誌

內訓

論語

東國歲時記

童蒙先習

童蒙須知

明心寶鑑

父母恩重經

四禮便覽

士小節

三國史記

小學

列陽歲時記

禮記

〈인터넷 자료〉

(사)한국학교교육연구원 http://www.korise.kr

공동육아와 공동체 교육 http://www.gongdong.or.kr

교육부 http://www.moe.go.kr
국립국어원 http://www.korean.go.kr
국립민속박물관 http://www.nfm.go.kr
네이버 지식백과 http://terms.naver.com
법제처 http://www.moleg.go.kr
한국교육개발원 http:// www.kedi.re.kr

찾아보기

저/자/약/력

주영애

현재 성신여자대학교 소비자생활문화산업학과 교수이며, 생활문화연구회 회장, (사)한국가족자원경영학회 이사, (사)한국가정관리학회 이사, (사)아시아유럽미래학회 부회장, (사)한국대학레크리에이션협회 자문교수, 혜윰문화의 자문교수로 활동하고 있다. 성신여대 생활과학대학장, 교양교육대학장, 평생교육원장, 본 대학 문화산업예술대학원 전통문화콘텐츠전공, CP&M전공 주임교수를 역임하였다. 또한 작은손바른손 유아예절연구소장 등을 역임하면서 유치원 및 어린이집 교사와 원장을 대상으로 한 교육 현장에서 활동하였다.

저서로는 《세계의 차문화》 (2012), 《매너와 이미지메이킹 플러스》(2010), 《한국의 가정의례와 세시풍속》(2003), 《전통생활문화의 계승차원에서 본 유아사회교육》(2001), 《유아예절지도서》(1999), 《부모와 교사를 위한 유아의 생활예절》(1997) 외에 다수의 발간서가 있으며, 〈조선시대 규범서에 나타난 밥상머리 예절교육내용에 관한 고찰〉(2016), 〈전통생활문화교육에 대한 관심도와 실천도에 관한 연구〉(2015), 〈유아예절연구동향〉(2009) 등 수십 편의 연구논문이 있다.

유아인성예절지도

2017년 6월 15일 1판 1쇄 인쇄
2017년 6월 20일 1판 1쇄 발행

지 은 이 주영애
펴 낸 이 최용구
펴 낸 곳 도서출판 신정

주 소 (04316) 서울시 용산구 원효로89길 19 (원효로1가)
전 화 3211-4782, 0266(영업부), 3211-4783(편집부), 3211-4784(팩스)
이 메 일 shinjeong72@naver.com
홈페이지 www.sjbook.co.kr

등 록 2001년 5월 11일 제13-702호

기획마케팅 최용구 장만동 송대용 최충구
책임편집 석기은 황가연
본문편집 Sunny
표 지 SDY

ISBN 978-89-5912-428-2 93370

정가 15,000원